ANTONIO J. CANDIL

Normandía

El día más largo

ALMUZARA

Primera edición: enero de 2025

Editorial Almuzara • Colección Historia

www.editorialalmuzara.com
pedidos@almuzaralibros.com —info@almuzaralibros.com

Editorial Almuzara
Parque Logístico de Córdoba. Ctra. Palma del Río, km 4
C/8, Nave L2, n...º 3. 14005, Córdoba

Imprime: Gráficas La Paz
ISBN: 978-84-10524-72-9
Depósito legal: CO-2154-2024
Hecho e impreso en España — *Made and printed in Spain*

«Conozco a los británicos: irán a la iglesia el próximo domingo y zarparán el lunes. Rommel cree que todavía no van a venir y que, cuando vengan, irán a Calais. Pues yo creo que estaremos dándoles la bienvenida el martes, 6 de junio, aquí, en Normandía».

General Erich Marcks, comandante en jefe del 84 Cuerpo de Ejército alemán —a cargo de la defensa del sector de Normandía—, el 1 de junio de 1944, a un oficial que le acompañaba cuando inspeccionaba la organización defensiva en la zona de Arromanches-les-Bains, en donde se situaría la playa denominada Gold, una de las escogidas por el mando aliado para el desembarco de las fuerzas británicas.

Dedico estas páginas, en primer lugar, a Consoly León. Mi esposa. El amor de mi vida. Historiadora de profesión y enamorada del arte, es, además de quien prologa este libro, la mujer que me escucha, acompaña, asesora, comprende, y que otorga sentido a mis días con su carisma y su amor incondicional.

Tras leer y asesorarme capítulo tras capítulo, Consoly, mujer culta donde las haya, ha estudiado más en profundidad la terminología especifica militar alemana —incluyendo los pánzers—. Gracias a su dedicación para que este nuevo libro sea del interés del lector, Consoly demuestra una vez más en este prólogo que su avidez de conocimiento y su capacidad intelectual no conocen ni límites ni fronteras. Ella es la artífice de que esta obra resulte amena para el lector. ¡Gracias, mi amor!

También dedico este trabajo a mi pequeño, Jesús, que, aunque no sepa nada de guerras ni de tanques, es la alegría de la casa; inteligente, valiente y decidido, como aquellos soldados aliados que creyeron y lucharon por una Europa libre, más justa y mejor.

Finalmente, a mis queridos Jesús León y Consoly Arias —nuestros padres—, mi querida familia.

Mi gratitud a ellos por su cariño, compañía, comprensión, paciencia y buen hacer.

Soy muy afortunado por contar con ellos.

En un lugar de La Mancha, verano de 2024

Índice

Prólogo

Antonio Candil, mi marido, persona a la que admiro, valoro, y a quien profeso todo mi amor, me honra una vez más, invitándome a prologar su último libro, titulado *Normandía: el día más largo.*

Estoy segura de que este nuevo trabajo será un nuevo *best seller,* a juzgar por el éxito obtenido con sus anteriores publicaciones, las cuales consolidan al autor como un destacado historiador, cuya habilidad para analizar importantes momentos de la historia de Europa nos convoca a disfrutar de un trabajo tan minucioso como apasionante y clarificador.

De este modo, a títulos convertidos en *trending topics* como *23F. El golpe del rey* (2020), *Los militares en la democracia española* (2021), *El mito de la batalla de Inglaterra* (2023) o *El CESID al descubierto* (2024) se suma ahora *Normandía. El día más largo.* Un texto gestado a partir del profundo conocimiento del autor tanto de la Segunda Guerra Mundial como de sus protagonistas, y que tiene todos los ingredientes necesarios para que convertirse en el libro de referencia para los estudiosos de lo acontecido en la Normandía de 1944, que supuso el principio del fin del Tercer Reich y la liberación de Europa del yugo nazi.

En *Normandía: el día más largo* se desgranan los entresijos de una parte fundamental en la historia del Viejo Continente, durante las postrimerías de la Segunda Guerra Mundial, pero, en este caso, vista desde el bando vencido. El alemán.

El 6 de junio de 2024, se conmemoraba el 80 aniversario del desembarco de Normandía. Durante aquella histórica jornada de 1944, los ejércitos aliados de Estados Unidos, Canadá y Reino Unido invadieron la costa francesa para liberar a Europa del nazismo. Una trepidante misión que determinó el curso de la Segunda Guerra Mundial y, por ende, la historia de la Europa del siglo XX.

El éxito de la denominada «operación Overlord», el 4 de junio de 1944, precipitó la caída de la Alemania de Hitler. Eisenhower, comandante supremo aliado en Europa, designado por el trigésimo segundo presidente de Estados Unidos, Franklin Roosevelt, se reunió con los comandantes aliados en su puesto de mando al norte de Portsmouth (RU). Tenían que tomar la decisión de lanzar el desembarco o posponerlo según la predicción meteorológica. Eisenhower, quien más tarde sería el trigésimo cuarto presidente de Estados Unidos, decidió seguir adelante con el plan inicial, tras contar con la aprobación del mariscal de campo británico, Montgomery. Mientras tanto, el primer ministro británico, sir Winston Churchill, albergaba ciertas dudas con respecto al éxito de la operación: su sueño era partir desde Italia y avanzar hacia Centroeuropa, para evitar así la ocupación soviética. Los norteamericanos, por su parte, abogaban por un choque masivo de fuerzas terrestres para destruir frontalmente al enemigo, lo antes posible, y satisfacer de este modo las exigencias del «hombre de acero» de la Unión Soviética, Iósif Stalin.

La misión debía desarrollarse en un amanecer con suficiente visibilidad y una marea alta, que favorecería la travesía a través del canal de la Mancha, hasta llegar al litoral noroccidental galo y desembarcar próximos a las posiciones alemanas. Sin embargo, solamente las jornadas del 5, 6 y 7 de junio cumplían esas premisas a corto plazo.

El comandante aliado supremo, el general estadounidense Eisenhower, había elegido la primera fecha disponible. No obstante, un empeoramiento de las condiciones climatológicas obligó al aplazamiento de los planes. Entonces cundió el pánico en el cuartel aliado. Si no podía iniciarse en breve, el ataque corría el peligro de ser descubierto. Así, cuando todo parecía perdido, y con las tropas ya embarcadas en los puertos meridionales británicos, la meteorología mejoró lo suficiente para cambiar el rumbo de la historia.

En las primeras horas del 6 de junio de 1944, más de un millar de aviones aliados despegaron con 24 000 paracaidistas. Para proteger a los protagonistas de tan arriesgada misión, efectivos de la RAF pusieron en marcha la operación Titanic, basada en el lanzamiento de unos trescientos muñecos explosivos que simularon, en la oscuridad de la noche, ser paracaidistas de carne y hueso, con el objeto de confundir al enemigo. Sin embargo, los planes no resultaron como estaban previstos. Obligados por el intenso fuego alemán, buena parte de los aviones se desviaron de la ruta original y los paracaidistas fueron lanzados lejos de los objetivos, convirtiéndose en presa fácil del enemigo. Por su parte, centenares de bombarderos y cazas de combate también fracasaron en su intento de destruir las defensas germanas. Se lo impidieron la escasa visibilidad y la artillería antiaérea nazi, que les obligó a volar demasiado alto.

En cuanto a los miles de barcos de guerra de la coalición internacional, sus cañones se revelaron capaces de neutralizar las posiciones germanas, que protegían 80 kilómetros de la costa normanda. De este modo, se aproximaba la decisiva Hora H. Aunque el estruendo de las bombas y de los aviones ya había alertado a los nazis de la incursión aliada, en un primer momento la subestimaron. Los mandos del Tercer Reich pensaron que se trataba de una maniobra de distracción. De hecho, ubicaron sin titubear, y erróneamente, el lugar del desembarco aliado en Calais. En este punto, la tarea de contrainteligencia aliada resultó clave, entrando en juego el agente doble de origen español Juan Pujol García; conocido por «Garbo» en el servicio secreto británico y como «Arabel» por los alemanes, persuadió a Hitler de que la invasión se produciría en un punto alejado de donde finalmente tuvo lugar. Para ello, el español, creó una red de agentes ficticios que proporcionaron al Führer información falsa.

En este contexto, al amanecer del Día D, una colosal flota compuesta por más de cinco mil barcos apareció en la playa de Normandía ante el desconcierto y la sorpresa de los alemanes.

Tras el desembarco, y alejados de tierra firme, los Aliados, se enfrentaron a una intensa lluvia de proyectiles enemigos, antes de alcanzar la playa y conquistar las fortificaciones alemanas. El Día D y los enfrentamientos en las cinco playas de Normandía (Sword Beach, Gold Beach, Utah Beach, Omaha Beach y Juno Beach) se han considerado a menudo como una feroz lucha de los Aliados contra los alemanes.

Además de los comandos franceses que lanzaron el asalto a Ouistreham y los que cayeron sobre Bretaña, había barcos de nueve países, así como escuadrones aéreos tripulados por canadienses, neozelandeses, australianos, rodesianos, polacos, franceses, belgas, holandeses y noruegos.

Eisenhower y los estrategas de la invasión sabían que los Aliados encontrarían serias dificultades al desembarcar en Normandía, porque los alemanes tratarían de reforzar con pánzers sus fuerzas. Por esta razón idearon la llamada operación Transporte, cuyo plan se basaba en acordonar la zona de invasión bombardeando los puentes del Loira y el Sena y, además, arrasar los pueblos y ciudades que conducían a las playas.

Los combates sobre el terreno en Normandía resultaron ser mucho más duros de lo que el mando aliado había previsto. Supusieron que los alemanes estarían desmoralizados y aterrorizados por los ataques aéreos. Sin embargo, la escasa visibilidad en aquel lluvioso junio de 1944 redujo en gran medida los efectos de la superioridad aérea aliada, viniendo a demostrar que el alto mando aliado había subestimado de igual modo la capacidad enemiga para defenderse en ese escenario.

En el paisaje normando, los alemanes, lograron infligir grandes bajas a fuerzas muy superiores aliadas atrincherándose en los setos de *bocage* y utilizando camuflaje. En otras ocasiones, las bajas fueron causadas por el llamado «síndrome de *shell shock*», término acuñado durante la Gran Guerra en Europa, a principios del siglo XX, para definir el impacto psicológico experimentado por los soldados tras los efectos tanto de los bombardeos aéreos como de la artillería naval. Por su parte, entre las tropas aliadas, las bajas por razones psicológicas fueron muy elevadas, en contraste con las producidas en las filas germanas, que fueron inferiores. Ello estaba muy vinculado con que la propaganda alemana instaba a sus hombres a defender a su patria a toda costa. Por esta razón el Tercer Reich no reconoció jamás la neurosis bélica como una enfermedad de índole psicológica.

Al enterarse de las bajas civiles francesas estimadas, Churchill, se horrorizó, pues el número de víctimas rondaba los 15 000 muertos y los 100 000 heridos. Además, otros 20 000, murieron en los combates en Normandía entre el 6 de junio y mediados de agosto.

Finalmente, el 25 de agosto de 1944, París, era liberada del yugo nazi. Entre sus liberadores, curiosamente, había una compañía de infantería formada por soldados españoles, «la Nueve». Se trataba de excombatientes del bando republicano durante la guerra civil española, procedentes de Normandía.

Un duro golpe para Hitler, que resistió varios meses más debido a otro conflicto que tenía abierto con el ejército de la Unión Soviética, que también perdió y acabaría con su caída y el fin de la Segunda Guerra Mundial en 1945.

Gloria y honor a cuantos valientes soldados aliados dieron su vida como héroes por una Europa libre. Una Europa que lamentablemente, 80 años después, se halla inmersa en otra guerra que enfrenta a Ucrania y Rusia, y que no aprende de los errores del pasado.

Vaya mi gratitud, y reconocimiento, a cuantos valientes soldados procedentes de Estados Unidos, Canadá y Europa, nos dieron con su ejemplo toda una lección de solidaridad, que a fecha de hoy nos sigue conmoviendo e inspirando a luchar por un mundo mejor.

Consoly León Arias
Historiadora por la UCLM

Introducción

Día D, 6 de junio de 1944. Normandía, Francia

«Esto es el fin para Alemania».
Comandante Werner Pluskatt, 352.ª División
de Infantería (Wehrmacht), en la playa de
Omaha, Normandía, 6 de junio de 1944

«La actuación del soldado alemán en
Normandía quedará inmortalizada para
siempre en todos los libros de historia».
Kurt Meyer, general al mando de la 12.ª División
Panzer SS (Juventudes Hitlerianas), en Normandía[1]

Hace 80 años, Normandía fue la batalla decisiva de la Segunda Guerra Mundial y, quizás, la última ocasión del Ejército alemán para salvar al Tercer Reich de la catástrofe absoluta que se avecinaba. Sin duda, lo que ocurrió en las playas de Normandía el 6 de junio de 1944 fue la operación militar más grande de la historia y significó a la larga el rejuvenecimiento de Europa; llegó, en última instancia, a crearse una nueva Europa, una Europa tal y como la conocemos hoy, a pesar de los cambios surgidos a partir del derrumbamiento de la Unión Soviética y del imperio comunista. Europa, tras el fin de la guerra, se puso manos a la obra en la reconstrucción y en la puesta a punto de una estructura que ayudase a

1 La 12.ª División Panzer de las SS mantuvo el frente en Normandía ante el Ejército británico hasta un mes después del Día D, a pesar de la aplastante superioridad aliada.

poner punto final a los conflictos internos que habían asolado a todos los países del continente durante siglos. Esa estructura, finalmente, no fue otra que la Unión Europea, bien vista en un primer momento desde el otro lado del Atlántico, y hoy denostada por muchos en ambas orillas del océano, pero que ha venido cumpliendo su función de eliminar tensiones admirablemente, a pesar de los desequilibrios que todavía perduran y de la situación actual.

Desde otro punto de vista, Normandía puede y debe ser considerada como el punto de arranque de las relaciones trasatlánticas —hasta precursora de la OTAN en alguna medida—, ya que, sin la participación de Estados Unidos en la operación militar, su realización no hubiera sido posible. Las desavenencias actuales, y hasta cierto punto el desagradecimiento obvio de algunos países europeos —esencialmente Francia—, no cambian lo que ocurrió en Normandía en junio de 1944 ni la grandeza de la gesta que allí se escribió. Para Alemania, el gran perdedor en aquellas jornadas, también fue muy importante; Alemania no sería el motor de Europa hoy si no hubieran tenido lugar aquellos acontecimientos. Y sin la aportación de Estados Unidos, la reconstrucción de Europa hubiera sido poco menos que imposible, algo que no se debe olvidar.

La invasión aliada en Normandía, el 6 de junio de 1944, vino a hacer realidad los temores y aprensiones que existían entre el mando alemán y, al mismo tiempo, vino a resolver las dudas que tenían lugar en el mando aliado. Ciertamente, la gesta del Día D era una operación inmensa nunca intentada antes que acarreaba grandes riesgos y que, además, era esperada por el mando alemán. La fortaleza del llamado «Muro del Atlántico» y de las tropas que lo guarnecían fue probada por los Aliados aquel día y se puso fin a meses de incertidumbre en ambos bandos. Era el principio del último acto de la contienda mundial. Hoy, a caballo de la autovía que va desde Cherburgo a Caen, hay un cementerio militar muy bien conservado —el cementerio de La Cambe— donde reposan los restos de nada menos que 21 600 soldados alemanes. Si estos soldados hubieran vencido en 1944, es posible que Francia fuera aun parte de Alemania en la actualidad, pero su gesta fue absolutamente fútil.

En 1944, el Tercer Reich se encontraba ya a la defensiva en todos los frentes y la guerra, a los ojos de cualquier observador que se preciase, estaba perdida para Alemania. La derrota final solo era cuestión de tiempo y más de un alto mando sugería hacer la paz con los Aliados, mientras se resistía al ejército soviético en el frente del Este. Naturalmente, las potencias occidentales rechazaban tal sugerencia y, ya en la Conferencia de Casablanca, en enero de 1943, el presidente Roosevelt había dejado bien claro que solo aceptarían la rendición incondicional de las potencias del Eje. Quizás ello ocasionó que el ejército alemán luchase con la máxima fiereza hasta el final y se comportase en Normandía con tanta energía, lo que solo sirvió, en cualquier caso, para prolongar la agonía del pueblo alemán y, en última instancia, alargar la guerra. La suerte de Europa occidental entonces dependía del comportamiento de las fuerzas alemanas que defendían la costa francesa y garantizaban, de alguna manera, la supervivencia del Reich.

Stalin había solicitado encarecidamente a los Aliados occidentales, una vez que los alemanes invadieron la URSS, la apertura de un segundo frente en Europa. La apertura de un frente occidental obligaría a los alemanes a combatir en dos frente a la vez —como en la Primera Guerra Mundial— y a retirar un buen contingente de las fuerzas del Tercer Reich que luchaban en el Este, aliviando, en consecuencia, la presión alemana sobre la Unión Soviética. Las operaciones en el Mediterráneo solo habían logrado distraer una mínima parte del potencial alemán. Si se quería ganar la guerra, era imperativo actuar en la costa atlántica, y Francia era el lugar obvio. Había que dar la batalla de Francia y si no se había dado antes era debido a la falta de medios y a la fortaleza estimada del adversario, pero en 1944 parecía que había llegado ese momento y se daban las condiciones adecuadas para ello. No obstante, entre los Aliados había muchas dudas y ello incluso en los niveles más altos de toma de decisiones.

El tamaño y volumen de la operación que supuso el desembarco en Normandía sirve, al mismo tiempo, para darnos idea de la quimera que había sido, en su día, el supuesto intento alemán de invadir Gran Bretaña —la nunca realizada «operación León Marino»—, en 1940. Alemania nunca poseyó la ni capacidad logística y anfibia necesaria ni la superioridad naval y aérea que exigía tal operación, ni tampoco había realizado el planeamiento y preparación que era imprescindible para llevar a cabo tal empresa. En Normandía, la superioridad global aliada acumulada tras casi dos años de preparación era del orden de 500 a 1, pero se habían necesitado dos años para lograr esa superioridad. A pesar de los naturales temores en el mando aliado —el general Eisenhower tenía incluso preparada una comunicación en caso de fracaso, asumiendo toda la responsabilidad—, la operación no podía fallar y no falló.

Se ha escrito mucho sobre el Día D y el desembarco en Normandía, pero la gran mayoría de lo escrito es desde el punto de vista aliado, relatando, bien el desarrollo y planeamiento de la operación, o bien el desembarco, o las vivencias de los soldados aliados que tomaron parte en los hechos; pero, con muy contadas excepciones, se ha dicho poco de cómo se vio todo desde el lado alemán. Por otra parte, las decisiones tomadas tanto por el alto mando alemán, en Berlín, como por el mando alemán del teatro de operaciones occidental, en Francia, fueron, en su generalidad, tan erróneas que hicieron todavía aún más inevitable la victoria aliada. Ello no quita mérito al valor y la tenacidad mostrados por las tropas alemanas sobre el terreno. Normandía ha sido vista generalmente como una victoria aliada más que como una derrota alemana. La historia de la liberación de Europa ha sido escrita repetidas veces, pero raramente se ha presentado desde el punto de vista alemán y es una historia que debe ser contada.

También se ha escrito mucho sobre la baja calidad y preparación de esas tropas alemanas que defendían Normandía y, en general, toda la costa francesa, pero fueron esas tropas las que precisamente impidieron de forma general que los Aliados alcanzasen los objetivos previstos inicialmente para el Día D, provocando que, en alguna zona, los Aliados casi estuvieran próximos a ser derrotados. Naturalmente, ello no modifica la aplastante realidad histórica de que, al final, la victoria aliada fuera indiscutible. Sir Basil Liddell Hart sugirió, en 1952, llevar a cabo un análisis exhaustivo de la campaña para obtener las conclusiones apropiadas sobre el comportamiento y actuación de las fuerzas aliadas, cuando dijo: «Ha habido excesiva glorificación de lo ocurrido en Normandía y muy poca investigación objetiva», en su ensayo *Lessons of Normandy*, presentado en el King's College de Londres[2].

---

2 *Lessons of Normandy*, sir Basil Liddell Hart, Liddell Hart Centre for Military Archives, King's College, Londres, 1952.

El teniente general Hans Speidel[3], que fue jefe de Estado Mayor del Grupo de Ejércitos B, al mando del mariscal Rommel, en Normandía, escribió un breve tratado sobre lo ocurrido desde el punto de vista alemán, en 1950, que no ha sido muy difundido. Conocí al hijo del general, en Londres, cuando desempeñaba, en 1985, el puesto de agregado militar en la embajada alemana, y conversamos mucho acerca de la experiencia de su padre en Normandía. Mis notas de aquellos días, unidas a lo relatado por el escritor militar alemán Paul Carell en su libro —*Invasion: sie kommen*, de 1961— y a los extractos de las cartas del mariscal Rommel a su esposa, incluidas en sus memorias, así como otros documentos que he tenido la fortuna de poder estudiar, me permiten tratar de reconstruir cuál fue el pensamiento militar alemán y cómo se tomaron las decisiones que, en última instancia, llevaron a los acontecimientos de aquellos días. Igualmente valiosa para poner estos pensamientos en orden ha sido la obra del historiador y periodista británico sir Max Hastings *Overlord*, cuya lectura recomiendo vivamente.

El Servicio Histórico del U. S. Army llevó a cabo interrogatorios exhaustivos de los altos mandos alemanes, prisioneros la mayoría, tras el fin de la guerra y más de 2500 estudios y análisis obran hoy en los archivos norteamericanos, algunos de los cuales he añadido a esta obra.

Muchos altos mandos alemanes implicados en la batalla, humillados por la derrota, han tratado de ofrecer una interpretación aséptica de los hechos —el general Speidel ha sido uno de ellos, pero sobre todo el mariscal von Rundstedt—, con objeto de salvaguardar su interpretación de la historia o de culpar a otros de los errores y negligencias cometidos. La realidad es que Francia se había mantenido en una calma relativa tras la derrota de 1940 y la Wehrmacht vivía allí las delicias de Capua, y casi nada se hizo para defender la costa hasta que llegó destinado al frente occidental el mariscal Rommel, aunque era ya muy tarde.

Sin duda, Normandía fue la campaña esencial de la Segunda Guerra Mundial y, a todas luces, supuso el primer intento directo aliado de combatir a la Alemania nazi, de conquistar Berlín y de

3 Teniente general Hans Speidel, *Invasion 1944: Rommel and the Normandy Campaign*, Lucknow Books, 2016.

acabar la guerra. Fue una pesadilla para el Tercer Reich, pero, un mes después del Día D, la incógnita persistía y los Aliados seguían aún bloqueados en Normandía. Por muy odioso que pueda resultar el régimen nacionalsocialista, el soldado alemán en Normandía combatió con valor y, generalmente, de forma honorable y siempre contra unas fuerzas aliadas tremendamente superiores en número y medios. El éxito o el fracaso en Normandía vino a resultar en el desenlace de qué bando llegó a dominar la costa tras el primer día de lucha, como había pronosticado el mariscal Rommel, y, cuando se consumó, dio comienzo la batalla por Normandía, que no finalizaría hasta el mes de agosto de 1944. Aún duraría un año el conflicto, hasta que Japón finalmente sucumbió.

España, aunque no implicada para nada, estuvo presente en algunos planteamientos de los contendientes, dadas su proximidad al teatro de operaciones y su neutralidad discutible. Las repercusiones de Normandía, sin embargo, fueron notables. Hubo además españoles con participación relevante. Lo veremos en estas páginas.

Que nadie espere encontrar en esta obra el relato de la batalla de Normandía. Sobre eso se ha escrito mucho ya. Todo lo más, estas páginas pueden considerarse como un estudio sobre historia militar y, sobre todo, como un estudio de historia social y sociología aplicado a lo militar y a la guerra.

Entender lo que pasó en Normandía, en las filas del bando perdedor, lleva consigo entender el funcionamiento de la Wehrmacht nacionalsocialista. En junio de 1944 había en Francia, y en concreto en las costas francesas, no menos de 600 000 soldados alemanes que se opusieron durante doce semanas, a partir del Día D, a casi dos millones de soldados aliados. Mi intención no es la de relatar lo ocurrido, sino la de dar a entender las razones de ello.

Clausewitz afirmaba que «la guerra como fenómeno no pertenece al campo de las artes y las ciencias, sino al de la existencia social», mientras que Marcel Bloch la circunscribía al dominio de la psicología social y el historiador británico John Keegan llegaba a conclusiones parecidas. En definitiva, la guerra y toda la violencia que conlleva están organizadas por los Estados, pero son ejecutadas por las respectivas sociedades y, por ello, la historia militar hay que entenderla, quizás, como una historia de la sociedad en guerra. En Normandía, en 1944, se dieron cita la sociedad anglosajona y la sociedad alemana de los años 1930 a 1940, y también la sociedad francesa; pero, en su conjunto, fue la gran confrontación de la sociedad europea y de dos formas diferentes de vida: se puede decir que fue la confrontación definitiva entre la dictadura y la democracia. La dictadura reinante en España se vería afectada y, a su ritmo, llevaría también a su difuminación total.

«Dos soldados alemanes en un puesto de guardia en las dunas del canal de la Mancha», abril de 1943 [Wydawnictwo Prasowe Kraków-Warszawa].

1. EL PENSAMIENTO MILITAR ALEMÁN EN LA DEFENSA DEL OESTE: PLANEAMIENTO, DECISIONES Y CONOCIMIENTO DE LA SITUACIÓN

«Ningún plan sobrevive al primer contacto con el enemigo».
Mariscal conde Helmuth von Moltke el Viejo

«La eterna constante en el pensamiento militar alemán es la posición geográfica central de la nación alemana en Europa. La suerte de Alemania viene dictada por la geografía».
Hagen Schulze[4]

«Una guerra desencadenada por Alemania motivará a otros países a intervenir en ayuda del país atacado. En una guerra contra una coalición mundial, Alemania será derrotada y quedará a merced de unos vencedores vengativos»
General Ludwig Beck[5]

La posibilidad de una invasión angloamericana en la costa atlántica de Francia fue algo que el mando alemán empezó a considerar en su pensamiento casi desde el momento inicial de la entrada en guerra de Estados Unidos, y ya con más intensidad en 1942, aunque de-

4 Dr. Hagen Schulze, historiador alemán, profesor en la Universidad Libre de Berlín (ULB) y director del Instituto Histórico Alemán en Londres.

5 El general Ludwig Beck fue jefe del Estado Mayor del Ejército alemán (OKH) entre 1935 y 1938. Tras sostener una continua lucha contra las ideas belicistas de Hitler y la posibilidad de que Alemania se viera envuelta en una guerra sin estar preparada para ella, dimitió de su puesto en 1938. Desde ese momento participó activamente contra el nazismo y fue pieza clave en el atentado contra Hitler el 20 de julio de 1944. Se suicidó el mismo día al conocer el fracaso del intento.

bió haberlo considerado inmediatamente tras la conquista de Francia en junio de 1940. Al menos eso es lo que se enseña en todas las academias militares: prepararse para afrontar el posible contraataque enemigo tras la conquista de una posición o de un objetivo.

El mismo Churchill, tras lo ocurrido en Dunkerque, lo tenía siempre presente ya que no en vano se había logrado entonces salvar el grueso del ejército británico y mantener casi intacta la capacidad de la flota, ambos elementos esenciales para cualquier intento futuro de invasión del continente y reconquista de lo perdido. Estaba claro que para obtener la victoria final habría que volver al continente en algún momento, por muy lejano que eso pareciese entonces. Cuándo, cómo y dónde eran cuestiones que no solo preocupaban al mando combinado angloamericano, sino al mando alemán también, obviamente, aunque en 1942 las prioridades alemanas estaban, naturalmente, en Rusia y la amenaza angloamericana no pasaba de ser tan solo algo hipotético y no inmediato, que algunos altos mandos en Alemania ni siquiera creían posible.

Fue a fin de marzo de 1942 —una fecha que se podría calificar tanto de temprana como de tardía, según el punto de vista— cuando el mando alemán inició con alguna seriedad el planeamiento de la defensa de la costa —de momento solo a lo largo de las costas de Francia y Bélgica—, contra un posible desembarco aliado. El día 23 de marzo, el Führer emitió su «Directiva núm. 40», exponiendo tanto la amenaza como la probable forma de invasión:

> *... en los meses venideros, las costas europeas estarán expuestas al peligro de un desembarco aliado en fuerza..., con el objeto de constituir una cabeza de playa que pueda interrumpir nuestro tráfico costero, a la vez que nos obligue a fijar allí importantes fuerzas propias [...], y será especialmente peligroso que puedan capturar algún aeródromo o establecer uno suyo [...], y se deberá prestar especial atención tanto a los preparativos británicos para llevar a cabo desembarcos anfibios, como a la posibilidad de que se lleven a cabo, operaciones aerotransportadas y de lanzamiento de paracaidistas a gran escala...*

Con base en esta directiva comenzó la construcción de lo que se llamaría el «Muro del Atlántico» (*Der Atlantikwall*), en principio una línea de fortificaciones que finalmente debería cubrir toda la costa europea, desde Noruega —en Kirkenes, en la frontera con Finlandia— hasta la frontera con España —en los Pirineos—, y que teóricamente supondría la construcción de más de 15 000 búnkeres y puntos fortificados de cemento. Serían necesarios más de 250 000 obreros trabajando contra reloj y, asimismo, más de un millón de toneladas de acero y 20 millones de metros cúbicos de cemento y hormigón[6], todo ello para ser guarnecido por más de 300 000 efectivos. Hitler quería que el proyecto estuviera finalizado en la primavera de 1943, pero la marcha de la guerra y la sangría que el ejército alemán experimentaba en el frente del Este iban a impedir su ejecución. Por otra parte, la idea probaría ser inviable, como muchas otras de las que se le ocurrían al Führer. La Wehrmacht, sin embargo, tenía una visión centrada en la batalla aeroterrestre como mucho —lo que era propio de una potencia continental— y era incapaz de visualizar una flota de invasión. Ya había cometido el mismo error en Dunkerque, en 1940, cuando fue incapaz de detectar la escala de la evacuación naval acometida por la Royal Navy.

Sorprende también que un instrumento militar que, en 1940, había demostrado que las murallas y fortificaciones no servían para nada en la guerra moderna, sorteando sin dificultad la línea Maginot, tras la cual se escudaba el ejército francés, y el fuerte Eben-Emael en Bélgica, en 1943 incurriese en el mismo error y se pusiera a construir una quimera que nunca llegaría a ser realidad práctica, y que trataba de presentar falsamente la propaganda del Reich, ante la opinión pública generalizada, como absolutamente inexpugnable.

En marzo de 1942, tras la emisión de la citada directiva, se nombró finalmente al mariscal de campo Gerd von Rundstedt como comandante en jefe supremo en Europa Occidental (*Oberbefehlshaber West*/OB West), en sustitución del mariscal von Witzleben[7],

---

6 En 1994, por hacer una comparación, el túnel del canal de la Mancha utilizó tan solo una décima parte del total de cemento que se empleó para el Muro: 1.3 millones de metros cúbicos, de acuerdo con la constructora Aggregate Industries, que realizó el proyecto.

7 El mariscal Erwin von Witzleben había mandado un grupo de ejércitos durante la campaña de Francia y pasó a ser comandante supremo en el Oeste cuando von Rundstedt fue transferido al Este para dirigir uno de los grupos de ejércitos que participaron en la invasión de Rusia, en junio de 1941. Inicialmente, su

tras haber sido relevado del mando del Grupo de Ejércitos Sur, en Rusia, por lo que la preparación y ejecución de las obras del Muro sería su gran responsabilidad hasta julio de 1944. No parece que inicialmente se tomara muy en serio su tarea, aunque, no obstante, a mediados de 1942 ya existían algunas obras de cierta consistencia en las zonas de los puertos más importantes del canal de la Mancha, dotadas con centros de resistencia protegidos, con nidos de ametralladoras, con defensa contracarro, obstáculos pasivos como zanjas y trincheras, y campos de minas provisionales, que habían sido instalados por orden de von Witzleben, además de contarse con diversos asentamientos de artillería pesada de costa, algunos de ellos bajo responsabilidad de la Kriegsmarine y orientados sobre todo a batir el posible tráfico naval en el canal de la Mancha.

A principios de julio de 1942, ciertas informaciones obtenidas por los servicios de inteligencia alemanes expusieron que una decisión angloamericana sobre qué y cuándo se debería tomar para constituir el ya llamado «segundo frente», y era inminente, por lo que la preocupación mostrada por Hitler parecía más que justificada. Un suceso de extrema gravedad vino aún más a justificar esa preocupación, pero al mismo tiempo produjo una sensación de alivio y de confianza que, más adelante, se demostraría injustificada. Nunca se aprende de la victoria y lo ocurrido a mediados de agosto de 1942 tuvo, precisamente, esa consecuencia[8].

---

misión era mantener el orden en los territorios ocupados e iniciar la protección de las costas en Francia, Bélgica y Holanda. Debido a sus críticas respecto del ataque iniciado contra la Unión Soviética, fue relevado en el Oeste y pasó a la reserva —con la excusa de problemas de salud—, sustituyéndole von Rundstedt nuevamente, que volvió de Rusia en 1942. En 1944, von Witzleben fue juzgado y sentenciado con la pena capital por su participación en el atentado contra Hitler del 20 de julio de 1944.

8 El 19 de agosto de 1942, el mando combinado aliado lanzó la llamada «operación Jubilee», cuyo objetivo, de alcance limitado, era capturar un puerto en la costa del canal de la Mancha y mantenerlo durante cierto tiempo, destruyendo las instalaciones defensivas y fuerzas alemanas de la zona, antes de proceder a replegarse y retirarse finalmente. Las fuerzas participantes, en su mayoría canadienses, sufrieron graves bajas sin alcanzar ninguno de los objetivos fijados. Fue una clara victoria para la propaganda alemana. La operación tuvo una clara finalidad política para demostrar tanto a Stalin como al presidente Roosevelt que los británicos tenían firme propósito de abrir un segundo frente pero que era prematuro hacerlo y que las defensas alemanas eran muy sólidas todavía.

En marzo de 1942, el mariscal von Rundstedt (izqda.) fue nombrado comandante en jefe en el Oeste, con cuartel general en París, en sustitución del mariscal von Witzleben (dcha.) [Bundesarchiv, Bild 101I-246-0713-23 / Dieck / CC-BY-SA 3.0].

El 19 de agosto de 1942, Hitler y su gabinete se encontraban en su cuartel general —«la Guarida del Lobo» (*Führerhauptquartier/ FHQ-Werwolf*), en Prusia Oriental—, siguiendo el desarrollo de las operaciones en el Cáucaso, cuando llegaron las noticias del intento de desembarco británico en Dieppe, en el canal de la Mancha. El ambiente, sin embargo, al saberse el fracaso de la operación, fue de satisfacción confiada, de calma y hasta de relajación. El Führer se encontraba visiblemente satisfecho y contento con la reacción de las defensas alemanas, pero, especialmente, porque el fracasado intento aliado confirmaba su pensamiento estratégico de aquellos días.

Aunque el pensamiento generalizado en medios militares alemanes fue de un optimismo ciertamente irresponsable, basado en la creencia errónea de que las defensas en el Oeste eran casi inexpugnables, no todos los mandos alemanes pensaban igual, especialmente el mariscal von Rundstedt, que opinaba que los Aliados aprenderían lecciones de su fracaso mientras que los alemanes

El mariscal Erwin Rommel (izqda.) durante una inspección en el Muro del Atlántico, febrero de 1944 [Wydawnictwo Prasowe Kraków-Warszawa].

«Parte del Muro del Atlántico. Seis hombres de L Co. heridos aquí; seis muertos» (Quinéville, Mancha, Francia; 21/09/ 1944) [Victor A. Lundy; Library of Congress].

disfrutaban complacientes su éxito. Von Rundstedt afirmaría: «Al igual que nosotros trataremos de valorar lo ocurrido y obtener experiencias para el futuro, lo mismo va a hacer el enemigo, y quizás lo haga mejor que nosotros ya que su experiencia la ha pagado cara. ¡El enemigo no cometerá el mismo error dos veces!»[9]. Ciertamente, las lecciones que los Aliados aprendieron tras el raid de Dieppe se resumían esencialmente en «qué no hacer» en futuras operaciones de desembarco anfibio, como von Rundstedt había insinuado, y pusieron la base para la ejecución de las operaciones en Normandía dos años más tarde. El resultado de la operación sirvió, por otra parte, para demostrar a los mismos Aliados que un desembarco en la Francia ocupada no iba a ser posible en un futuro inmediato, dada la fortaleza de la defensa alemana, y poder apaciguar así a Stalin, que exigía con insistencia la apertura del «segundo frente».

Por otra parte, el concepto estratégico predominante —casi hasta la derrota final— en el Cuartel General del Führer (OKW) era simplemente derrotar y rechazar la hipotética invasión para poder volcar todo el esfuerzo en el Este y derrotar a la Unión Soviética. Los que creían que una invasión tendría éxito eran minoría, pero entre ellos estaba el mismo von Rundstedt.

Al producirse la invasión de Rusia, en 1941, había en Francia 37 divisiones no bien equipadas con la simple misión de guarnición y de vigilancia de las costas, bajo el mando de von Witzleben, pero, cuando von Rundstedt se hizo cargo del mando, en la primavera de 1942, solo había unas 12 divisiones para toda Holanda, Bélgica y Francia, y eran divisiones de segunda fila, agotadas tras los combates en Rusia, o unidades de nueva creación que estaban instruyéndose. La construcción del Muro probaría ser algo fuera de las posibilidades del Tercer Reich; construir 15 000 fortificaciones, como esperaba Hitler, entre 1942 y mayo de 1943 era una tarea imposible y la Organización Todt responsable de las obras militares, consideraba que, a lo sumo, se podrían construir solo 6000[10]. Von Rundstedt inicialmente trató de mejorar las condiciones de la defensa, aunque no con demasiado énfasis, pero su interés decreció a medida que le faltaban medios, los materiales para construcción

9 Ronald Atkin, *Dieppe 1942: The Jubilee Disaster*, Londres, Macmillan, 1980.
10 En junio de 1944, se habían construido un total de 12 247 fortificaciones.

escaseaban y el Führer procedía una y otra vez a retirar unidades bajo su mando para enviarlas a Rusia, tan pronto como se habían reorganizado y equipado.

La cadena de mando establecida era muy complicada, sin embargo, y no había lo que se entiende en los procedimientos modernos por mando único; los propios generales alemanes lo calificaban como *Befehlschaos* o «caos en las órdenes». El mando del Oeste (OB West), subordinado al OKW, solo tenía competencias en relación con la defensa de las costas; en realidad, resultaba un mando superfluo. Ni las Waffen SS ni la Luftwaffe ni la Kriegsmarine estaban subordinadas en alguna forma al OB West, ni tampoco los gobernadores militares. Que se pudiera organizar así una defensa coherente era un milagro.

La misión del OB West se podía condensar, como se ha citado de alguna forma, en «impedir el desembarco del enemigo en su zona de responsabilidad. El borde anterior de la zona de resistencia será considerado el de la línea que alcance la marea alta en la costa. Si el enemigo llega a poner pie en tierra firme, deberá ser arrojado al mar en el acto», según la orden del Führer emitida por el OKW sin ninguna imaginación. Todos los detalles de organización de la defensa tenían que ser aprobados u ordenados por el propio Hitler, que se encontraba a más de 1000 km del teatro de operaciones y que nunca puso el pie en la costa por defender. Era una clara dejadez de sus obligaciones por parte del Estado Mayor y una muestra de la subordinación militar a la dictadura nazi.

A partir de 1943, el OKW sería informado en repetidas ocasiones de que la situación estratégica y la organización defensiva en el Oeste presentaban serias carencias, y cualquiera, en 1944, mirando el mapa de Europa, podía darse cuenta de que, desde el simple punto de vista militar, no existían posibilidades reales de éxito para la defensa contra una invasión. Toda la extensión de costas —no ya en todo el continente, sino en Francia solamente— era indefendible. Los Aliados tenían plena libertad de acción para decidir dónde y cuándo acometer la invasión, gracias a su superioridad total en los dominios aéreo y naval, y para el mando alemán era obvio que tendría lugar en cualquier momento en 1944. La estricta orden del Führer de no ceder ni un metro de terreno y llevar a cabo una defensa totalmente rígida significaba la renuncia a cualquier tipo de estrategia.

El mariscal von Rundstedt y su Estado Mayor consideraban que la invasión se produciría, con toda certeza, en la zona del paso de Calais. Se admitía la posibilidad, aunque remota, de que se produjeran desembarcos también en las penínsulas de Normandía y Bretaña, e incluso en el golfo de Vizcaya, donde casi 500 km de costa estaban defendidos por tres divisiones solamente. Algunas mentes febriles del OKW llegaron a sugerir la posibilidad de que los Aliados llegasen a desembarcar en España, lo que revela un grave desconocimiento de la geografía y del terreno. En líneas generales se puede afirmar que la opinión generalizada en la Wehrmacht era la de que el hipotético desembarco aliado tendría lugar finalmente en Calais, en un sector que podría llegar a la desembocadura del río Sena, que era la zona mejor defendida por las fuerzas alemanas, algo que era patente a los ojos de cualquier observador y que, sin duda, conocían con exactitud casi matemática los Aliados. Resulta llamativo que los herederos de Clausewitz, Gneisenau, Moltke, Schlieffen, Ludendorff y otros genios prusianos del llamado arte militar no considerasen que precisamente Calais sería el lugar que los Aliados evitarían a toda costa, por ser el lugar más ventajoso para los alemanes.

No obstante, aunque tarde, ya en la primavera de 1944 Hitler, personalmente, comenzó a considerar que, efectivamente, la invasión podría tener lugar en otros sectores, y su intuición parecía indicarle que la Bretaña y Normandía podrían ser zonas apropiadas para un desembarco anfibio, algo que confirmaban de alguna forma los reconocimientos aéreos y algunos informes de inteligencia que se recibían. Con todo, no esperaba que la gran invasión, por así decirlo, pudiera tener lugar en Normandía, todo lo más cabría esperar un desembarco secundario o acción de diversión, y se seguía considerando Calais como el lugar donde los Aliados llevarían a cabo su esfuerzo principal. Ni von Rundstedt ni Rommel ni ningún alto mando pensaban otra cosa.

Los planteamientos alemanes para derrotar la posible invasión que se contemplaba, en múltiples frentes con fuerzas mínimas, independientemente del lugar donde ocurriera, incluían una serie de parámetros que podemos llamar operativos, como eran la definición de un centro de gravedad, de líneas de operación, de puntos calificados como decisivos, de objetivos que alcanzar, y de la finalidad en cada caso. La finalidad de las operaciones militares alemanas en el Oeste respondía a un triple criterio político, social y económico, y a la dominación militar sobre el adversario. En 1944, en Francia, se trataba de derrotar a la posible invasión aliada. Fue el 20 de diciembre de 1943 cuando Hitler concluyó que la invasión se produciría no antes de la primavera de 1944 y que su resultado decidiría la guerra[11].

Von Rundstedt, a pesar de ser un militar de la vieja escuela, creía en la superioridad técnica alemana, pero no había vivido la superioridad y enorme potencia de las fuerzas aéreas aliadas. Su pensamiento era el de que el Muro del Atlántico, al margen de su debilidad y de que no impediría el desembarco, obligaría a los Aliados a desplegar su entera fuerza de invasión y, entonces, las reservas alemanas, desplegadas en una zona retrasada, podrían derrotar al adversario. Rommel opinaba, tras haber experimentado la capacidad aérea aliada, que esas reservas no podrían llegar nunca a entablar combate.

El error monumental de Hitler fue no zanjar esta diferencia de opinión, y vacilar, hasta encontrar una solución de compromiso entre ambos que no resolvía nada, sino que debilitaba las opciones. No obstante, se daban tres factores en la doctrina militar alemana que no eran tenidos en cuenta: en primer lugar, el poder aéreo aliado; a continuación, la enorme capacidad material y de abastecimiento aliada (*Materialslacht*); y por último, la ilógica interferencia continua de Hitler en la función de mando y decisión.

---

11 Con toda probabilidad, Hitler estaba revisando los informes que le llegaban sobre las conferencias de Teherán y El Cairo, donde se decidió la invasión y se definió la que sería la «operación Overlord». Según Heiber y Glantz, en su obra *Hitler and His Generals*, Ed. Greenhill, Londres, 2002.

2. EL MARISCAL VON RUNDSTEDT TOMA EL MANDO DE LA DEFENSA DEL OESTE

«En junio de 1944, cuando el mariscal von Rundstedt fue informado del desembarco aliado, supo inmediatamente lo que tenía que hacer; salió al jardín a recortar y arreglar sus rosales».
William S. Lind, autor e historiador norteamericano

«Los Aliados no van a anunciar su llegada por la BBC».
Mariscal Gerd von Rundstedt

«La moral de las tropas que defienden las costas de Francia es sorprendentemente alta y creen posible la victoria, a diferencia de sus mandos, que saben la verdad»
Mariscal Gerd von Rundstedt

Desde su nombramiento como comandante en jefe en el Oeste, von Rundstedt había siempre dado prioridad a las defensas costeras, aunque durante los meses que siguieron al intento de Dieppe no fue mucho lo que se hizo, quizás en la confianza de que lo ocurrido disuadiría a los Aliados de intentarlo otra vez, al menos durante un largo plazo de tiempo. Sin embargo, los meses que siguieron, en 1942, trajeron consigo un cambio total para la suerte de las armas alemanas. Al final de 1942 ocurrieron el desastre de El Alamein y el desembarco aliado en África del Norte —la «operación Torch», primera operación anfibia de gran magnitud angloamericana en la guerra—, y en enero-febrero de 1943, la tremenda derrota en Stalingrado marcó el principio del fin para el ejército alemán en Rusia. A partir de entonces, lenta pero inexorablemente, Alemania se encaminaría hacia un final apocalíptico,

El Führer, Adolf Hitler, contempla un mapa mientras escucha las indicaciones del mariscal Gerd von Rundstedt (dcha.) acerca de la situación del frente. Junto a ellos, el mariscal Wilhelm Keitel. Abril de 1942 [Wydawnictwo Prasowe Kraków-Warszawa].

un *Götterdämmerung* al más puro estilo de las obras de Wagner que tanto gustaban a Hitler.

En abril de 1943 —un año después de haber tomado el mando en el Oeste—, von Rundstedt viajó al Berghof, en Baviera, donde, a instancias de su jefe de Estado Mayor, el general Günther Blumentritt, trató de convencer al Führer de la necesidad de proceder a reforzar seriamente el frente occidental. Von Rundstedt expuso a Hitler la escasez de materiales y mano de obra para la construcción del Muro, al tiempo que trató de llamar su atención igualmente sobre la calidad de las tropas que guarnecían Francia y Bélgica, que eran esencialmente fuerzas en fase de recuperación y descanso antes de ser enviadas de nuevo a Rusia. Hitler, sorprendentemente, no prestó demasiado interés y von Rundstedt regresó a Paris bastante frustrado, aunque finalmente el Führer puso atención en el asunto y ordenó al anciano mariscal realizar una inspección y remitirle un informe.

Una vez de regreso en Francia, según la petición de Hitler, von Rundstedt se puso manos a la obra para llevar a cabo un estudio exhaustivo de la situación de la defensa, en el que su intención era plasmar la realidad de las obras acometidas —cuántas fortificaciones existían y cuántas aún no se habían ni siquiera comenzado, detallando su orden de batalla y la calidad y situación de las tropas disponibles—, y todo ello relativo solamente a la costa del Canal, a la zona costera atlántica y a la costa del Mediterráneo, que entraban dentro de su responsabilidad. Su idea era remitir a Hitler el informe completo en cuanto estuviera listo y, quizás así, lograr su interés. No obstante, con alguna excepción, von Rundstedt no llevó a cabo personalmente la inspección de ningún punto de la defensa costera y encargó la misión a su Estado Mayor. Von Rundstedt nunca fue un admirador de Hitler, ni había asimilado ninguna de las teorías nacionalsocialistas; se podría decir, incluso, que se oponía al nazismo —y ciertamente no parecía creer en la victoria final de Alemania—, aunque nunca se manifestó abiertamente contrario ni expuso su pensamiento, y contemporizó con los que criticaban abiertamente a Hitler[12]. En Francia, en estos últimos años de

12 Von Rundstedt fue hecho prisionero el 1 de mayo de 1945 pero no fue juzgado ante el Tribunal de Núremberg, adonde fue llamado solamente en calidad de testigo. Trató en todo momento de exculpar al estamento militar alemán de los errores militares de Hitler.

su mandato, alejado del frente, realmente se dedicó a vivir bien y gozar de todas las comodidades que ofrecía París. Su fama, como estratega y como táctico, era a todas luces exagerada y uno más de los mitos que adornaban al Ejército alemán[13]. No obstante, su idea de confeccionar un informe de situación detallado tendría repercusiones que, aunque a fin de cuentas no favorecerían el resultado final de lo que ocurrió en Normandía, sí supusieron graves dificultades para el desembarco aliado.

El Estado Mayor de von Rundstedt inició en mayo de 1943 la inspección de las defensas del Muro del Atlántico —algo que se debía haber hecho hacía mucho tiempo, sin duda—, con objeto de confeccionar el informe destinado a Hitler. A tal efecto se efectuó un detallado planeamiento de organización, de supervisión, de investigación y de reuniones para obtener las conclusiones que fueran más apropiadas. El propio von Rundstedt iba supervisando y controlando cada paso —aunque casi nunca se trasladó personalmente a las costas— y, conociendo el auditorio al que el informe iba dirigido, se preocuparía de resaltar los aspectos que él consideraba más esenciales sobre la situación y el nivel de preparación de las fuerzas, de la manera más efectiva pero, al mismo tiempo, más «políticamente correcta» para no provocar innecesariamente la ira del Führer y, naturalmente, no perjudicar su posición personal. Sin duda, no era una actitud muy valiente, pero era la actitud habitual entre gran parte de los generales alemanes.

El informe tardaría algo más de cinco meses en confeccionarse y solo abarcaba desde las costas en la parte sur de Holanda y Bélgica, la zona del canal de la Mancha, la costa atlántica francesa hasta la frontera con España y la costa del Mediterráneo hasta la frontera con Italia, que era el espacio en el que von Rundstedt era responsable de la defensa, y solo de la defensa, como aclararía, después de la guerra el general Blumentritt al historiador Liddell Hart. Sorprendentemente, durante los meses que se estuvo haciendo el estudio, muy poco o casi nada se hizo en relación con la de-

13 Von Rundstedt fue siempre un oficial de Estado Mayor y no tuvo mando directo de tropas en combate durante la Primera Guerra Mundial. Pasó voluntariamente a la situación de retirado en 1938, pero previamente juró lealtad a Hitler. Al estallar el conflicto mundial en 1939 se incorporó nuevamente al servicio activo, mandando un grupo de ejércitos en Polonia, Francia y Rusia.

fensa de las costas. Finalmente, el informe estuvo listo el 25 de octubre de 1943 y, con esa fecha, von Rundstedt se lo remitió a Hitler[14]. Una de las consecuencias más inmediatas del informe de von Rundstedt fue el aumento de los efectivos disponibles para el OB West, de 46 a 58 divisiones[15].

En el lapso que transcurrió desde mayo a octubre de 1943, muchas cosas sucedieron, y ninguna fue favorable para Alemania. El Afrika Korps capituló en Túnez, en mayo, y con ello se puso fin a la presencia germano-italiana en el norte de África; posteriormente los Aliados invadieron Sicilia y, a continuación, Italia, lo que trajo como consecuencia la caída de Mussolini y dejó a Italia fuera de juego, aunque la lucha en la península italiana continuaría hasta abril de 1945; y por si fuera poco, en julio, en la batalla de Kursk —en Rusia—, las una vez orgullosas fuerzas acorazadas alemanas fueron prácticamente aniquiladas y no volverían a recuperarse. No había ninguna duda de que la guerra estaba perdida, pero un nuevo frente en el Oeste, en Francia, significaría la puntilla final.

El informe de von Rundstedt —en realidad, un memorándum en toda regla— comenzaba, curiosamente, exponiendo cómo la situación iba a cambiar en el plazo de un año, lo que no dejaba de ser una forma casi infantil de tratar de enmascarar la penosa realidad del Muro del Atlántico y de procurar evitar la ira de Hitler cuando supiese la verdad. Conocedor de la realidad y del ambiente que reinaba en el cuartel general del Führer, en el que la atención sobre Rusia y sobre Italia era prioritaria, von Rundstedt envió también una copia del informe al mariscal Keitel, jefe del Estado Mayor de las Fuerzas Armadas (Oberkommando der Wehrmacht/OKW), junto con una carta personal en la que le pedía, como un gran favor, que hiciera todo lo posible para que Hitler leyera el informe con interés. Von Rundstedt le exponía a Keitel que la situación en el Oeste iba a ser seria muy pronto y que bajo ningún concepto quería que se le acusase luego a él de no haber

14 Von Rundstedt advertía, en relación con su informe, el 28 de octubre de 1943: «La situación no me parece buena. No basta con construir unas pocas fortificaciones. Hay que establecer una defensa en profundidad».

15 Sin embargo, como el general Blumentritt observó, «Hitler prefería acero, cemento y hierro a los efectivos de personal, apoyándose en cartografía a 800 km de la realidad».

informado a tiempo. Una vez más, el comportamiento del anciano mariscal rozaba el infantilismo, en lugar de ser eficaz.

El informe —de 30 páginas—, no obstante, recogía las preocupaciones de von Rundstedt, como comandante en jefe del Frente Occidental, que eran genuinas y estaban muy bien razonadas. Para empezar, exponía que, con toda certeza, el desembarco aliado tendría lugar a lo largo de 1944 y muy probablemente en la primavera, o a comienzos del verano. Citaba dos zonas probables de desembarco: el paso de Calais y, curiosamente, Normandía-Bretaña; aunque razonaba que, dada la superioridad aeronaval y logística de los Aliados, podrían hacerlo en donde quisieran, e incluso en las dos zonas citadas a la vez, aunque el esfuerzo principal tendría lugar en solo una zona. Al mismo tiempo, el informe presentaba, sin dar lugar a dudas, que, para poder detener la invasión y derrotar a los

Las defensas del Muro del Atlántico eran formidables en algunos puntos, como esta batería de costa en la zona de Cap Gris Nez, en el paso de Calais, pero eso no era la generalidad [Hermann Harz, ca. 1943; Library of Congress].

Aliados, las defensas no solo tendrían que ser extensas y profundas, sino que además se debería disponer de considerables refuerzos y, sobre todo, de una poderosa reserva móvil para llevar a cabo una contraofensiva definitiva. Como conclusión, dejaba ver muy claro que, en el momento y hora de presentar el informe, era imposible para sus fuerzas detener cualquier intento de invasión a larga escala que los Aliados pudieran ejecutar, ya que las fortificaciones existentes eran escasas y estaban muy separadas, y no existía una defensa en profundidad; y además, no se disponía de ninguna reserva. Y esto, en lo relativo a las defensas en las zonas consideradas como las más amenazadas; en la zona atlántica, al sur de Bretaña hasta la frontera española, y en la zona del Mediterráneo, la defensa era una mera línea de vigilancia, incapaz de oponer ninguna resistencia. Continuaba exponiendo las graves deficiencias que presentaban las fuerzas aéreas y navales disponibles —Luftwaffe y Kriegsmarine—, aunque estas no le estaban subordinadas, y finalmente, para acabar con una nota positiva, señalaba que, no obstante, se haría todo lo posible con los medios disponibles, hasta agotar el último cartucho. Dadas las circunstancias, esto se puede considerar, sin duda, como una nota de humor negro.

La situación era, ciertamente, muy preocupante y así se debió ver en el cuartel general de Hitler. Quizás fue una coincidencia, pero, al día siguiente de recibirse en el cuartel general el informe de von Rundstedt —26 de octubre de 1943—, el jefe de Operaciones, general Jodl, recibió dos cartas reforzando el informe y apoyando las preocupaciones expuestas en él. La primera era una carta dirigida al general Warlimont, segundo jefe de Operaciones y subordinado directo de Jodl, remitida por el teniente coronel Alexis von Rönne, jefe del Departamento de Información sobre Ejércitos Occidentales (Fremde Heeres West), del servicio de inteligencia militar (Abwehr), que dirigía el almirante Canaris. La segunda era una carta dirigida al propio Jodl por el general Hans von Salmuth, comandante en jefe del 15.º Ejército, a cargo precisamente de la defensa del sector de costa que incluía al paso de Calais.

Von Rönne exponía que se estaba llevando a cabo una importante concentración de fuerzas aliadas en el sur de Inglaterra —que estimaba en 43 divisiones, incluyendo varias acorazadas—, de volumen y número muy superior a las propias, al tiempo que advertía del traslado de buques anfibios del Mediterráneo al Atlántico; asimismo, en su carta, incluía un listado de posibles zonas de desembarco consideradas por los Aliados[16]. Von Salmuth, por otra parte, adjuntaba a su carta una copia del informe que él mismo había dirigido a von Rundstedt pocos días antes; en su escrito, von Salmuth exponía, con una claridad aplastante e incluso ofensiva, que las fuerzas de que disponía no eran adecuadas, ni en calidad ni en número, para defender la zona asignada y al mismo tiempo advertía de que el «Muro del Atlántico» no iba a detener ninguna invasión aliada. También acusaba al alto mando de sustraer recursos y mano de obra, necesitados en la construcción del Muro, para cometidos de la fuerza aérea o de otro tipo, siempre por «orden del Führer»; y con cierto sarcasmo decía que lo que presentaba era tan solo una visión realista, y en ningún caso pesimista, ya que, si se tomaban las medidas adecuadas, la situación podría mejorar considerablemente. El día 30 de octubre, el general Jodl presentó al Führer tanto el informe de von Rundstedt como el de von Salmuth, junto con la carta, en la conferencia que diariamente tenía lugar en el cuartel general.

Contrariamente a lo que cabía esperar, Hitler se mostró muy interesado y estudió minuciosamente los documentos que le presentó el general Jodl. La situación que se le presentaba era ciertamente muy seria y las perspectivas de que los Aliados abrieran un nuevo frente en el Oeste significarían el fin para Alemania. Parece ser que Hitler se preguntó qué era lo que había estado haciendo von Rundstedt desde que se hiciera cargo del mando del Oeste en 1942, pero no había respuesta; era obvio que Alemania había abarcado demasiado y era tarde ya. Aun así, Hitler, en conferencia conjunta con Jodl y Keitel, concluyó que necesitaba una tercera opinión y que había que enviar a alguien a hacer una investigación y un estudio completo de la defensa de toda la costa de Europa occidental, por cuenta del

16 Von Rönne, considerado un eficiente oficial, era en realidad antinazi y muchos de los informes que remitió estaban destinados a confundir al alto mando, y a ayudar indirectamente a los Aliados ya que su objetivo era la derrota del nacionalsocialismo. De forma habitual exageraba sus informes, dado que sabía que los servicios de inteligencia de las SS y la Gestapo, SD, quitaban importancia a sus informaciones. Detenido por la Gestapo tras el atentado contra Hitler el 20 de julio de 1944, fue ejecutado en octubre del mismo año.

cuartel general y sin ninguna otra subordinación. Dado que todo apuntaba a que se iba a seleccionar al general Jodl y este no estaba muy dispuesto a la tarea, a sugerencia del propio Jodl la elección recayó en nada menos que en el mariscal Erwin Rommel. Jodl sabía que tanto von Rundstedt como von Salmuth tenían razón y, por ello, quien hiciera este nuevo estudio e informe sería portador de malas noticias para Hitler, y los mensajeros que traían malas nuevas nunca eran bien recibidos. Por otra parte, ¿quién mejor que Rommel, que tenía experiencia en combatir contra los angloamericanos?

El mariscal Rommel, a pesar de la derrota final sufrida en África, pasaba, sin duda, por ser el militar de más prestigio en Alemania, y posiblemente también entre los Aliados. Hitler —a pesar de alguna reticencia— finalmente aprobó entusiásticamente la idea de Jodl e incluso llegó a pensar que, una vez que se conociera la presencia de Rommel en el frente occidental, posiblemente ello podría llegar a ejercer alguna influencia disuasoria, o cambio de planes, en cuanto a la posible invasión.

En cualquier caso, como prueba de que el informe de von Rundstedt había provocado un impacto notable en el cuartel general de Hitler, el 3 de noviembre de 1943 el Führer emitió su «Directiva [*Führerweisung*] núm. 51», en la que presentaba una reorientación fundamental de la estrategia que seguir en Francia, al objeto de reforzar el frente occidental en previsión de una invasión aliada. Hitler, de esa forma, daba por válidas las conclusiones presentadas por von Rundstedt y reconocía la amenaza que suponían los angloamericanos. El cambio de estrategia tenía por finalidad resolver con urgencia la debilidad detectada en la defensa de las costas y Rommel era parte de esa estrategia. La directiva, además, exponía que había una evidencia seria de que los Aliados invadirían Francia en 1944, probablemente en la primavera y muy posiblemente en la zona del paso de Calais. En suma, estratégicamente hablando, no se puede decir que una invasión de la costa francesa en 1944 iba a constituir una sorpresa. El problema seguía siendo: ¿dónde? y ¿cuándo?

Von Rundstedt no gozaría de mucha autonomía y debía consultar con el OKW en todas aquellas decisiones que se considerasen de importancia. Ello exigía innumerables envíos de mensajes por teléfono o teletipo, lo que aumentaba la vulnerabilidad de las comunicaciones entre los diversos mandos en Francia.

Berlín, 19 de julio de 1940. Ceremonia del mariscal de campo. El Führer posa con los doce generales recién ascendidos a mariscales. De izquierda a derecha: Wilhelm Keitel, Gerd von Rundstedt, Fedor von Bock, Hermann Goering, Adolf Hitler, Walther von Brauchitsch, Ritter von Leeb, Wilhelm List, Gunther von Kluge, Erwin von Witzleben y Walter von Reichenau [Wydawnictwo Prasowe Kraków-Warszawa].

La invasión alemana (Oslo, Noruega; 1940) [Henriksen & Steen; Nasjonalbiblioteket].

3. CRISIS EN EL OESTE. ESTABA CLARO: FRANCIA NO TARDARÍA EN SER DE NUEVO UN TEATRO DE OPERACIONES, PERO ¿QUÉ SE HABÍA HECHO DESDE 1940?

«Cuando Hitler decidió construir el llamado Muro del Atlántico, solo cometió un gravísimo error: olvidó ponerle tejado».
Aforismo popular entre los paracaidistas norteamericanos de las 82.ª y 101.ª divisiones aerotransportadas, que saltaron sobre Normandía el 6 de junio de 1944

De acuerdo con el historiador oficial alemán Walter Görlitz —en su obra monumental[17] sobre la historia del Estado Mayor alemán—, en el apogeo del período de mando de von Rundstedt, en Francia, en el otoño de 1943, se contaba en el Oeste con una fuerza equivalente a 60 divisiones de diversas condiciones y nivel de preparación, que debían defender unos 3000 km de costa desde la Riviera francesa hasta el mar del Norte.

Estas fuerzas eran mayoritariamente unidades solo capacitadas para la defensiva estática —o, como la doctrina militar española decía, aptas solo para la defensa fija en posiciones «sin idea de retroceso»—, ya que carecían por completo de vehículos y medios de transporte, e incluso había una división integrada por personal

17 Walter Görlitz, *History of the The German General Staff: 1657-1945*, Kessinger Publishing, 2010. Los puntos de vista de Görlitz sobre la evolución del sistema del Estado Mayor, desde sus inicios bajo los reformadores prusianos hasta su apogeo imperial y, finalmente, hasta su marginación y decadencia en el Tercer Reich, son muy reveladores.

que padecía diversas dolencias y enfermedades que lo incapacitaban para prestar servicio en el frente en primera línea y mucho menos combatir en el frente ruso. En líneas generales se puede decir que, consideradas globalmente, esas fuerzas tenían una capacidad de combate reducida en un 30 % como mínimo. Para empeorar aún más la situación y el estado de las fuerzas, esas divisiones no contaban con la artillería de campaña habitual y reglamentaria en las divisiones alemanas, sino que disponían de una mezcla de piezas capturadas en Francia, Polonia, Yugoslavia, Bélgica, Holanda, etc., de diferentes tipos y calibres, con munición no siempre disponible en suficiente cantidad. Era una pesadilla considerable[18] que nadie había remediado.

El tan cacareado Muro del Atlántico, como se ha expuesto, consistía, en realidad, en una serie de fortificaciones con diferente grado de protección y una potencia de fuego heterogénea. Su fortaleza residía en el hecho de que prestaban atención esencialmente a los puertos y zonas obvias para posibles desembarcos, pero, fuera de esas zonas, eran muy débiles y vulnerables[19].

Tras la Conferencia de Moscú, en agosto de 1942, Hitler no tuvo dudas de que la apertura de un segundo frente en el Oeste iba a ser inminente en algún momento y emitió su «Directiva núm. 40» anteriormente citada, aunque sería más tarde, después de la Conferencia de Teherán, entre noviembre y diciembre de 1943 —tras la invasión de Italia y la gran batalla de Kursk, como se ha expuesto—, cuando el mando alemán concluyera que debería esperar una invasión a partir de febrero de 1944 y no antes; pero, en cualquier caso, iba a ser un hecho y no ya una mera hipótesis.

18 Como informaría el mariscal Rommel, se trataba de unos 40 tipos diferentes de obuses y cañones, con unos 30 calibres diferentes. Realmente, el valor de esa artillería era nulo, ya que gestionar su municionamiento era una tarea inviable.

19 El Muro del Atlántico (*Atlantikwall*), como se ha citado, fue la gran cadena de puntos de resistencia inacabada, que tenía como misión impedir una invasión del continente europeo desde Noruega hasta la frontera española. La edificación de este gigantesco proyecto se confió en 1942 a la Organización Todt. Con un alto coste, se dotó a la zona costera del Canal bajo control alemán de todo tipo de fortificaciones; destacaban los dientes de dragón en Noruega —que todavía se conservan—, túneles y demás estructuras defensivas, que en total sumarían en torno a 15 000 edificaciones y estructuras; se requirió el uso de no menos de 11 millones de toneladas de cemento y hormigón, y un millón de toneladas de acero.

La Conferencia de Teherán, curiosamente, vino a coincidir con la presentación del informe de von Rundstedt al Führer.

No obstante, la cruda realidad era que, en tres años —de 1940 a 1943—, se había hecho muy poco para que la llamada «fortaleza Europa» —*Festung Europa* según la propaganda alemana— fuera realidad y von Rundstedt era el principal culpable, por omisión.

Con la conquista de Francia, en junio de 1940, Hitler había llegado a creer —tan grande fue su sorpresa—, que había ganado la guerra, y no había, en consecuencia, ningún plan sobre qué hacer a continuación. La decisión de atacar a Rusia, tomada a final de julio de 1940, llevó a reorganizar y aumentar los efectivos de la Wehrmacht: el Ejército de Tierra (Heer) pasó a contar con 180 divisiones en vez de 143. Los tres grupos de ejércitos —A, B, y C—, que se habían organizado para la batalla de Francia, se disolvieron y sus unidades serían trasladadas con el mayor sigilo a la frontera oriental del Reich en la primavera de 1941, donde formarían los grupos de ejércitos Norte, Centro y Sur, para la invasión de la Unión Soviética. Así, entre septiembre y octubre de 1940, se organizó un cuarto Grupo de Ejércitos D, en la Francia ocupada, inicialmente bajo el mando de von Rundstedt —que aún conservaba el mando del anterior Grupo de Ejércitos A— y a continuación a las órdenes del mariscal von Witzleben, en cuanto von Rundstedt se trasladó al Este, donde tomaría el mando del nuevo Grupo de Ejércitos Sur. Al mismo tiempo se creó también el llamado teatro de operaciones occidental —*Oberbefehlshaber West*/OB West (Mando Supremo del Oeste)—, responsable de todas las operaciones ofensivas y defensivas que se pudieran tener que llevar a cabo en su zona de control. Von Rundstedt permaneció en Francia, después de todo, durante todo el invierno 1940-1941 y se trasladó finalmente al Este en abril de 1941, momento en el que tomó formalmente el mando von Witzleben.

El recién creado Grupo de Ejercitos D[20] contó desde el primer momento con tres ejércitos: el 7 y el 15, que cubrían la costa desde la frontera con España hasta Amberes, en Bélgica, y el 1, en el interior de Francia, con cuartel general en las cercanías de París.

20 Oficialmente se creó el 26 de octubre de 1940 y los mandos, en general, procedían del disuelto Grupo de Ejércitos C.

El mando en el Oeste incluía también las fuerzas alemanas desplegadas en Holanda (Wehrmachtbefehlshaber Niederlande).

La amenaza de invasión e incluso de incursiones británicas en 1941 era ciertamente mínima, pero, con todo, von Witzleben dio los primeros pasos para dar alguna consistencia a sus fuerzas y concienciarlas de su tarea de defensa del territorio conquistado. La primera medida que tomó fue integrar en su mando la llamada Inspección de Fortalezas en el Oeste, que estaba en Metz, y pasó a ser la Inspección de Fortalezas Terrestres, para diferenciarla de las defensas navales de puertos, dependientes tácticamente del OB West, en París; la primera misión que se le encomendó fue la inspección de la defensa de las islas británicas del Canal[21], que habían sido conquistadas como consecuencia de la batalla de Francia, el 30 de junio de 1940.

No obstante, desde la conquista de Francia, en 1940, y durante todo el año 1941, las únicas fortificaciones que el mando alemán construyó fueron siete baterías de artillería de costa entre Boulogne y Calais, pensadas inicialmente para haber apoyado el cruce del Canal en la nunca llevada a cabo «operación León Marino», y algunas otras construcciones menores para proteger puertos y las bases donde se situaron los submarinos, especialmente en Brest, Lorient, y St. Nazaire, lo que requirió casi todo el esfuerzo de que era capaz la llamada Organización Todt[22], que era la responsable de las construcciones militares de campaña para toda la Wehrmacht.

21 Las razones militares para la defensa de las islas del Canal eran irrelevantes ya que se adujo que la misión era proteger el tráfico marítimo costero en el Canal, algo verdaderamente absurdo y que nunca se llevaría a cabo. Sin embargo, Hitler atribuía a su defensa importantes razones políticas y psicológicas, ya que consideraba que para Gran Bretaña su pérdida era una cuestión de prestigio y tratarían de recuperarlas en cualquier momento. Por otra parte, constituían el único territorio británico conquistado. Así, en el verano de 1941 —mientras se iniciaba la invasión de Rusia—, una división de infantería al completo —la 319 División— procedió a guarnecer las islas, estableciendo su cuartel general en la isla de Guernsey, y reforzada con artillería de campaña, nidos de ametralladoras, defensas contracarro y artillería antiaérea, con un total de 40 000 efectivos. Estas fuerzas constituían, en aquel momento, las mejores tropas alemanas disponibles en el Oeste, y, sin embargo, fueron utilizadas solamente para tareas de guarnición estática, completamente inactivas y sin ninguna utilidad hasta la rendición final de Alemania en 1945. Prueba de la escasa importancia de estas islas es que los Aliados no se preocuparon en liberarlas hasta el final de la guerra.

22 Durante la ocupación de Francia, la Organización Todt (OT) empleó con carácter forzoso a muchos exiliados españoles republicanos en la construcción de fortificaciones en las islas del Canal y en la costa atlántica francesa. Es este un aspecto

Cuando von Witzleben, en septiembre de 1941, se propuso iniciar los trabajos para establecer una fortificación permanente de la costa, el Estado Mayor del Ejército (OKH) le comunicó la no disponibilidad de batallones de trabajo para construcciones y la conveniencia de que, informalmente, llegara a algún acuerdo con la Marina a fin de que le cediera provisionalmente aquellos trabajadores que no tuvieran cometidos en determinados momentos. Así estaban las cosas.

A pesar de las dificultades y la falta de colaboración, von Witzleben, a fin de 1941, ordenó a los mandos de ejército, cuerpo de ejército y divisiones bajo su mando que iniciaran el reconocimiento de los lugares idóneos en la costa para iniciar la construcción de fortificaciones. Los trabajos no comenzarían realmente hasta ya entrada la primavera de 1942. Era un primer paso, pero, sin contar con mano de obra, con materiales y con el utillaje necesario, no era mucho lo que se podía hacer. Se habían perdido casi dos años y, como ya dijo Napoleón, se podía ser indulgente con el espacio porque siempre era posible recuperarlo, pero el tiempo perdido era irrecuperable. El error del Estado Mayor alemán era garrafal y resultaría decisivo.

En la primavera de 1942, la situación estratégica general había cambiado mucho. Para empezar, Estados Unidos había entrado en la guerra y la prolongación de esta cambiaba la ecuación, añadiendo una severa incógnita para el Eje y una gran probabilidad de que se reanudasen las operaciones en el Oeste. A principios de año, el mariscal von Witzleben fue relevado del mando y destinado a la Reserva del Estado Mayor, en razón a sus opiniones políticas, como se ha citado ya. Von Runsdtedt también había sido relevado en Rusia, en diciembre de 1941, por desobedecer una orden directa de Hitler y evacuar la ciudad de Rostov, pero fue llamado de nuevo al servicio activo en marzo, para sustituir a von Witzleben y tomar de nuevo el mando en Francia.

Dos semanas después de designar a von Runsdtedt como comandante en jefe en el Oeste (OB West) fue cuando Hitler emitió su «Directiva núm. 40». Se le daba la responsabilidad de la defensa

---

sobre el que se ha investigado poco; virtualmente fueron un regalo del Gobierno colaboracionista francés de Vichy a las autoridades alemanas de ocupación. En Burdeos, entre los 5000 obreros extranjeros empleados en la construcción de la base de submarinos, 3000 eran españoles [Marie Claude Rafaneau-Boj, *Odyssée pour la liberté. Les camps de prisonniers espagnols 1939-1945*, Denoël, 1993].

de todo el territorio ocupado en Francia y Holanda, pero no Dinamarca, que permanecía como un mando independiente más, subordinado al igual que el Oeste al Alto Mando de la Wehrmacht (OKW), es decir, a Hitler. El Estado Mayor del Ejército (OKH) era responsable únicamente ya de la guerra en Rusia.

La efectividad del OKW como órgano conjunto es discutible, ya que el mariscal Keitel era una figura mayormente decorativa. Tanto el mariscal Goering como el almirante Raeder no toleraban intromisiones ni en la Luftwaffe ni en la Kriegsmarine y, naturalmente, las Waffen SS dependían en exclusiva de Himmler. Por lo tanto, la única autoridad sobre todo el conjunto era Hitler.

La «Directiva núm. 40» de Hitler esbozaba básicamente la doctrina táctica que, desde ese momento, iba a regir el planeamiento de la defensa de Francia. Parecía redactada por el general Jodl con ayuda, sin duda, del general Warlimont. El mando del Oeste no iba a tener mucho que pensar, solamente cumplimentar órdenes; von Rundstedt estaba encantado.

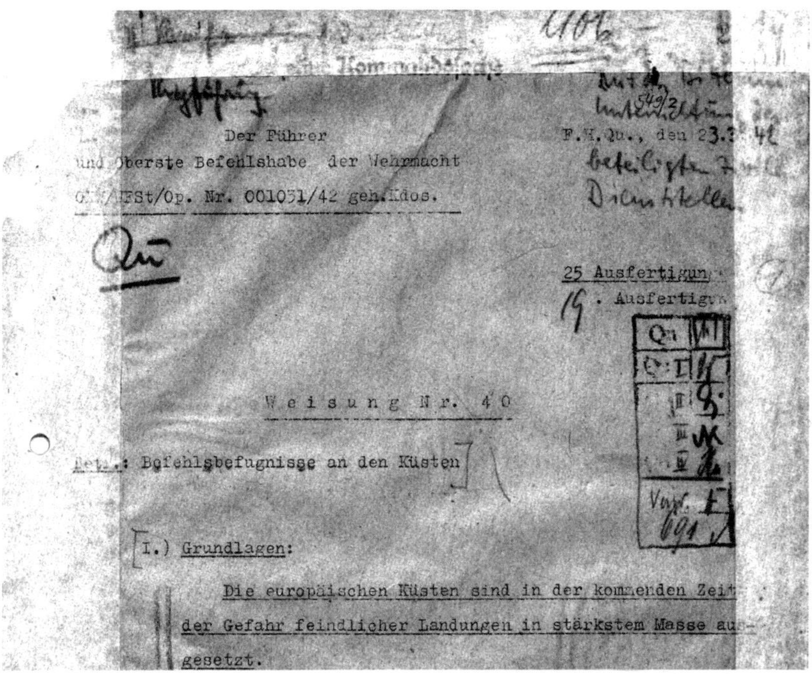

Der Führer
und Oberste Befehlshaber der Wehrmacht
WFSt/Op. Nr. 001031/42 geh.Kdos.

F.H.Qu., den 23.3.42

25 Ausfertigungen
. Ausfertigung

Weisung Nr. 40

Betr.: Befehlsbefugnisse an den Küsten

I.) Grundlagen:

Die europäischen Küsten sind in der kommenden Zeit der Gefahr feindlicher Landungen in stärkstem Masse ausgesetzt.

Fragmento de la primera página de la «Directiva núm. 40 [sobre facultades de mando en la costa]», 23 de marzo de 1942 [OKW / Wehrmachtführungsstab; Bundesarchiv].

El primer aspecto que se establecía era que la defensa de la costa —desde Francia a Noruega— se debía organizar y las tropas debían ser desplegadas de modo que cualquier intento de invasión fuese rechazado antes de producirse o inmediatamente en el momento de desembarco de las fuerzas enemigas, lo que, como veremos, era precisamente el pensamiento de Rommel. Se debería organizar y fortificar el terreno en aquellos lugares adecuados para desembarcos anfibios de entidad notable. Las playas en las que solo fueran posibles pequeños desembarcos por sorpresa serían defendidas mediante centros de resistencia ligados a las baterías de costa; el resto de la costa sería recorrido solamente por patrullas móviles. Todas las posiciones defensivas deberían estar diseñadas para la defensa a toda costa y hasta el último hombre, y ser equipadas con suficientes armamento, munición y abastecimientos para garantizar su resistencia por tiempo indefinido.

Sin embargo, como una premonición, tan solo cinco días después de emitirse esta directiva, los británicos llevaban a cabo una incursión sobre la base naval de St. Nazaire[23], en el estuario del Loira. Aunque aquello no fue un intento de desembarco ni de invasión, sembró la preocupación ya en el OKW y movió a Hitler a prestar más atención a la defensa de la costa francesa, por lo que nombró al general Kurt Zeitzler, que sería más tarde jefe del OKH, como nuevo jefe de Estado Mayor del OB/West, directamente subordinado a von Rundstedt; era una forma de supervisar su tarea.

Lo sucedido en St. Nazaire sirvió para mostrar a Hitler que los diversos mandos responsables de la defensa de Francia hasta la fecha no contaban con los medios adecuados para oponerse de forma eficaz a las posibles incursiones aliadas. De hecho, mientras que los recursos aliados se habían ido incrementando progresivamente, las fuerzas alemanas habían ido disminuyendo dada la necesidad constante de reforzar el frente en Rusia. Consta que el almirante Raeder, en abril de 1942, le dijo a Hitler con toda claridad que «no se disponía de medios para rechazar un asalto enemigo

23 El 28 de marzo de 1942 tuvo lugar la operación Chariot, cuando el destructor HMS Campbeltown, cargado de explosivos, embistió el único dique seco para reparaciones disponible en St. Nazaire, impidiendo la utilización futura del acorazado alemán Tirpitz.

proveniente desde el mar»[24]; en la opinión del almirante, incluso defensas mucho más eficaces y mejor provistas que las de St. Nazaire no habrían podido detener un ataque aliado lanzado con decisión. La defensa de la costa exigía disponer de potentes fuerzas navales y de una capacidad adecuada de reconocimiento aéreo. Alemania, en 1942, era deficitaria en ambas.

Raeder, de algún modo, advirtió que, dadas la escasez de recursos y las necesidades que se iban a presentar si se quería poner a punto una defensa adecuada, las demandas y peticiones de medios irían en aumento y no se podrían atender, lo que equivalía a decir que una defensa completa era imposible. El Tercer Reich no daba más de sí. Pese a ello, Hitler no se daba por vencido y estaba convencido de que se podía organizar una defensa prácticamente invulnerable si se aportaban los medios (cemento, hormigón, artillería...) y la voluntad necesaria. Tras St. Nazaire, su decisión inmediata fue ordenar la protección de las bases de submarinos hasta hacerlas casi inexpugnables.

En agosto de 1942, Hitler presidió una conferencia con altos mandos del Ejército y del Estado Mayor —que lideraba el mariscal Keitel como jefe del OKW—, en cuyo marco propuso la construcción de una línea continua de fortificaciones en la costa de Francia, a prueba de bombardeos aéreos y del fuego de la artillería naval, lo que debería iniciarse con la máxima energía durante el invierno. La idea era establecer una serie de centros de resistencia fortificados y posiciones capaces de albergar una compañía de infantería, profusamente dotados con ametralladoras, armas automáticas, y armas pesadas, especialmente cañones contracarro, instalados en casamatas protegidas de hormigón. Todas estas posiciones permitirían contar con campos de tiro entrelazados y superpuestos de modo que hubiera un plan de fuegos completo y sin solución de continuidad en toda la costa. Sin embargo, dejando aparte el tema de la construcción de las fortificaciones, el principal problema radicaba en la escasez de tropas para guarnecer las posiciones que se contemplaban. En esas fechas, a finales del verano de 1942, Hitler personalmente estimaba que, adicionalmente a las fuerzas ya disponibles del Grupo de Ejércitos D —aproximadamente unos 100 000 efectivos—, se necesitarían unas diez o doce divisiones de

24 *Conferencias Navales con el Führer* 1942, Office of Naval Intelligence, U. S. Navy.

infantería más para dar solidez a la defensa de toda la costa del OB West, pero ni siquiera recurriendo a la reserva general en Alemania se podía disponer de tal fuerza, dado el extenso despliegue ya existente en todos los frentes, desde Noruega, pasando por Dinamarca, Yugoslavia, Grecia y África hasta, por supuesto, Rusia.

Cuando, a final de agosto, se produjo el intento de invasión limitada, o incursión mayor, por parte de fuerzas canadienses y británicas, en Dieppe —al norte de la desembocadura del Sena y en la costa de Normandía, curiosamente—, la conmoción fue mayúscula, a pesar de que el intento fue un sonoro fracaso para los Aliados. En cualquier caso, Dieppe, que analizaremos con detalle, tuvo el efecto de llamar la atención y concienciar al mando alemán sobre la creciente amenaza de invasión aliada en el Oeste. Con tal motivo, dada la gravedad de lo ocurrido, Hitler convocó una nueva conferencia en la Cancillería del Reich, en Berlín, el 29 de septiembre de 1942, a la que esta vez asistieron el mariscal Goering, el ministro de Industria Albert Speer, el mariscal von Rundstedt, el general Gunther Blumentritt —como nuevo jefe de Estado Mayor del OB West—; el jefe de Ingenieros del Ejército, general Alfred Jacob; y el general inspector de Fortificaciones, Rudolf Schmetzer, junto con otros mandos, pero, sorprendentemente, nadie de la Kriegsmarine.

Por primera vez, Hitler se mostró preocupado ante la posibilidad de la apertura de un segundo frente en el Oeste y admitió que un desembarco enemigo en el teatro de operaciones occidental pondría a Alemania en un grave aprieto. Curiosamente, estableció que lo más probable era que el intento de desembarco se produjese en Noruega[25], en su opinión, aunque posteriormente admitiría ya que la hipotética invasión tendría lugar seguramente en Francia, ya que exigiría un menor esfuerzo a los Aliados.

---

25 Resulta interesante saber cómo Hitler, en septiembre de 1942, pudo llegar a pensar que Noruega podría ser el escenario de la invasión aliada, una idea concebida por Churchill en mayo —operación Júpiter— que incluso la llegó a exponer al presidente Roosevelt y que terminaría siendo una maniobra de engaño. Aunque se ha dicho muchas veces que los servicios de inteligencia alemanes no fueron especialmente eficaces, la realidad es que se enteraban de muchas cosas, aunque algunas equivocadas obviamente. En cualquier caso, una invasión en Noruega no habría llevado a casi ninguna parte, pero fue una idea que se mantuvo en la mente de Hitler y que llevó a que se mantuvieran más de diez divisiones alemanas desplegadas en suelo noruego hasta el fin de la guerra.

«—Entonces, ¿qué aprendisteis, muchachos, del ataque a Dieppe? —¡A huir!».
Viñeta de Helmuth Huth en el semanario alemán *Fliegende Blätter* (1/10/1942).

4. UN AVISO QUE SE IGNORARÍA: EL FRACASO DEL INTENTO DE DESEMBARCO ALIADO EN DIEPPE FOMENTA EL EXCESO DE CONFIANZA DEL MANDO ALEMÁN

«Se debió haber fusilado a los que concibieron esta idea».
Sir Winston Churchill, agosto de 1942

La llamada operación Jubilee, a pesar de su fracaso, preparó el camino para lo que llegaría a ser el Día D en Normandía. Tras Dieppe, los Aliados se dieron cuenta de que eran necesarios una planificación detallada y un mando único para dirigir la operación —que forzosamente sería conjunta y combinada, es decir, con participación de las diversas fuerzas y de diferentes nacionalidades—, como garantías básicas mínimas para obtener el éxito.

Sobre Dieppe se llevó a cabo un fuerte bombardeo aéreo que probó no ser suficiente para destruir la todavía incipiente organización defensiva de las playas establecida por el mando alemán, ya que aún no se había iniciado de forma eficaz la construcción del Muro del Atlántico. Sobre Normandía, el bombardeo se multiplicaría por diez y tampoco logró una destrucción total de la organización defensiva alemana, aunque fue devastador. El apoyo del fuego naval, sin embargo, sí fue muy eficaz, pero se puso de manifiesto que se necesitaban mejores lanchas de desembarco y vehículos acorazados especiales con capacidad anfibia. Asimismo, quedó claro que las tropas necesitaban instruirse más y mejor en las técnicas de los desembarcos anfibios. Estos eran los aspectos más sobresalientes que los alemanes observaron en la conducta aliada en el desembarco de Dieppe y que el mariscal von Rundstedt advirtió que los Aliados corregirían.

Ciertamente, un aspecto que los alemanes ignoraron, y que no tuvieron muy en cuenta ni Rundstedt ni Rommel, fue el hecho de que los Aliados no necesitasen de inmediato un puerto[26] para llevar a cabo el desembarco y descarga de toda la corriente logística de abastecimientos que iban a necesitar. Dieppe, sin duda, proporcionó muchas lecciones, algunas obvias y sabidas que se habían impartido ya en las escuelas y academias militares, y otras simplemente resultado del sentido común. El mando alemán, sin embargo, se contentaría con lo que parecía, equivocadamente, una victoria y una demostración de la «inexpugnabilidad» de su organización defensiva.

Las apariencias, por otra parte, eran las de que, en el verano de 1942, los Aliados estaban perdiendo la guerra. Los japoneses habían puesto contra la pared a la marina norteamericana en la gran batalla naval del Mar del Coral, Rommel había conquistado Tobruk y avanzado ya en Egipto y el ejército soviético se retiraba en Stalingrado. No había victorias relevantes para el mando aliado y Stalin presionaba para que se abriera un segundo frente en Europa que aliviase la tensión que se vivía en el frente ruso. Por otra parte, el mando norteamericano deseaba también abrir una cabeza de puente en Europa, aunque fuera de alcance limitado.

Churchill adivinaba de alguna forma que todos esos planteamientos estaban equivocados: la batalla del Mar del Coral, en realidad, había acabado en tablas; Rommel había alargado irresponsablemente sus líneas de comunicación en el desierto, y en Rusia, las fuerzas alemanas abarcaban un espacio fuera de control y no habían logrado conquistar ni Leningrado ni Moscú, mientras que se avecinaba ya el terrible invierno ruso. No obstante, intentar un desembarco anfibio en la costa francesa sin superioridad aérea, sin adecuadas lanchas de desembarco y con fuerzas aún no bien instruidas solo podía acabar en un desastre. A pesar de ello, intentar

26 La inteligencia alemana no parece que llegase a descubrir, con antelación suficiente, la existencia de unos muelles artificiales flotantes denominados *mulberries* que los Aliados transportarían, en junio de 1944, con las diferentes oleadas de desembarco, y que harían innecesario tener que apoderarse de un puerto en las primeras jornadas de la invasión. Por ello, los Aliados podrían permitirse desembarcar en playas abiertas, sin tener que apoderarse de ningún puerto fortificado —como era Cherburgo—, al menos inicialmente.

un desembarco de alcance limitado en la costa del Canal podría servir para suavizar la presión a la que le sometían tanto soviéticos como norteamericanos y, quizás, demostrar a la vez que todavía no había llegado el momento. La operación, sin embargo, costaría muchas vidas y no alcanzaría resultados reales.

Por qué se escogió Dieppe para llevar a cabo tal empresa escapa inicialmente a cualquier análisis, pero, cuando se piensa con detalle, surgen las explicaciones. Dieppe era una pequeña ciudad costera, esencialmente de vacaciones para muchos británicos, en el noroeste de Francia —al sur de Calais—, situada sobre unos acantilados con acceso a varias playas en el Canal, y, sobre todo, no considerada por el mando alemán como un posible objetivo para una operación de invasión del continente dado que no era una ruta directa desde las costas británicas —está a una distancia de 70 millas de Newhaven—, como era Calais, justo enfrente de Dover; y, por lo tanto, no estaba tan protegida, pero sí lo suficientemente cerca como para poder aproximarse aprovechando la noche. Aun así, estaba dentro del alcance de la aviación de caza inglesa, que podría de este modo proporcionar cobertura aérea a la fuerza de invasión y disputar el dominio del aire a la Luftwaffe. En último lugar estaba el hecho de que escogiendo este lugar se descartaba para futuros intentos, pero cabía la posibilidad de que los alemanes lo interpretasen de forma contraria. Estos hechos deberían haber servido ya de aviso al mando alemán y haberle hecho notar que la zona de Calais estaba descartada de antemano, y que nunca sería considerada seriamente como idónea para la invasión definitiva cuando tuviera lugar. Dieppe, de todos modos, no era un puerto con gran capacidad, por lo que no hubiera servido para los propósitos de la invasión posteriormente.

La idea de maniobra aliada —esencialmente británica— era llevar a cabo un desembarco anfibio de cierta entidad, provocar daños de consideración al tráfico marítimo comercial y militar alemán, y a la infraestructura portuaria, y obtener información sobre la organización defensiva alemana, y sobre el tipo y tecnología usada por su sistema de vigilancia y detección de radar[27], y luego retirarse.

27 Se ha sugerido también que una de las misiones secundarias de la operación era capturar alguna máquina de cifra Enigma y los códigos respectivos, ya que, aunque los británicos descifraban ya los mensajes alemanes, un cambio de claves recientemente introducido en ellos les complicaba considerablemente la tarea.

Cadáveres de soldados canadienses en la playa junto a una lancha de desembarco y tanques Churchill del Rgto. de Calgary, 19/08/1942 [Library and Archives Canada].

La planificación inicial sobre la operación —al final se consideraría como una misión de reconocimiento de gran amplitud— era de responsabilidad británica y se pensó nada menos que en el teniente general Bernard Montgomery, a la sazón comandante en jefe del Sudeste de Inglaterra y casi un desconocido, para dirigirla, junto con el almirante lord Mountbatten, entonces jefe del Mando británico de Operaciones Combinadas, pero finalmente se decidió darle el mando al teniente general canadiense Crerar, en razón a que el grueso de las tropas eran soldados canadienses.

La ejecución de la operación se reveló plagada de defectos, ya que Dieppe estaba más defendida de lo que se había creído y, además, el terreno no favorecía al atacante. Las playas estaban dominadas por la vista y el fuego desde los acantilados que dominaban la costa, y especialmente la playa principal, donde se haría el esfuerzo principal del desembarco y donde se lanzaría el único batallón de carros de combate —del Regimiento canadiense de Calgary, con los modernos carros Churchill— que se empleó, era una playa de piedras y guijarros no muy apta para el movimiento. Además, el mando alemán había llevado a cabo ya una primera organización defensiva y fortificado someramente el frente de playas y las edificaciones en primera línea de playa. En todo esto era donde radicaban los motivos esenciales por los que Churchill dijo que se debería haber fusilado a los que concibieron la operación.

De manera generalizada, según el punto de vista alemán, la operación nunca podría haber llegado a buen término. En primer lugar, nunca se puede introducir en ningún plan el factor suerte, algo que los alemanes consideraban que había ocurrido al no contar los Aliados con suficientes apoyos ni aéreos ni navales. Por otra parte, era un grave error de la planificación aliada no haberse dado cuenta de que la fortaleza alemana iba a estar en los acantilados que dominaban las playas, algo que no podía ser de otro modo, e igualmente veían absurdo que no se hubiera probado suficientemente la movilidad de los carros sobre terreno, o playa, pedregoso y cubierto de guijarros. Además, los Aliados subestimaron gravemente la capacidad alemana y el deficiente enlace radio entre los barcos y las tropas desembarcadas empeoró la situación. La carencia de lanchas de desembarco apropiadas y el nivel de instrucción de las tropas canadienses, que no estaba aún a la altura de lo que se requería para poder derrotar a la Wehrmacht, remataron el desenlace. Eran lecciones para aprender por ambos bandos, que parece que los alemanes, aun conociéndolas, ignoraron posteriormente.

Tras el fracaso en Dieppe, Churchill expuso delante de la Cámara de los Comunes, el 8 de septiembre en Londres, que: «la operación debería ser considerada como una acción de reconocimiento en fuerza, [...] que se debería disponer de toda la información necesaria antes de acometer operaciones a gran escala, y que, personalmente, consideraba el asalto sobre Dieppe —que él mismo había aprobado—, como una acción preliminar indispensable antes de acometer operaciones decisivas de mayor alcance y profundidad»[28]. En privado, sin embargo, admitía ante el jefe del Estado Mayor, general lord Pug Ismay, que «para cualquier ciudadano, incluso el no experto en cuestiones militares, atacar una localidad fortificada en la costa, sin antes dominar los acantilados en los flancos, y emplear los carros de combate en una maniobra de asalto frontal en las playas, era algo que no parecía estar de acuerdo con los principios

28 Churchill, W. S., *The end of the beginning*, Toronto, McClelland & Stewart, 1943.

más comúnmente aceptados del arte de la guerra...»[29]. Sin duda, Churchill buscaba responsables y quería que Ismay se enterase, en profundidad, de lo sucedido, aunque finalmente renunció a investigar el asunto, probablemente debido a que él había autorizado la operación y tenía su parte de responsabilidad también[30].

Churchill tenía razones para justificar la operación, especialmente para aliviar la constante presión que recibía de Stalin para abrir un segundo frente y, así, dar a entender que no estaba ocioso ni era insensible a la idea, pero naturalmente los detalles y la planificación los tenían que proporcionar los mandos militares, aéreos y navales. No hay duda de que no se llevó a cabo con la debida diligencia y había que integrar demasiados componentes diferentes para lograr el éxito, lo que no se había hecho nunca. Era algo irreal y ello, unido a las carencias navales que se daban y a los problemas de comunicación, hizo que el fracaso fuera inevitable.

La defensa de Dieppe era responsabilidad del 15.º Ejército, dependiente entonces del Grupo de Ejércitos D inicial, y en concreto, de la 302.ª División de Infantería[31], al mando del general Konrad Haase —una división de tipo estático sin apenas vehículos—, que tenía un regimiento con dos batallones guarneciendo la zona y un batallón en segundo escalón, pero que debía cubrir 100 km de frente a lo largo de la costa, una tarea del todo imposible. Aunque la construcción del Muro del Atlántico no se había ni siquiera iniciado, por iniciativa del mando de la división, en marzo, se había fortificado someramente la zona y construido una línea de nidos de ametralladoras dominando las playas, con alambradas y minas.

29 David Reynolds, *In Command of History: Churchill Fighting and Writing the Second World War*, Londres, Allen Lane, 2004.

30 Aunque Churchill renunció a investigar el asunto, después de la guerra, preparando sus memorias, pidió a Ismay que le dijera quién, en última instancia, autorizó la operación, a lo que le respondió que fue el propio Churchill. Lord Mountbatten, en su informe, responsabilizó al comandante de la fuerza terrestre, el general canadiense John Roberts, de lo ocurrido, lo que, sin más discusiones, fue aceptado por Churchill. Lord Mountbatten, por otra parte, no era un oficial naval competente y no tenía ninguna experiencia realmente en la planificación de operaciones ni como oficial de Estado Mayor. Su mérito estaba solo en pertenecer a la nobleza y ser allegado a la familia real, con lo que la receta para el desastre era perfecta.

31 La 302.ª División fue reorganizada y reequipada tras la batalla, con vehículos y mejores medios, y enviada al frente ruso, donde sería aniquilada en 1944.

La artillería de la división —un regimiento de campaña con cuatro baterías de 105 mm—, tenía los asentamientos a unos 2 km en la retaguardia y podía batir perfectamente la zona. La reserva de la división era otro regimiento con dos batallones y un batallón de zapadores, y, dependiente del Cuerpo de Ejército, se contaba con otro regimiento de infantería y una compañía de carros. Por otra parte, en Amiens —a unos 100 km de Dieppe— se encontraba la 10.ª División Panzer[32], que había sido retirada de Rusia por desgaste y se hallaba reorganizándose y reponiendo pérdidas, pero que podría actuar como reserva móvil en caso de necesidad; y en la zona de Rosny, más alejada, estaba la división Leibstandarte Adolf Hitler de las Waffen SS, todavía no organizada como división acorazada; y en la zona de Falaise —ya en Normandía— estaba la 1.ª División de Paracaidistas de la Luftwaffe, que estaba entrenándose para una hipotética conquista de Malta.

La fuerza aliada que llevó a cabo la operación de desembarco estaba compuesta esencialmente por elementos de la 2.ª División de Infantería canadiense, al mando del general John Roberts, reforzada con un batallón de carros Churchill, cuatro grupos de comandos británicos y un grupo de comandos franceses, y un destacamento de Rangers norteamericanos, lo que suponía algo más de 6000 efectivos; unos 250 buques[33] y 65 escuadrones de cazas y bombardeo británicos. Una armada considerable que, sin embargo, no resultó suficiente. Lo que pareció que empezaba bien acabaría muy mal. Aproximadamente, sufrieron algo más de un 60 % de pérdidas, unas 3500 bajas —de ellas casi 2000 prisioneros—, 106 aviones derribados —el peor día en la historia de la Royal Air Force— y 33 lanchas de desembarco destruidas y un destructor hundido, y todos los carros de combate destruidos y capturados. Los supervivientes

32 La 10.ª División Panzer fue reequipada y enviada a África, donde fue aniquilada en Túnez en 1943, cuando llegó el fin del Afrika Korps. Uno de los oficiales del Estado Mayor de esta división era el coronel von Stauffenberg, que protagonizaría el intento de asesinato de Hitler en julio de 1944.

33 Curiosamente, el buque insignia de la flota de invasión se denominaba HMS Calpe, un nombre español relacionado por los ingleses con Gibraltar (Gibraltar y Calpe tienen en común, debido a las semejanzas entre sus peñones, un nombre que en el caso de Gibraltar acabó modificándose pero que en griego era Calpe. El nombre de Gibraltar surgió tras la invasión árabe de la península en 711). El destructor HMS Calpe fue transferido al acabar la guerra a la Marina danesa.

regresaron a sus puertos de partida y parodiando a Quevedo se puede decir aquello de «llegó, vio, fuese, y no hubo nada». Los alemanes sufrieron unas 500 bajas y perdieron 48 aviones. Como preludio de una posible invasión futura del continente, no era un buen augurio.

Intentar una invasión de la costa francesa en 1942 era una empresa arriesgada, en cualquier caso, ya que el mando alemán venía considerando esa posibilidad desde hacía tiempo ya, dada la situación internacional, y con carácter periódico se realizaban ejercicios y se ponía en estado de alerta a las unidades que defendían la costa. En este contexto, el 15.º Ejército —bajo cuya responsabilidad estaba Dieppe— había puesto en alerta a las unidades bajo su mando durante un período que duraba hasta el 18 de agosto, pero la 302.ª División lo prolongó al 19, por lo cual las fuerzas que guarnecían Dieppe estaban dispuestas cuando se produjo el intento de invasión. Fue una casualidad y en ningún caso se debió a que el mando alemán considerase que era una zona en peligro. A mediados de 1942, era frecuente, como tema de conversación entre los oficiales alemanes, el hablar de la posibilidad de que los Aliados llevasen a cabo alguna acción ofensiva en el norte de Francia[34].

Dieppe no constituyó una sorpresa estratégica pero tampoco lo fue desde el punto de vista táctico, ya que el tamaño de la flota no era fácil de ocultar y la Luftwaffe descubrió el despliegue e informó con anticipación suficiente. Por si fuera poco, ya en las proximidades de la costa, la flota de invasión se cruzó con un convoy costero alemán escoltado por diversos buques ligeros de la Kriegsmarine, que, naturalmente, dieron la alarma y atacaron a los buques aliados.

Inicialmente el mando alemán se sintió satisfecho con la forma en que sus fuerzas llevaron a cabo la defensa, al tiempo que reconocía fallos en su sistema de comunicaciones, transportes, e incluso en el despliegue de sus reservas y apoyos. Lo más importante, sin duda, era que se daba cuenta de que los Aliados iban a tomar buena nota de los errores cometidos y, en este sentido, se era consciente de que se debería mejorar la organización defensiva. Sor-

34 Incluso la prensa en Alemania mencionaba esa posibilidad, y se estimaba que las derrotas sufridas por los soviéticos en Rusia, y lo que parecía la inminente conquista de Egipto por Rommel, forzarían a que se intentase algo por parte aliada en el frente occidental para aliviar la presión alemana en los demás teatros de operaciones.

prendentemente, en cuanto a cómo reaccionó luego y al poco interés que se tomó, el mariscal von Rundstedt, como comandante en jefe del Teatro de Operaciones Occidental, se mostró muy insistente en que se aprendiesen bien las lecciones de Dieppe:

> *Igual que nosotros hemos obtenido una experiencia muy útil en Dieppe, el enemigo también lo ha hecho, y de la misma forma que nosotros vamos a evaluar esa experiencia de cara al futuro, el enemigo también lo hará. Es muy posible que repita una operación similar, pero con mucha más intensidad y fortaleza, dadas las pérdidas que ha sufrido. No volverán a cometer los mismos errores*[35].

Eran palabras sabias que no se iban a corresponder con las decisiones que tomaría. De alguna manera, los alemanes se daban cuenta de que Dieppe había sido un primer ensayo.

La obtención, tras la batalla, de la orden de operaciones aliada permitió al mando alemán analizar con detalle la actuación y actitud enemiga. Von Rundstedt criticó severamente el plan aliado expresando que «en términos alemanes no era ni siquiera un plan, sino más bien una exposición de intenciones o el bosquejo de un simple ejercicio». Otros generales alemanes tuvieron reacciones similares: el general Haase, jefe de la 302.ª División, mostró su incredulidad de que los Aliados «hubieran podido llegar a pensar que una fuerza de una división ligera podría desembarcar y arrollar a un regimiento alemán en defensiva apoyado con artillería» y consideró que «el apoyo de fuego aeronaval aliado durante el desembarco había sido totalmente insuficiente». Igualmente les pareció incomprensible que no se hubieran empleado adecuadamente los carros de combate[36]. La debilidad de la operación aliada en Dieppe, cuando

35 Mando Supremo del Oeste (*Oberbefehlshaber West*), «Informe Operativo del comandante en jefe en el Oeste sobre el intento de desembarco de tropas británicas en Dieppe el 19 de agosto de 1942, traducción [*Battle Report of the Commander-in-Chief West on the English Landing Attempt at, and on Both Flanks of Dieppe (19 Aug 1942)*]», 3 de septiembre de 1942, núm. 2550. Archivos de Kew, Richmond, Londres.

36 Los carros Churchill británicos era la primera vez que se empleaban y causaron una pobre impresión al mando alemán, que los estimó inferiores a los que, en aquellos días, se utilizaban ya en el frente ruso por ambas partes. Estos carros

se supo que los Aliados tenían un conocimiento detallado de la organización defensiva alemana, causó verdadero estupor en el mando alemán. Nadie se paró a pensar, según parece, que los Aliados estaban tan solo ensayando, por muy costoso que resultase, algo que, en primera instancia, el mando aliado no llegó a estimar correctamente.

Al día siguiente de la batalla, 20 de agosto, el general jefe de la 302.ª División, Konrad Haase, ya citado, llevó a cabo un juicio crítico de la operación, al que asistieron el comandante en jefe del 81.º Cuerpo de Ejército, general Adolf-Friedrich Kuntzen, y el comandante general en el Oeste, mariscal von Rundstedt. La reunión derivó enseguida hacia las medidas que, con carácter inmediato, había que tomar para mejorar la defensa de la costa, a la luz de lo ocurrido, y se decidió que la primera prioridad debía darse al despliegue de la artillería de costa, que debería estar toda en asentamientos protegidos contra fuegos de artillería naval y bombardeos aéreos, constituyendo centros de resistencia (*Stützpunkte*) en los que debería pernoctar el personal de tropa y de defensa de los núcleos defensivos. El esfuerzo en materiales de construcción y estructuras, hormigón y cemento, etc., que ello requeriría iba a resultar astronómico y sería una de las principales razones por las que el Muro del Atlántico siempre fuera una obra inacabada.

Este primer juicio crítico y análisis de situación provocaría decisiones estratégicas a largo plazo que, inicialmente, se vieron plasmadas en un documento distribuido por el Alto Estado Mayor (OKW), a partir del 23 de septiembre, a todos los mandos de la defensa costera en Francia y Noruega, titulado *Memorándum relativo a las experiencias sobre la defensa de costas*[37], que fue la base para las discusiones que tuvieron lugar en la reunión convocada por el Führer el 29 de septiembre en Berlín. El documento presentaba el marco teórico adecuado para planificar la defensa a corto plazo y, entre otros aspectos, exponía que tener superioridad aérea era esencial para el éxito de la defensa, algo que ya Alemania, a mediados de 1942, no podía garantizar plenamente en ningún teatro de operaciones.

---

eran una mezcla de las primeras versiones, A22 Mk I, II y III, y tenían muchos defectos. Las siguientes versiones dieron muchos mejores resultados y se mantuvieron en servicio hasta 1952; llegaron a ser empleados en la guerra de Corea.

37 OKW, *Merkblatt über Erfahrungen in der Küstenverteidigung*, 23 de septiembre de 1942, Bundesarchiv, Koblenz.

El solo hecho de preparar un documento para la defensa de costas y llevar a cabo unas discusiones y un debate al respecto, presidido todo por el propio Führer, era un signo inequívoco ya de que Alemania, en el Oeste, había perdido implícitamente la iniciativa y pasaba a estar a la defensiva, en lugar de estar a la ofensiva como había estado durante 1940 y 1941. Tras el intento de Dieppe vendrían otras operaciones anfibias de mayor envergadura como serían el desembarco a finales de 1942 en el norte de África, operación Torch; el desembarco en Sicilia, operación Husky, en 1943; y los desembarcos en Italia, operación Avalanche en 1943 y operación Shingle en 1944, todos ellos preparatorios del esperado gran desembarco final en Francia en 1944.

El documento del OKW en cuestión describía con detalle cómo se esperaba que fueran los procedimientos y actuaciones aliados, al estilo de lo observado en Dieppe, y no era todo ello muy diferente de lo que vaticinaba y consideraba el mariscal von Rundstedt ya desde el mes de julio, especialmente en lo referente al poder aéreo aliado. El OKW estimaba que los Aliados desarrollarían una gran ofensiva en el aire, destinada a neutralizar a la Luftwaffe, atacando todos los aeródromos y bases, y en coordinación con el empleo de fuerzas aerotransportadas y paracaidistas, que, a su vez, atacarían la retaguardia alemana, neutralizando cuarteles generales, puestos de mando y centros de comunicaciones e impidiendo, o dificultando, la afluencia de reservas. Además, se consideraba en el OKW que los Aliados irían incrementando progresivamente el nivel y profundidad de la actividad aérea de reconocimiento sobre la organización defensiva de la costa. Todo ello estaba muy bien evaluado y las previsiones eran totalmente correctas, pero la pregunta aquí era: ¿qué se iba a hacer para oponerse a ello? La respuesta, sorprendentemente, quedaba en el aire.

Estaba claro que el mando alemán entendía y asumía perfectamente tanto el nivel a gran escala de la acción ofensiva como la técnica de desembarco que los Aliados iban a llevar a cabo sobre las costas de Francia. No se puede decir que iban a ser sorprendidos, sabían muy bien lo que se les venía encima; lo que no sabían era ni el lugar exacto ni el momento, aunque ello no fuera muy difícil de adivinar si se hacía un análisis intenso de la situación. Dieppe había fracasado debido a la escasa potencia utilizada en la operación y al insuficiente apoyo aeronaval —las unidades navales más poderosas habían sido solo destructores—, pero no porque la técnica o la doctrina de desembarco hubieran estado equivocadas. Los alemanes estaban seguros de que, cuando la verdadera invasión tuviera lugar, los Aliados utilizarían muchos más medios. Una nota informativa adicional de finales de septiembre de 1942[38] advierte explícitamente de que «una repetición a gran escala de la operación lanzada sobre Dieppe, mejorada con la experiencia obtenida allí por los Aliados, debe ser considerada altamente probable». No existía desconocimiento, por lo tanto, de los medios que los Aliados iban a emplear para desembarcar con éxito en Francia.

Una enseñanza que el mando alemán dedujo de la operación en Dieppe fue que los Aliados darían prioridad, en la invasión, a la destrucción o neutralización de la infraestructura de las comunicaciones en los ataques aéreos, lo que resultaría cierto[39]. La operación, en cualquier caso, había demostrado la vulnerabilidad de las comunicaciones (ferrocarriles, carreteras, puentes...) a los ataques aéreos aliados, por lo que se imponía una revisión de la defensa costera. De alguna manera, el memorándum del OKW venía a aceptar que la superioridad aérea era un requisito esencial en una operación conjunta como la que deberían realizar los Aliados. Aunque tanto la Wehrmacht, en general, como la Luftwaffe eran conscientes de que ello era de especial importancia en el caso de desembarcos anfibios en una costa que estuviera defendida, y uno de los objetivos en los que los Aliados se iban a concentrar durante 1943 iba a ser la obtención de la superioridad aérea total en Francia, ¿qué hizo el mando de la Luftwaffe en Francia, a partir de esa fecha, para contrarrestar esa acción? Nada, la Luftwaffe estuvo ausente por completo sobre los cielos de Normandía el 6 de junio de 1944.

---

38 Nota informativa del Mando Regional Aéreo en Francia, *Luftgaukommando Westfrankreich, 'Feindunternehmen gegen die besetzten Westgebiete,* 28 septiembre de 1942, Bundesarchiv, Koblenz.

39 En la primavera de 1943, el mando supremo aliado en Gran Bretaña llevó a cabo una conferencia sobre desembarcos anfibios en costas altamente defendidas, y por parte de la 8.ª Fuerza Aérea norteamericana se expuso que los ataques a aeródromos, centros y nudos de comunicaciones constituirían una prioridad antes y durante los asaltos anfibios. Exposición del general norteamericano Robert Candee en la *Conference on Landing Assaults,* 27 de mayo de 1943; Combined Arms Research Library, N6318-A, *Air Support of Landing Operations.*

Aunque se pueda calificar lo ocurrido en Dieppe como un ensayo o el preludio de lo que sería el Día D, la realidad es que solo fue un raid, un ataque de objetivo limitado, con un triple objetivo: en primer lugar, dar un empuje a la moral británica en aquel verano de 1942, muy necesitada de ello, y que se viera que Gran Bretaña no estaba totalmente a la defensiva; a continuación, hacer ver a la Unión Soviética, especialmente a Stalin, que existía disposición de ayudar en el teatro europeo al esfuerzo que las tropas soviéticas realizaban en el Este; y, por último, dejar claro a Estados Unidos que aún no había llegado el momento de dar la batalla en suelo europeo a Alemania y que la Wehrmacht aún tenía una gran capacidad de resistencia y no estaba derrotada, por lo que había que prepararse mejor para la ofensiva final.

El mariscal von Rundstedt nunca quiso considerar la operación como un raid. Siempre afirmó que había sido algo que no les salió bien a los ingleses, pero que, si hubiera sido una victoria, habría sido el comienzo de la invasión. Con ello demostraba el poco conocimiento que tenía de la situación; habría bastado llevar a cabo algunos vuelos de reconocimiento, o una avanzada de descubierta de la Kriegsmarine, para darse cuenta de que no había ninguna flota preparada ni tropas listas en Gran Bretaña para constituir una fuerza de desembarco. Fue justo lo que no ordenó en su condición de comandante supremo del Oeste en 1944.

Prisioneros de guerra canadienses conducidos a través de Dieppe por soldados alemanes, 19/08/1942 (detalle) [Library and Archives Canada].

Churchill, en sus memorias publicadas en 1950[40], describía en detalle el objetivo perseguido en Dieppe, exponiendo que una operación de esa escala era necesaria en el verano de 1942, ya que, además, en el mando combinado aliado la opinión generalizada era que, mientras no se hiciera una prueba contra la organización defensiva alemana, sería una grave irresponsabilidad llevar a cabo la verdadera invasión definitiva.

Está claro que solo la derrota o el fracaso proporcionan lecciones que llevan a mejorar y que la victoria provoca complacencia en el vencedor y no suele ayudarle. Ya decía el duque de Wellington que la victoria, a menudo, esconde gran parte de los errores que se cometen. En Dieppe, los Aliados aprendieron mucho y aplicaron esas enseñanzas en lo que sería el desembarco de Normandía, pero los alemanes, como prueba ese memorándum que se presentó a Hitler en septiembre de 1942, también sacaron muchas enseñanzas. ¿Por qué entonces el mando alemán, sabiendo todo lo que supo, tras Dieppe, no aplicó casi nada de ello para mejorar la defensa de la costa? Solamente se puede encontrar una explicación, además de en la carencia de medios, en la arrogancia y altanería alemana, que consideraba que, después de todo, los Aliados habían sido derrotados en Dieppe y, por lo tanto, no era necesario tomar ninguna medida. El inexistente Muro del Atlántico les protegería, según seguían pensando muchos.

Incluso, a pesar de la carencia de medios, había muchas cosas que los alemanes podían haber hecho. Para empezar, se podía haber mejorado la organización de la defensa y, en vez de ser una defensa lineal, haberle dado una cierta profundidad. Del mismo modo, se podía haber llevado a cabo una actividad más intensa de vigilancia, aérea y naval, que permitiera detectar con tiempo suficiente la partida de la posible flota de invasión, que, obviamente, sería considerable y nada fácil de ocultar. En Dieppe había quedado claro que la clave del éxito en rechazar una invasión estaba en disponer de una fuerza considerable de reacción que pudiera acudir en un tiempo mínimo a la zona amenazada, para atacar al adversario en el lugar y momento en que era más débil, es decir, desembarcando. En 1944, esa fuerza de reacción estuvo lejos del campo de batalla y no llegó nunca.

40 Sir Winston Churchill, *The Grand Alliance*, Houghton, 1950.

5. SE HACE CAMINO AL ANDAR: OTRAS OPERACIONES ALIADAS QUE TAMPOCO ESTIMULAN NI MEJORAN LA ORGANIZACIÓN ALEMANA DE LA DEFENSA DE FRANCIA

«El enemigo ha desembarcado en Sicilia. La situación es seria. Son superiores en número y en medios».
General Alfred Jodl, jefe de Operaciones del Alto Estado Mayor alemán (OKW), el 10 de julio de 1943

«La superioridad aérea aliada fue la razón principal del éxito de los desembarcos angloamericanos en el Mediterráneo en 1942 y 1943».
Mariscal de la Luftwaffe Albert Kesselring, comandante en jefe de las fuerzas alemanas en el sur de Europa, 1944

Hoy no hay duda de que la operación en Dieppe fue un ensayo, pero no hizo más que abrir el camino para sucesivas operaciones de desembarco que fueron allanando el camino hasta llegar a la que sería la culminación definitiva con el Día D y el desembarco en Normandía. Tras Dieppe tuvo lugar la operación Torch, con el desembarco aliado en el norte de África en noviembre de 1942. En ambos casos se pusieron de manifiesto serios problemas y deficiencias en los procedimientos aplicados, que serían corregidos paulatinamente con las operaciones de desembarco en Sicilia e Italia en 1943, y finalmente tras el último desembarco en Italia, en Anzio, en enero de 1944, rectificando todo aquello que resultaría

Tobruk (Libia), julio de 1942. El mariscal Albert Kesselring (en el centro) habla con oficiales del Estado Mayor de Rommel [Wydawnictwo Prasowe Kraków-Warszawa].

Operación Torch, noviembre de 1942. El mayor general estadounidense George S. Patton Jr. grita las últimas instrucciones a sus hombres —provistos de subfusiles Thompson o «Tommy»— antes de desembarcar en el norte de África. Tras él, el contralmirante de la Marina John L. Hall Jr. [National Museum of the U. S. Navy].

necesario para la mejora de los procedimientos anfibios. Los alemanes observaron todo y extrajeron enseñanzas claras de cómo iba a ser la operación final de apertura del segundo frente en Europa occidental. ¿Y, sin embargo?

La invasión aliada del norte de África tenía como uno de sus objetivos provocar que Alemania, principalmente, retuviese fuerzas y no reforzase el frente del Este, ayudando en cierto modo al esfuerzo de guerra soviético. Por otra parte, fue un compromiso entre británicos y norteamericanos, haciéndoles ver a estos que era prematuro llevar a cabo una operación a gran escala en Europa, que hubiera acabado con toda probabilidad en un gran desastre. Los planteamientos alemanes en relación con la operación aliada eran confusos. Aunque lo habían venido considerando como una posibilidad, no tenían ninguna certeza de que pudiera suceder y la realidad es que, para el mando alemán, fue una completa sorpresa cuando los desembarcos tuvieron lugar nada menos que en nueve lugares: seis en Marruecos[41] y tres en Argelia, a lo largo de casi 1000 km. Inicialmente las fuerzas francesas, bajo control del Gobierno colaboracionista del mariscal Pétain, en Vichy, reaccionaron hostilmente, combatiendo a los angloamerica-

41 Pocos días después de su nombramiento como comandante supremo para la operación, el general Eisenhower informó al general Marshall que la operación Torch tendría éxito si España permanecía neutral y las tropas coloniales francesas no oponían resistencia o esta era simbólica. Por ello, comenzó a estudiarse a fondo la posibilidad de tener que actuar en relación con que España entrase en la guerra. Los ingleses, que llevaban bastante tiempo recopilando información sobre España y sus posesiones, ofrecieron datos precisos al Estado Mayor norteamericano. Según Londres, España mantenía fuerzas importantes en Marruecos, había fortificado la zona y construido aeropuertos y otras instalaciones, con ayuda técnica alemana. Pero, en el verano de 1942, nada indicaba que Madrid preparase ninguna operación. Decía también Londres que España no tenía ningún interés en intervenir en la guerra. Los alemanes, por tanto, solo podrían ocupar el Marruecos español si previamente invadían España. El 17 de octubre, el Comité Combinado de Inteligencia aliado enviaba al Estado Mayor angloamericano un estudio sobre las fuerzas españolas en Marruecos. Nada indicaba, por otro lado, que España preparase un ataque por sorpresa. Aunque esta posibilidad no se descartó, los estudios aliados se centraron en el ataque y ocupación del sur peninsular y del Marruecos español en el caso de que España se declarase beligerante a favor del Eje o de que las tropas alemanas penetrasen en España. Se trata de un plan curioso y poco conocido. Es el plan denominado «operación Backbone».

nos, pero, finalmente, depusieron las armas y se unieron a ellos. Todo esto añadió cierta complejidad a la operación.

Hoy en día, la operación Torch no es un episodio de la contienda que se recuerde con interés especial y algunos autores incluso lo han olvidado. La campaña fue dura pero breve y, en mayo de 1943, las fuerzas combinadas del Eje habían sido aniquiladas o capturadas en Túnez. Para el mariscal Rommel significó realmente el final de su carrera fulgurante, el «Zorro del Desierto» había sido derrotado, aunque pudo abandonar el escenario y no fue hecho prisionero como el mariscal von Paulus en Stalingrado. El esfuerzo no había sido menor, sin embargo, y más de 20 divisiones, aliadas y del Eje, tomaron parte, con apoyo de considerables fuerzas aéreas, teniendo una gran repercusión estratégica para el curso de la guerra. Fue la primera gran operación aeronaval de la historia en el teatro de guerra europeo, aunque tuviera lugar en África, en la línea de lo que, en su día, fueron el desembarco franco-español de Alhucemas, en 1925, y el intento británico en Gallipoli y los Dardanelos, en 1915. De considerable interés, no obstante, fueron las lecciones que se obtuvieron en relación con el empleo del poder aéreo y los desembarcos anfibios, que marcaron la pauta para la conducción de las operaciones aeroterrestres durante el resto de la guerra, y también algo que se hizo muy patente para el mando alemán, aunque sorprendentemente no parece que lo tuviera muy en cuenta posteriormente. Al derrotar a Francia en 1940, Alemania permitió que el Gobierno marioneta de Vichy conservase las posesiones del norte de África, precisamente con la finalidad de impedir su utilización por parte de los Aliados. La operación Torch alteró radicalmente este planteamiento y la consecuencia inmediata fue la ocupación alemana total ya del territorio francés, incluida la isla de Córcega —que fue ocupada por tropas italianas—, el 12 de noviembre.

Los Aliados, no obstante, habían desembarcado en una costa que, a lo sumo, estaba solo vigilada. No había ninguna organización defensiva ni tropas desplegadas realmente, ni plan de defensa ni voluntad de hacerlo. Los incidentes que tuvieron lugar fueron debidos esencialmente a malentendidos y excesos de celo. Las instalaciones portuarias tanto en Marruecos como en Argelia —especialmente Casablanca, Argel y Orán— fueron puestas a disposición de los Aliados de inmediato. Gibraltar jugó un papel muy notable en toda la campaña[42], al ser el lugar donde el comandante supremo aliado, general Eisenhower, había instalado su puesto de mando y donde se acumularon muchos de los medios y fuerzas utilizados en la operación. La invasión exigió medidas muy especiales de coordinación ya que las fuerzas procedían de distintos orígenes y de zonas muy alejadas, como eran los Estados Unidos y el Reino Unido, y no fue fácil llevar todo a término en los plazos acordados[43]. Naturalmente, eso no ocurrió ya en el caso de Normandía.

En los desembarcos iniciales tomaron parte seis divisiones americanas: tres (9.ª y 3.ª divisiones de Infantería y 2.ª División Acorazada) al mando del general Patton, que partieron desde la costa este de Estados Unidos navegando más de 5000 km a través del Atlántico, y otras tres (1.ª y 34.ª divisiones de Infantería y 1.ª División Acorazada[44]) al mando del general Lloyd Fredendall, desde el sur de Inglaterra e Irlanda del Norte. Los británicos aportaron la 78.ª División de Infantería y varios batallones de comandos de las fuerzas especiales, junto con un batallón de Rangers americano, al mando del general sir Kenneth Anderson[45].

---

42 Durante la guerra, Gibraltar desempeñó un papel vital controlando prácticamente todo el tráfico naval que entraba y salía del Mediterráneo. Más de 100 000 soldados a bordo de más de 400 barcos de transporte, 350 barcos de guerra y 500 aviones fueron utilizados desde Gibraltar en la fase de desembarco de la operación Torch. Un tercio de esa fuerza vino directamente desde Estados Unidos y el resto desde Inglaterra. Tras la invasión de Italia, Gibraltar se convirtió en base logística.

43 Fue la primera vez que las fuerzas norteamericanas llevaron a cabo el empleo de tropas paracaidistas a gran escala. Un batallón entero de paracaidistas voló en 39 aviones C-47/DC-3 desde el sur de Inglaterra, pasando sobre España —violando, en consecuencia, el espacio aéreo sin que el Gobierno español tuviera ningún conocimiento de ello—, y tres aviones aterrizaron por error en el Marruecos español: fueron internados, tripulaciones y personal a bordo incluidos, hasta febrero de 1943. Michael E. Haskew, *The Airborne in World War II: An Illustrated History of America's*, 2017.

44 La 1.ª División Acorazada americana «Old Ironsides» tuvo que dejar en Gran Bretaña sus carros de combate medios M-4 Sherman por falta de capacidad de los transportes y solo llevó carros ligeros M-3 Stuart, lo que la colocaba en inferioridad respecto del Afrika Korps alemán.

45 De entre todas las divisiones americanas que participaron en la operación, destaca la 1.ª División de Infantería «Big Red One», cuyo general —Terry de la Mesa Allen— tenía orígenes españoles, ya que su madre y sus abuelos maternos eran inmigrantes españoles, y el nombre «De la Mesa» se lo pusieron con objeto de no perder el apellido. Su abuelo materno, Carlos Álvarez de la Mesa, había sido coronel en el ejército de la Unión, en la guerra civil america-

La operación Torch, con todos sus defectos, supuso un gran salto adelante en relación con Dieppe y proporcionó grandes ventajas. En primer lugar, llevó a la eliminación del componente italoalemán en África, a la destrucción del Afrika Korps y a la derrota del mariscal Rommel, logrando la primera gran victoria aliada en el Oeste sobre el Eje; aseguró, a partir de ese momento, el tráfico marítimo en el Mediterráneo, abriendo el canal de Suez; distrajo considerables fuerzas alemanas e italianas, que se tuvieron que dedicar a ocupar el territorio francés de la República de Vichy; hizo que las fuerzas norteamericanas recibieran su bautismo de fuego y se enfrentasen directamente con la Wehrmacht, lo que les permitió adquirir experiencia directa de combate; y, por último, calmó relativamente las demandas soviéticas de apertura de un segundo frente. El éxito de la operación fue debido, sobre todo, a la absoluta superioridad naval aliada y a la inexistente organización defensiva del hipotético adversario, aunque el mariscal Kesselring lo atribuyera al poder aéreo aliado[46], que también tuvo su importancia. Los desembarcos aliados resultaron vitales, como experiencia, de cara a Normandía y Rommel fue el principal testigo.

En la fase de planeamiento, el mando norteamericano quería haber llevado la operación más al Este, enteramente dentro del Mediterráneo, justo en la retaguardia de Rommel, pero la Royal Navy lo rechazó argumentando que, de hacerlo así, la flota de invasión estaría a merced de la aviación germano-italiana, desde bases en Sicilia, Cerdeña e Italia, mientras que la aviación aliada desde Gibraltar estaría fuera del radio de acción. Y así era, ya que, cuando se descubrió el movimiento de la flota aliada, el mando alemán —creyendo que el desembarco buscaba atacar la retaguardia de Rommel— emitió órdenes de atacar a la fuerza naval aliada cuando se dispusiera a desembarcar en la costa libia o egipcia, para lo que se habían dispuesto varios grupos de Stukas y de bombarde-

na, y participó en la batalla de Gettysburg. Para añadir más colorido al conjunto, baste decir que las playas donde desembarcó la división en Orán eran conocidas como «playas de los Andaluces».

46 De hecho, el general Patton se quejaría sobre la ausencia de la aviación aliada y, en un informe que emitió el 11 de abril de 1943, decía que «la falta de cobertura aérea había permitido a la Luftwaffe operar con entera libertad» [General Omar Bradley, *A Soldier's Story*, Modern Library, 1999].

ros Ju-88, con un total de 76 aviones más su cobertura de caza. En 1942 la Luftwaffe aún tenía una gran capacidad, pero no sería así en 1944. Además, los alemanes disponían de 35 submarinos en la zona. Sin embargo, salvo algún ataque esporádico posterior, no se atacó a la flota aliada. La Marina italiana (Regia Marina) ni siquiera zarpó de sus bases. El intento de emboscar a la flota aliada, por lo tanto, fracasó por completo. La ausencia naval del Eje fue inexplicable y se repetiría en Normandía.

En mayo de 1943 finalizaron las operaciones en el norte de África, con un balance total de más de 200 000 prisioneros alemanes e italianos. Había sido un desastre aún mayor para el Eje que Stalingrado y con mayores implicaciones. Ahora, con cuatro ejércitos aliados en África, se disponía de una gran fuerza que no podía permanecer ociosa y con la que había que hacer algo. Para empezar, el Eje había perdido un frente entero y había colocado a los Aliados a poco más de 600 km en línea de vuelo directa del Reich, mientras que, tras Stalingrado, los soviéticos estaban aún a casi 2000 km de Alemania. Esta proximidad iba a permitir a la fuerza aérea norteamericana atacar objetivos en el sur de Alemania y en Austria a los que no se llegaba desde Inglaterra. El siguiente objetivo iba a ser ya la costa europea, pero no en Francia, sino en Italia. Los temores aliados sobre España no se materializaron y la guerra no se extendió a la península ibérica.

El siguiente paso tras África no fue fácil, sino que fue muy controvertido en el seno del mando aliado. Para el mando alemán, sin embargo, estaba más claro, aunque, incomprensiblemente, no hubo seguridad sobre cuál sería el lugar escogido por los Aliados para su próxima operación combinada. Fuese cual fuese, ello sería posible solamente debido a la superioridad aeronaval aplastante angloamericana y a la ausencia casi total de actividad aérea y naval del Eje, como se ha venido exponiendo. Descartada Europa occidental, para los Aliados —considerando que una invasión de Francia no sería posible hasta la primavera de 1944, como muy pronto—, en el Mediterráneo central se presentaban teóricamente dos posibles objetivos: Cerdeña o Sicilia, ambas islas casi igual de próximas a la costa africana. La decisión se había tomado ya, no obstante, en la Conferencia de Casablanca en enero de 1943, pero el mando alemán no lo supo nunca hasta que tuvo lugar.

Apoderarse de Sicilia permitiría al mando aliado abrir al tráfico marítimo el Mediterráneo y posteriormente dar el salto a la «fortaleza Europa» (*Festung Europa*), atacando por donde se consideraba que era su parte más vulnerable y menos protegida: el sur de Italia. Invadir Cerdeña, por otra parte, significaba dejar considerables fuerzas del Eje en la retaguardia y no resolvía el problema del tráfico marítimo en el Mediterráneo. Una última opción era, sin embargo, liberar Grecia y los Balcanes, y atrapar a las fuerzas del Eje entre los Aliados y las fuerzas soviéticas, que podían avanzar desde Crimea y Ucrania, pero ello iba a suponer un esfuerzo considerable, sin garantía real de resultados. La idea de invadir Grecia, no obstante, se utilizaría como maniobra de engaño y decepción, que sorprendentemente el mando alemán llegó a creer a pies juntillas, lo que expondremos más adelante. Como se ha citado, la decisión se tomó en enero de 1943, en Casablanca, acordándose que el desembarco tendría lugar en Sicilia, no más tarde del mes de julio, una vez que finalizasen las operaciones en el norte de África. Existió, sin embargo, por parte aliada, cierta aprensión al constatarse, como dijo Churchill, en repetidas ocasiones: «... cualquiera que no sea un estúpido, adivinará que vamos a atacar en Sicilia». Los alemanes no lo adivinaron, a pesar de la acumulación de medios para el desembarco, que era visible para cualquier observador avispado. Es difícil calificar este hecho: ¿incompetencia?, ¿ignorancia?, ¿incapacidad? O ¿simplemente negligencia?

La figura militar alemana predominante en el teatro de operaciones del Mediterráneo, al margen del mariscal Rommel en su parcela del norte de África, fue, en todo momento, el mariscal de la Luftwaffe Albert Kesselring[47], un competente oficial que, a pesar de ser un aviador y ver todo casi siempre desde el punto de vista del poder aéreo, supo conducir las operaciones en Sicilia e Italia con gran maestría, dificultando considerablemente la activi-

---

47 Albert Konrad Kesselring, como mariscal, a pesar de pertenecer a la Luftwaffe, combatió en el frente occidental y en Rusia, y estuvo al mando del Teatro de Operaciones del Sur de Europa desde octubre de 1942 a excepción del Afrika Korps de Rommel. Llegó a ser uno de los mandos más competentes y populares alemanes y fue además uno de los 27 oficiales alemanes que resultaron galardonados con la Cruz de Hierro con hojas de roble, espadas y diamantes, máxima condecoración alemana al valor en combate. Fue condenado por crímenes de guerra en Núremberg, pero cumplió su condena en 1952.

dad de los Aliados y provocando en última instancia que Italia no fuera liberada enteramente hasta casi el final de la guerra en 1945. Kesselring contó en todo momento con un excelente colaborador como fue el general Fridolin von Senger und Etterlin[48]. Kesselring adquirió una experiencia notable sobre la manera de conducir los Aliados las operaciones anfibias de desembarco, tanto en Sicilia como en Salerno y Anzio, que, sin embargo, no fue aprovechada. No hay constancia de que Kesselring fuera consultado sobre la defensa de la costa de Francia en ningún momento.

Entre las conclusiones que Kesselring estableció tras los desembarcos en Sicilia y en Italia, él afirmaba que una defensa lineal de la costa era un error —justo lo que se estaba haciendo en la costa francesa entonces—, ya que la superioridad naval aliada y la potencia de fuego —hablamos de artillería naval de calibres del orden de 400 mm— pulverizaría esas defensas, como así iba a ocurrir en Normandía, y por lo tanto propugnaba establecer varias líneas de defensa en profundidad en las zonas probables para la invasión —Calais y Normandía— y abandonar aquellas zonas donde el desembarco fuera muy improbable, como eran la costa holandesa o el golfo de Vizcaya. Asimismo, consideraba que las reservas debían estar próximas a la costa, pero no tan próximas como para sufrir el fuego de la artillería naval, y ser capaces de acudir a la zona de invasión moviéndose durante la noche, ya que su experiencia le decía que los desembarcos se producían en las primeras horas del amanecer y por consiguiente, si estaban próximas, podrían aproximarse sin riesgo; una vez en la zona de desembarco, la artillería naval aliada no efectuaría el fuego por el riesgo que conllevaba para las tropas que estaban desembarcando. No fue escuchado nunca. Rommel, a pesar de su experiencia combatiendo contra los Aliados, no había experimentado nunca como Kesselring el fuego de la artillería naval aliada.

En Sicilia, y más tarde en Italia también, la estrategia alemana fue la de ganar tiempo y retrasar el avance aliado tanto como

---

48 Frido von Senger und Etterlin fue un oficial de carros de combate (Panzer), que mandó un cuerpo de ejército acorazado en Italia y llevó a cabo la defensa de Montecassino en 1944, y salvó muchas de las obras de arte del monasterio. Fue uno de los militares que contribuyeron posteriormente a la constitución del nuevo Ejército alemán, la actual Bundeswehr.

fuera posible. Era una estrategia de bajo riesgo y bajo coste, pero las guerras no se ganan retirándose y cediendo terreno; el final estaba claro. Rommel, que había sido trasladado al norte de Italia tras la derrota en África, no estaba de acuerdo con el planteamiento de Kesselring y contemplaba defender Italia desde una línea al norte de La Spezia y Bologna, lo que era poco realista y dejaba muchas fuerzas ítalo-alemanas en la retaguardia aliada. Kesselring, no obstante, fue conduciendo una defensiva activa de desgaste que retrasó considerablemente el avance aliado. Uno de sus hechos más notables fue llevar a cabo la retirada de las tropas alemanas e italianas de Sicilia, con toda impunidad, sin sufrir bajas, a través del estrecho de Mesina, y ante toda la superioridad aplastante aérea y naval aliada[49]. En conjunto, en Italia, Kesselring mantuvo a raya a los Aliados por un tiempo, algo que desorientó a los alemanes y que, como en Dieppe, les hizo autoconfiarse y llegar a creer que se podría derrotar a los Aliados, incluso si llegaban a desembarcar. Si se analiza la campaña de Italia con detalle, no hay duda de que quien combatió con mayor eficacia fueron los alemanes. Los Aliados actuaban con mucha precaución y no tomaban decisiones arriesgadas; sin duda, tenían claro cuál sería el final y no querían arriesgar ni fuerzas ni hombres.

En el contexto de la invasión de Italia, el mismo Hitler llegó a exponer a los mariscales Rommel y Kesselring[50] que la lucha en el sur de Europa, en el frente italiano —por muy secundario que fuera como teatro de operaciones—, era vital con objeto de ganar tiempo y posponer el desenlace que, en su opinión, significaría la invasión aliada de Francia. En 1944, la estrategia del Führer era la de mantener la guerra alejada del territorio del Reich y mante-

---

49 Los alemanes lograron sacar de Sicilia un número considerable de tropas y material y equipo. La operación —denominada Lehrgang— tuvo lugar entre los días 11 y 17 de agosto, normalmente de noche, aunque el estrecho de Mesina estuvo cubierto por una densa cortina antiaérea y de artillería de costa italiana. El mando alemán haría públicas las cifras de la evacuación el 18 de agosto, añadiendo unos 60 000 soldados italianos más. En total, los alemanes evacuaron de Sicilia unos 50 000 soldados, 14 000 vehículos, 47 carros de combate y 94 piezas de artillería, junto con unas 22 000 toneladas de material y equipo. Se puede decir que, de alguna manera, fue un serio fracaso para los Aliados que los alemanes interpretaron erróneamente una vez más.

50 Según Daniel Allen Butler en *Field Marshal: The life and death of Erwin Rommel*, Philadelphia, Casemate, 2015.

ner lejos a las fuerzas soviéticas en el Este. Sin embargo, esa finalidad obligaba a mantener tropas en Italia y en Francia, que no se podían trasladar a Rusia y viceversa. De hecho, la invasión de Sicilia ya obligó a suspender la ofensiva en curso en Rusia, en julio de 1943 —operación Zitadelle—, y a enviar la reserva de las fuerzas del mariscal von Manstein, constituida por el 24.º Cuerpo de Ejército Acorazado[51] al mando del general Walther Nehring —un veterano del Afrika Korps—, a Italia en esos días, lo que significó un gran respiro para las fuerzas soviéticas en Kursk. A finales de 1943 había un total de 23 divisiones alemanas en Italia, una fuerza considerable tratándose de un teatro secundario y una fuerza que obviamente había sido sustraída de otros teatros de operaciones, y que venía a ser aproximadamente un 20 % del total de la fuerza de combate de la Wehrmacht.

La invasión de Italia tuvo lugar casi inmediatamente tras la conquista total de Sicilia por los Aliados el 17 de agosto, y esta vez, el 3 de septiembre, tendría como consecuencia apartar a Italia definitivamente de la guerra y la caída de Mussolini, el 8 de septiembre de 1943. La operación de invasión, que se inició sobre el sur de Italia, se desarrolló a su vez según tres suboperaciones ligadas entre sí: operación Avalanche, con un desembarco en Salerno el día 9 —que constituyó el esfuerzo principal aliado—; operación Baytown, en Calabria el 3 de septiembre, como preliminar; y operación Slapstick, en Tarento el día 9 de septiembre, que también fue esencialmente una operación de envolvimiento vertical con empleo masivo de fuerzas aerotransportadas. No hay duda de que los Aliados estaban resultando unos expertos en operaciones anfibias de desembarco.

La zona de Salerno la escogieron los Aliados por su proximidad a un puerto importante como era Nápoles y, además, porque estaba dentro del radio de acción de la aviación de caza aliada con base en Sicilia, pero, allí, el terreno, sin embargo, favorecía a la defensa. Los Aliados carecieron de sorpresa estratégica, pero sí gozaron de la sorpresa táctica a pesar de lo obvio que era el objetivo, aunque resultaría que no había menos de ocho divisiones alemanas des-

---

51 El 24.º Cuerpo Acorazado se transformaría en el 14.º Cuerpo y estaría al mando del general von Senger und Etterlin posteriormente.

plegadas frente a la zona de desembarco escogida y el golfo de Salerno estaba densamente minado, por lo que los buques anfibios debieron mantenerse a distancias de las playas del orden de 10 km y las lanchas de desembarco vieron aumentado considerablemente su recorrido. El desembarco en Calabria apenas encontró resistencia, pero avanzó lentamente debido a la escasez de vías de comunicación en la zona.

La decisión de Hitler en cuanto a la defensa de Italia entró de lleno en la categoría de decisiones tomadas por un jefe de Estado actuando como comandante en jefe de sus fuerzas armadas. Decidió ignorar las recomendaciones y pareceres de los dos mandos más cualificados en Italia —Kesselring y Rommel—, y escogió lo que le pareció más apropiado. En Normandía no obraría de la misma forma y ello ocasionó una seria indecisión en los procedimientos.

El plan inicial era ocupar y defender la totalidad de Italia y los Balcanes. Rommel, que tras la derrota en África estaba desocupado, recibió la orden de activar un cuartel general de Grupo de Ejércitos en Múnich, con el objetivo de defender Italia, y para ello seis divisiones acorazadas o mecanizadas se retirarían del frente ruso y dos divisiones mecanizadas (Panzergrenadiere) junto con seis divisiones de infantería serían sustraídas de las fuerzas asignadas al mando del Oeste en Francia, y, finalmente, la Luftwaffe proporcionaría dos divisiones de paracaidistas. Todo ello hacía un total de 16 divisiones que, de esta forma, no se iban a poder emplear en ningún otro teatro de operaciones. Este plan fue tan secreto que ni siquiera se le comunicó inicialmente al comandante en jefe del Sur de Europa, mariscal Kesselring.

El mando alemán, no obstante, a pesar de todos los indicios y acciones en curso, siguió considerando que el objetivo estratégico aliado eran los Balcanes y no Italia, y en ello coincidían todos los asesores militares de Hitler, incluyendo a Kesselring, a Rommel y al almirante Dönitz, como comandante en jefe de la Kriegsmarine. El razonamiento para ello era que una invasión de los Balcanes tendría repercusiones entre los aliados de Alemania en la zona, como eran Hungría y Rumania, y que podrían acabar persuadiendo a Turquía de abandonar su estado de neutralidad, al margen de la proximidad de los campos petrolíferos de Ploesti, en Rumania, que eran vitales para Alemania.

Los alemanes acabarían organizando una tenaz línea de defensa a la altura del monasterio de Montecassino, unos 100 km al sureste de Roma. Esta línea, llamada «línea Gustav», conseguirá detener a los Aliados desde diciembre de 1943 hasta mayo de 1944 y se libraron cruentas batallas para superarla, en cuyo curso resultó totalmente destruido el monasterio. Tras atravesar la «línea Gustav», los Aliados entrarían finalmente en Roma el 4 de junio de 1944[52] y el ejército alemán se retiró en orden hacia el norte de Italia, donde consiguió atrincherarse en otra línea de defensa, la «línea Gótica», resistiendo los ataques aliados hasta la primavera de 1945. El 29 de abril, las tropas fascistas italianas, al mando del mariscal Graziani, se rendieron incondicionalmente y también la República Social Italiana en la llamada «rendición de Caserta». El ejército alemán en Italia se rendiría finalmente el 2 de mayo de 1945.

En el mejor de los casos, la campaña iniciada en 1943 sacaría a Italia de la guerra, persuadiría a la neutral Turquía para que apoyase a los Aliados, facilitaría las operaciones adyacentes en los Balcanes y, en última instancia, lanzaría a los ejércitos aliados hacia Austria y luego al corazón de Alemania. Italia perdió todas sus colonias y la monarquía fue abolida en 1946. La economía relativamente débil, la falta de materias primas adecuadas y la consiguiente incapacidad para producir cantidades suficientes de armamento y suministros fueron las principales razones materiales del fracaso militar italiano.

Las operaciones de desembarco en Sicilia, Salerno y Anzio, no obstante, habían sido de gran utilidad para los Aliados de cara a lo que se proyectaba para Francia. La invasión aliada de Italia ha sido frecuentemente ignorada por los historiadores más inclinados a relatar lo ocurrido en Normandía o Rusia, por lo que es poco conocida por el público en general, a pesar de su enorme interés y de las muchas enseñanzas operativas que los alemanes habían obtenido, como revelaría el general Speidel aludiendo, sorprendido, a la falta de interés demostrada por el OKW alemán.

---

52 Esta victoria tardía fue casi oscurecida por el Día D, efectuado 48 horas después, con lo que el frente de Italia quedó relegado a un segundo lugar definitivamente.

Retrato del mariscal de campo Eugen Johannes Erwin Rommel [National Archives].

6. EL FACTOR ROMMEL EN LA DEFENSA DE NORMANDÍA

«El Día D significó el comienzo de la liberación de Europa. Un hecho que consiguieron los adversarios militares de mi padre».
Manfred Rommel, hijo del mariscal Rommel, 1957

«Las 24 horas previas a la invasión serán de importancia capital. Tanto para los Aliados como para nosotros, serán el día más largo».
Mariscal Erwin Rommel en carta a su esposa Lucie, en abril de 1944

«Nuestro futuro dependerá de cómo luchemos el día de la invasión».
General de división Max Pemsel, jefe de Estado Mayor del 7.º Ejército, en Le Mans

La situación militar en 1943 era muy tensa para el Tercer Reich. Hasta entonces, desde 1939, solo había habido victorias, una tras otra: Polonia, Noruega y Dinamarca, Francia, norte de África, los Balcanes, Grecia, Creta, y el inicio de la campaña de Rusia, además de los éxitos de la Kriegsmarine en el Atlántico y otros mares. Sin embargo, no se había logrado poner fuera de combate a Gran Bretaña y, además, Estados Unidos había entrado en la guerra, e Inglaterra permanecía lista como un gran portaaviones desde el que saltar al continente. Y, para agravar las cosas, se habían acabado perdiendo África e Italia —incluyendo Sicilia—, y la guerra había cambiado de signo en Rusia, tras la gran derrota de Stalingrado y la batalla de Kursk. Rommel había intentado enderezar la situación en el frente italiano, haciendo posible que el mariscal Kesselring estableciera una línea defensiva al norte de Nápoles, pero, simultáneamente, cada vez había mas indicios de que algo se estaba preparando en Europa occidental.

En consecuencia, en el último día de octubre de 1943, el general Jodl preparó una propuesta para formar un grupo de estudio e inspección del frente occidental, que estaría dirigido por el mariscal Rommel y su Estado Mayor, el que había tenido a sus órdenes en Italia hasta ser relevado en aquellos días, de forma definitiva, por el mariscal Kesselring, tras decisión personal del propio Hitler. Rommel estaba, pues, en situación de disponible una vez más, como se diría en términos militares españoles. Sería una buena ocupación para el «Zorro del Desierto», a falta de otras perspectivas.

El 5 de noviembre de 1943, el mariscal Rommel se presentaba en el cuartel general de Hitler, obedeciendo órdenes, y, antes de proponerle nada, el Führer comenzó a explicarle la situación general en el frente occidental, en presencia del mariscal Keitel y del general Jodl, presentándole el informe de von Rundstedt y su conclusión de que el Muro del Atlántico era todo menos formidable. Hitler le indicó que necesitaba un alto mando, fiable y competente, que valorase la situación y que propusiese las medidas necesarias que se deberían adoptar con carácter urgente para rechazar un desembarco aliado. Hitler quería, asimismo, que se ratificase o se rechazase lo dicho por von Rundstedt y que, en su caso, se propusieran las medidas necesarias para corregir los defectos. A Rommel le correspondía esa tarea y, con su Estado Mayor, su misión iba a ser la de inspeccionar toda la costa occidental, comenzando por Dinamarca y acabando en las costas mediterráneas del sur de Francia. En tono grandilocuente, el Führer le afirmó que la suerte del Tercer Reich estaba en sus manos[53]. Esto lo dijo Hitler a pesar de que, tras el descalabro sufrido en África, ya no estimaba tanto a Rommel, pero estaba claro que von Rundstedt tampoco gozaba ya de su confianza.

53 La entrada que figura en el diario del general Jodl el 28 de octubre de 1943 deja claro que el nombramiento de Rommel tenía un doble objetivo: que actuara como inspector general de toda la defensa de las costas y, en segundo lugar, tomara el mando de la defensa en el frente occidental, en caso de invasión. Sin embargo, este último extremo no se le comunicó aún a Rommel.

El mariscal Rommel, en la imagen tras recibir de Hitler la Cruz de Caballero con Hojas de Roble, Espadas y Diamantes por sus servicios en el norte de África, en marzo de 1943, será nombrado en noviembre inspector general de la defensa de las costas del teatro occidental de operaciones [Wydawnictwo Prasowe Kraków-Warszawa].

El 6 de noviembre de 1943, Rommel recibió oficialmente sus nuevas órdenes: dependería directamente del Führer y recibiría las instrucciones y directrices apropiadas a través de la sección de operaciones del Alto Mando (OKW), que dirigía el general Jodl. Se le encomienda una doble tarea:

— Estudiar la situación y preparación de la defensa de costas, y proponer las medidas adecuadas para su mejora.

— Proponer, asimismo, las opciones posibles para llevar a cabo operaciones ofensivas contra una operación de desembarco anfibio enemiga.

Rommel empezaría su misión inspeccionando las costas de Dinamarca, para, a continuación, seguir a Holanda, Bélgica y, ya en Francia, las playas de Normandía, la península de Cotentin, y, en una primera fase, acabar en Bretaña. Desde el primer momento,

Rommel se mostró ya convencido de que la única forma de detener una invasión sería derrotando al adversario en la propia costa, en las playas donde hubiese desembarcado. Hitler, por el contrario, no se mostró muy convencido, a tenor de lo ocurrido en África del Norte, Sicilia e Italia, pero Rommel insistió en explicarle las capacidades del poder aéreo aliado, que harían inviable cualquier movimiento fuera de las cabezas de playa. Tras unos preparativos finales y resolver asuntos personales pendientes, el 1 de diciembre de 1943, Rommel iniciaría su recorrido de inspección de las costas europeas.

El grupo de trabajo elegido por el mariscal personalmente, para la misión encomendada, estaba encabezado por el teniente general Alfred Gause, que había sido su jefe de Estado Mayor en el Afrika Korps y que seguiría siendo su jefe de Estado Mayor en la nueva tarea; como jefe de Operaciones estaba el teniente coronel Hans-Georg von Tempelhoff, que había estado con él en Italia; como responsable de transmisiones, comunicaciones, radar y funcionamiento del cuartel general, el teniente general Ernst Gehrke, que también había estado en África; encargado de la función de personal estaba el coronel Freyberg, y a cargo de los apoyos de zapadores y fortificación, el general Dr. Wilhelm Meise. El coronel Hans Lattman, artillero, era el responsable de los apoyos de fuego, y como enlace y coordinación para el apoyo aéreo de la Luftwaffe, el teniente coronel Wolfgang Queissner. Días más tarde, se unió al grupo el vicealmirante Friedrich Ruge, que también había coincidido con él en Italia, a efectos de coordinación con la Kriegsmarine para lo relativo a la defensa de costas y apoyo naval, y finalmente, como responsable de la sección de inteligencia e información, el coronel Anton Staubwasser, procedente de los servicios de inteligencia del Abwehr y considerado una autoridad en doctrina y operaciones del Ejército británico.

El 30 de noviembre, encontrándose todavía en Italia —en la zona del lago de Garda—, Rommel reunió a su grupo de trabajo para informar a todos los integrantes de cuál era la misión asignada, que expuso basada totalmente en la «Directiva núm. 51» del Führer y que resumió en los siguientes términos[54]:

54 Según lo manifestado por el vicealmirante Friedrich Ruge en su relato *Rommel und die Invasion*, K. F. Kohler Verlag, Stuttgart (1978).

— Estudio de la organización defensiva existente a lo largo de las costas ocupadas y presentación de propuestas acordes con los resultados del estudio.

— Preparación de borradores de planes de ataque contra el enemigo hipotético que llegase a desembarcar en las costas de Europa occidental. Aquí cobraba especial interés el analizar las posibilidades que se presentaban para el empleo de carros de combate, tanto alemanes como enemigos.

Aunque todo parecía muy claro, la principal dificultad residía en que, en esos momentos, Rommel solo podía opinar, sin mayores efectos, ya que no se le había concedido el mando de ningún sector de la defensa y, por lo tanto, todo lo que dijera no tenía ningún efecto vinculante. El estudio, por otra parte, suponía una gran novedad ya que la Wehrmacht no había dedicado mucho tiempo a considerar las posibles operaciones, ni anfibias ni aerotransportadas o de envolvimiento vertical —como las denomina la doctrina militar española—, ya que esos medios eran o escasos o inexistentes en la panoplia de medios a disposición del mando alemán y no existía antecedente alguno.

Mientras Rommel realizaba sus preparativos y organizaba su viaje, a finales de noviembre, el mariscal Keitel viajaba a Paris para poner al corriente al mariscal von Rundstedt de la decisión tomada por el Führer respecto a Rommel, sin duda obedeciendo órdenes, para suavizar la decisión y evitar que degenerase en un conflicto de intereses. Von Rundstedt, ciertamente, no se sentía muy entusiasmado con tener a otro mariscal de campo en Francia, aunque fuera bajo sus órdenes, y menos a alguien con el prestigio y carisma de Rommel, y de hecho ya había comentado en su cuartel general que «la relativa tranquilidad en Francia se había acabado». Keitel vino a exponerle que, independientemente de cualquier circunstancia, el Führer quería asegurarle que él seguía siendo el mando supremo de la defensa en el Oeste y que Rommel dependía directamente del cuartel general de Hitler, no de él, y solamente tenía una misión de inspección y asesoramiento, y no de mando. Y, lo que es más, si en un futuro se llegaba a pensar en relevarle, la persona en quien Hitler pensaba sería el mariscal von Kluge y no

Rommel. Es obvio que ni Keitel ni von Rundstedt simpatizaban en exceso con Rommel, a quien consideraban un advenedizo en cierto modo, ya que no era ni siquiera un miembro del Estado Mayor y, además, procedía de la clase media y no de la aristocracia prusiana como ellos. Lo que Rommel había protagonizado en África había sido algo circunstancial y en un frente que ellos consideraban secundario. Por otra parte, parece que Keitel recordó a von Rundstedt que Rommel ya había estado a sus órdenes directas cuando la campaña de Francia en 1940, por lo que no tendría dificultades en tratar con él. Pero todo eso era una cortina de humo, Keitel sabía perfectamente que Rommel venía a tomar el mando de la defensa y no a inspeccionar nada. Es obvio que la arrogancia y prepotencia del generalato prusiano tradicional alemán era el peor enemigo del propio Ejército alemán y algo que Hitler utilizaba en su propio beneficio con una finalidad política.

Rommel inició su viaje a Dinamarca el 2 de diciembre por ferrocarril y llegó en la tarde a la localidad danesa de Silkeborg, a unos 240 km de Copenhague, donde se reunió con el vicealmirante Ruge. Arribó al día siguiente, 3 de diciembre, a la costa occidental y tomó contacto inmediatamente con el general Hermann von Hannecken, que era el comandante militar alemán en Dinamarca; con el vicealmirante Hans Wurmbach, que era el mando naval; y con el teniente general Wolff, de la Luftwaffe. La tarea en Dinamarca es esencialmente la expresada ya: inspección de las medidas defensivas existentes y estudio de los posibles contraataques contra un enemigo que logre desembarcar en la costa. Por todas fuerzas disponibles, Rommel es informado de que solamente hay seis divisiones incompletas en la península de Jutlandia, de las cuales una está en fase de organización; tres son divisiones de infantería, sin vehículos, en fase de instrucción; una es una división Panzer, acorazada, de reserva, equipada con algunos modelos ya anticuados de carros; y la última es una división de campaña ciclista, de la Luftwaffe. El único regimiento de artillería de costa está equipado con tres baterías de cañones de 105 mm capturados en Francia en 1940. Afortunadamente, según considera el propio Rommel, las probabilidades de que los Aliados lleven a cabo la invasión por Dinamarca son mínimas, pero su impresión es la de que la defensa de Dinamarca deja mucho que desear. En realidad, las fuerzas alemanas que guarnecen Dinamarca son divisiones no listas para combatir. El panorama aeronaval no es mucho mejor.

El día 4 de diciembre, Rommel llega al puerto danés de Esbjerg, único puerto susceptible de ser considerado de interés para los Aliados. En Esbjerg hay ubicada una batería de defensa costera, perteneciente a la Marina, equipada con cañones de 200 mm. En cualquier caso, Rommel observa la ausencia de obstáculos pasivos en las playas para contrarrestar cualquier desembarco. Al margen de algunas observaciones, Rommel no parece muy impresionado con lo que ve. El 6 de diciembre visita la defensa del estrecho de Skagerrak, en Hanstholm, a cargo de una batería de la Kriegsmarine equipada con 4 cañones navales pesados de 380 mm —idénticos a los que montó el acorazado Bismarck—, pero más con la misión de impedir el tráfico por el Báltico a través del estrecho que de impedir un desembarco anfibio. La batería estaba, sin embargo, muy bien instalada y protegida, con fortificaciones, y dotada de radar con dirección de tiro, lo que Rommel vio muy favorablemente.

Dinamarca, defensa costera. Un centinela alemán apostado junto a una batería de torretas blindadas [Bundesarchiv, Bild 101I-756-0218-13 / CC-BY-SA 3.0].

Tras varias inspecciones más y una corta visita a Copenhague, donde mantuvo una reunión social con las autoridades políticas y militares locales, Rommel dio por terminada su visita a Dinamarca el 14 de diciembre, después de confeccionar su informe y remitirlo al alto mando en Berlín. Lo que ha visto no le ha satisfecho en absoluto: el estado y despliegue de la defensa de la costa no le ha parecido adecuado; ha encontrado desorganizada y descentralizada la cadena de mando y control, por lo que, en muchos casos, los mandos locales en su zona respectiva organizan sus medios como mejor les parece, sin coordinación alguna; no existen reservas y las unidades carecen realmente de medios de transporte; y, aunque en los puertos principales sí existe un plan de defensa, las posiciones fortificadas, en su gran mayoría, están incompletas, y en algunos casos, las obras ni siquiera se han iniciado. Rommel solo espera que la situación no sea la misma en Francia. Su conclusión, no obstante, es que Dinamarca puede ser defendida si, con urgencia, se aportan los medios y materiales necesarios, y aún hay tiempo para ello. En retrospectiva, el viaje de Rommel ha sido una pérdida de tiempo, ya que no se hará nada. Los Aliados, en cualquier caso, no contemplaban una invasión de Dinamarca, como Rommel intuía con claridad, ya que está muy lejos en términos de cobertura aérea y una fuerza que desembarcase allí podría quedar fácilmente embotellada en la península de Jutlandia.

Rommel finalizaría su inspección de la defensa en Dinamarca hacia el 12 de diciembre, concluyendo su informe, del cual extraería su conclusión principal, que no era otra sino que la batalla se decidiría en las playas y que el borde anterior de la zona de resistencia debería estar todo lo adelantado que fuera posible, para detener al adversario en su momento de mayor vulnerabilidad, durante el desembarco inicial. La medida más lógica sería el empleo de una fuerte fuerza de reacción, constituida por fuerzas acorazadas con carros de combate, apoyadas en su contraataque por un potente componente aéreo de aviación táctica. Sin embargo, estos medios no estaban disponibles ya que, a finales de 1943, no se disponía de tales medios ni se sabía cuándo podrían estar disponibles. No había en ese momento ninguna división Panzer en Francia y la Luftwaffe apenas desplegaba ya unos medios aptos ni para enfrentarse a la aviación aliada en el aire ni para apoyar a las fuerzas terrestres; todo el esfuerzo se aplicaba en Rusia.

A diferencia de un ataque terrestre, que es más fuerte en su momento inicial, un ataque anfibio es más débil precisamente en su comienzo, que es cuando más desorganizadas están las fuerzas atacantes, pero, si la fuerza que desembarca logra formar una cabeza de playa, es decir, forma una organización defensiva en torno a los puntos de desembarco, entonces, con fuerzas superiores y suficientes refuerzos que continúen llegando por mar, podrá lanzar un ataque serio ya por vía terrestre, para conquistar los objetivos asignados en el interior de la zona enemiga. Si el adversario tiene el dominio del mar y del aire, podrá reforzar su avance e impulsar la progresión mejor que el defensor, que se verá obligado a mantenerse en sus posiciones y verá muy dificultada su capacidad de maniobra. Basándose en su experiencia en el norte de África, Rommel consideraba ya que, de establecer el enemigo sus cabezas de playa, sería imposible desalojarlo, al carecer las fuerzas alemanas del necesario apoyo aéreo, y además, el superior poder aéreo aliado impediría cualquier movimiento de los carros de combate alemanes. No habría posibilidad, en su opinión, de llevar a cabo ningún contraataque con éxito si, después de desembarcar, el enemigo había dispuesto de tiempo para consolidar sus posiciones.

De su inspección en Dinamarca resaltó los siguientes aspectos:

— No existía un concepto unificado ni plan coordinado de la defensa.

— Se habían tomado medidas para la defensa de los puertos importantes, pero no habían logrado implantarse en toda su extensión.

— Aunque había buenas relaciones a nivel personal entre los componentes de los diferentes ejércitos de tierra, mar y aire, la cooperación y coordinación en los niveles superiores y de mando era inadecuada, y cada rama de la Wehrmacht seguía sus propias directivas y muchas veces se incurría en errores graves en el despliegue.

— Existían serias discrepancias en cuanto al empleo de la artillería de costa, que estaba dividida entre el ejército (defensa de la costa propiamente dicha) y la marina (defensa de puertos e instalaciones portuarias, y control de los estrechos).

— Escasez de campos de minas en la zona costera. De hecho, solo la entrada al estrecho de Skagerrak estaba minada.

— Por último, las unidades desplegadas y que guarnecían Dinamarca carecían de potencia y flexibilidad para llevar a cabo reacciones ofensivas y actuar con movilidad.

El informe que Rommel envió al OKW el 12 de diciembre de 1943 contemplaba las carencias observadas y requería la instalación de campos de minas y de más baterías de artillería de costa, así como la organización de una reserva móvil y de otros aspectos complementarios (defensa antiaérea, etc.). Quedó claro que con la Kriegsmarine no se podría contar dada la escasez de medios disponibles. Tras remitir el informe, el grupo de trabajo se trasladó por ferrocarril a Francia, mientras el mariscal se dirigió a Herrlingen, en Alemania, para reunirse con su familia[55].

Después de unos días de descanso con su familia en Alemania, el 18 de diciembre Rommel se encuentra ya finalmente en Francia, en el cuartel general que se ha escogido para él, en Fontainebleau, 65 km al sur de París, junto con su Estado Mayor[56]. El alojamien-

55 La recepción del informe en Alemania motivó que el almirante Raeder, comandante en jefe de la Kriegsmarine, advirtiera a Rommel del peligro de una acción aliada a través del estrecho de Skagerrak y la invasión combinada de la península de Jutlandia, junto con la ocupación del sur de Suecia, simultáneamente con el desencadenamiento de una gran ofensiva en la zona de Leningrado, por lo que recomendaba especialmente la protección de los estrechos de Skagerrak y Kattegat. No ocurrió tal cosa, pero Rommel no podría haber tomado ninguna resolución al respecto [vicealmirante Friedrich Ruge en su relato *Rommel und die Invasion*, K. F. Kohler Verlag, Stuttgart (1978)].

56 Ese mismo día, 18 de diciembre, tiene lugar una conferencia inicial entre los jefes de operaciones del Grupo de Ejércitos B y del mando del Oeste (OB West), en la que se expone que la idea de maniobra no es otra que la de resistir en la costa y forzar al adversario a dispersar sus fuerzas, lo que se reconoce que será muy costoso y requerirá un intenso esfuerzo aéreo. También cabe esperar que la red ferroviaria esté fuera de servicio, por lo que habrá que proceder de antemano ordenadamente al despliegue de las reservas operativas, que, en ese momento, son seis divisiones Panzer y otras seis o siete divisiones de Infantería. El esfuerzo principal del enemigo tendrá lugar probablemente entre Normandía y Calais y, con toda seguridad, tratará de llegar al Somme. Un ata-

to que se ha preparado para el mariscal es nada menos que el pequeño castillo que ocupó una vez madame Pompadour, lo que no entusiasma demasiado a Rommel. El 19 de diciembre se desplaza a París, donde se reúne por primera vez con el mariscal von Rundstedt en el cuartel general de este, que no es otro que el lujoso hotel Georges V, en el centro de la capital. Rundstedt le recibe con amabilidad, aunque con formalidad prusiana, y enseguida pasan a reunirse en una sala de operaciones junto con algunos miembros escogidos de sus respectivos Estados Mayores.

Von Rundstedt expone a Rommel, con toda claridad, la situación y aclara que, aunque nominalmente se puede decir que se dispone de unas 50 divisiones en el momento, la realidad es que muchas son divisiones que están en fase de descanso y recuperación antes de volver a Rusia y otras son lo que se ha dado en llamar «divisiones estáticas», sin vehículos ni medios de transporte, aptas solo para la defensiva estática sin idea de retroceso, que son las que guarnecen la costa, y que, incluso, en algunas unidades se trata de tropas de origen extranjero y voluntarios de diversa procedencia —algunos hasta exprisioneros rusos que han decidido luchar por Alemania en lugar de permanecer cautivos— y cuya capacidad militar no inspira gran confianza.

Pero lo peor, según von Rundstedt le expone, es la estructura de mando y control, que, tanto operativa como administrativamente, es una verdadera pesadilla. El anciano mariscal le comunica a Rommel que realmente no manda nada más que sobre las fuerzas de tierra, y ello solamente para la defensa costera. Su segundo de a bordo es nada menos que el mariscal de la Luftwaffe Hugo Sperrle —el mismo que había sido el primer jefe de la Legión Condor en la guerra civil española—, comandante en jefe de la Luftflotte 3 que ya actuó durante la llamada «batalla de Inglaterra» en 1940; pero eso es algo teórico ya que las unidades aéreas solo actúan bajo órdenes directas del mariscal Goering, incluidas las divisiones de campaña, aunque en realidad sean unidades terrestres. Y lo mismo ocurre con las unidades de las SS, que están bajo órdenes

que en el Mediterráneo, en el sur de Francia, es igualmente probable [Diario de Operaciones del Grupo de Ejércitos B, en Fontainebleau]. La situación estuvo muy bien expuesta; es incomprensible la actuación posterior del conjunto del mando alemán.

del *Reichsführer* Heinrich Himmler. Las fuerzas navales —prácticamente inexistentes—, los asentamientos navales de artillería de costa y de defensa naval de costas, están bajo la jurisdicción de la Kriegsmarine, a través del almirante Theodor Krancke, un nazi ferviente que no comprende cómo el almirante Ruge está subordinado a Rommel, pero los submarinos dependen directamente del almirante Doenitz. Las fuerzas de seguridad pública están bajo la dependencia de los gobernadores militares, generales von Falkenhausen en Bélgica y von Stülpnagel en Francia —ambos antinazis—, y para remate, los obreros y mano de obra de la Organización Todt —encargada de las obras militares—, así como el personal cualificado asignado para las obras de fortificación, dependen del ministro de Industria y Armamentos del Reich, Albert Speer. Un perfecto galimatías completamente inoperativo. Von Rundstedt dice envidiar a Eisenhower, que ostenta un verdadero mando conjunto. Y para colmo, no existe ninguna reserva móvil ni se dispone de unidades acorazadas Panzer en Francia por el momento.

Rommel con el mariscal von Rundstedt en París, el 19 de diciembre de 1943. Se puede distinguir una cierta mirada de desconfianza en von Rundstedt y una expresión de dudas en Rommel [Bundesarchiv, Bild 101I-718-0149-18A / Jesse / CC-BY-SA 3.0].

Von Rundstedt no se muestra nada optimista. Cree que la defensa contra una hipotética invasión es una tarea imposible y, literalmente, ve todo «muy negro». Rommel intentará ver la parte positiva y se propone esforzarse al máximo y resolver las carencias y dificultades que se presenten, esperando que la confianza que aparentemente el Führer ha depositado en él ayude a paliar las deficiencias y se proceda a dotar convenientemente a la defensa. Ambos mariscales debaten sobre el procedimiento más adecuado para la defensa e impedir la invasión que se espera. Mientras Rommel opina que hay que detener al adversario en las mismas playas —como se ha citado ya—; von Rundstedt considera que es una tarea imposible, dado el dominio absoluto naval y aéreo que ejercen los Aliados, y prefiere, en cambio, lanzar una contraofensiva en el momento y lugar oportuno, a lo que Rommel responde, utilizando el mismo argumento de la superioridad enemiga, que no será posible efectuar ningún movimiento ni maniobrar con fuerzas alejadas de la costa dada la actividad aérea enemiga; su idea es mantener un estrecho contacto con el adversario, precisamente para que no pueda utilizar el poder aeronaval. Rundstedt, incluso entendiendo el punto de vista de Rommel, dice no disponer de las fuerzas necesarias para poder impedir el desembarco enemigo, y no cree que reciban refuerzos ni que el alto mando les envíe nada de lo que les prometan.

Al margen de estos intercambios de puntos de vista entre ambos generales, Rommel acepta que la propaganda utilice su nombre a efectos de provocar alguna reacción en el adversario, aunque en realidad él no tenga ningún mando aún ni tenga ninguna decisión sobre ello. Desde Berlín, Goebbels anuncia a los cuatro vientos que el mariscal Rommel impedirá cualquier desembarco aliado, y ya el mismo día 21 de diciembre, la prensa, tanto alemana como de los países ocupados, presenta a Rommel como el artífice que conducirá a los ejércitos alemanes a la victoria. El periódico francés en lengua alemana *Pariser Zeitung* presenta incluso una especie de mando conjunto entre von Rundstedt y Rommel, el primero como modelo de estratega y el segundo como un hombre de acción que dirigirá las operaciones desde primera línea en el campo de batalla, lo que es totalmente falso. En el mando aliado no se registran reacciones de importancia a este hecho; después de todo, tanto Eisenhower como Montgomery ya conocen a Rommel desde los tiempos de las campañas de África e Italia, en 1942-1943, y, aunque lo hubieran vencido, lo respetan seriamente. El propio Churchill le considera un gran militar. No obstante, quizás se pueda considerar como reacción aliada, al hecho de la presencia de Rommel en Francia, que se anuncie en Londres, el día 24 —víspera de Navidad—, que Eisenhower es nombrado oficialmente comandante supremo de las fuerzas aliadas en Europa. Rommel pedirá que se le proporcione un informe actualizado sobre el general norteamericano.

Rommel se despide de von Rundstedt con una petición de última hora, solicitando que se le autorice a trasladar su cuartel general a algún lugar más próximo a la costa, al objeto de estar más cerca de las tropas y tener una información más puntual y rápida, algo a lo que accede von Rundstedt sin dudarlo ni un instante, obviamente prefiriendo tener a Rommel lo más alejado posible para que no interfiera ni en su rutina ni en su modo de vida. Rommel se marcha algo apesadumbrado tras ver la poca ilusión y esperanza que von Rundstedt tiene en la tarea encomendada y en las posibilidades de defensa contra la invasión, y además quiere también alejarse de von Rundstedt con la firme idea de que la molicie y relajación que nota en su cuartel general no influyan en su propio Estado Mayor.

No reina, en el seno del mando alemán, una opinión unánime sobre dónde es mayor la probabilidad de que tenga lugar la invasión aliada, si bien se espera que el lugar elegido esté dentro del radio de acción de la aviación de caza aliada, lo que lleva a considerar que el desembarco pueda ocurrir a lo largo de los 900 km de costa que van desde Holanda hasta Saint Malo, en Francia, y, aunque no todos los lugares sean igualmente favorables, son pocas las zonas donde la naturaleza del terreno excluye taxativamente un desembarco. No obstante, el punto de vista reinante en el OKW es el que contempla como mayor probabilidad la de que la invasión tenga lugar en la zona del paso de Calais[57].

---

57 Curiosamente, el 20 de marzo de 1944, el propio Hitler —en una exposición de más de una hora de duración—, dirigida a todos los altos mandos de los tres ejércitos en Francia, les diría que las zonas más amenazadas eran las penínsulas de Brest y Cherburgo, y que la captura de un puerto útil sería con toda probabilidad una exigencia operativa esencial de los Aliados, al estilo de lo que se intentó en Dieppe en 1942 [Diarios del mariscal Rommel].

Las palabras textuales del Führer fueron las siguientes: «Es evidente que habrá de producirse un desembarco angloamericano en el Oeste. Ahora bien,

Consecuentemente, al día siguiente, 20 de diciembre, Rommel comienza la inspección de las costas francesas, en su parte noroccidental, empezando en el estuario del Somme, y del paso de Calais, para continuar a la desembocadura del Escalda, en Bélgica. En esa fecha, el general de las SS Sepp Dietrich llega a Bruselas, para reorganizar en la zona de Beverloo, cerca de Amberes, el Primer Cuerpo Acorazado de las SS, compuesto por la 1.ª División Panzer SS «Leibstandarte SS Adolf Hitler» y por la 12.ª División Panzer SS «Hitlerjugend», que vienen del frente ruso para reponer bajas, reequiparse de material y proceder a un período de descanso. Estas divisiones ya no volverán a Rusia y permanecerán en el Oeste. La primera parada importante de Rommel en su viaje va a ser en Tourcoing, a 300 km de Paris, en el cuartel general del 15.º Ejército —responsable de la defensa de todo el sector de costa a que se alude—, al mando del general Hans von Salmuth, a quien expondrá que las fuerzas deben concentrarse más cerca de la costa y que las reservas de que disponga deben adelantarse lo máximo posible para poder contraatacar inmediatamente.

Von Salmuth acompañó a Rommel en la mayor parte de su inspección a lo largo de la costa norte de Francia, y de Bélgica, y este se mostró cada vez más sorprendido. Rommel descubre lo que ya sospechaba: el Muro del Atlántico es solo una gigantesca obra de la propaganda nazi. Rommel observa que falta preparación, que no

---

no sabemos dónde ni cuándo. Tampoco es posible establecer conjeturas razonadas. Las concentraciones de buques que se observen no deben ser tomadas como síntoma de que la elección haya recaído sobre un sector determinado. Las zonas más favorables, y por consiguiente las más amenazadoras, son las dos penínsulas occidentales de Cherburgo y Brest, que ofrecen tentadoras posibilidades para establecer una cabeza de puente. La operación de desembarco no podrá prolongarse, desde ningún concepto, más allá de unas horas o, todo lo más, días, como demuestra el ejemplo de Dieppe. Una vez rechazado, el enemigo no repetirá su tentativa. Dejando aparte el número de bajas sufridas, necesitará varios meses para un segundo intento. Con todo, no es [o será] este el único factor que lo impida, sino también el rudo golpe sufrido en la moral de sus tropas y mandos. De momento impedirá la reelección de Roosevelt, el cual podrá considerarse afortunado si termina en una cárcel. Lo más importante para el enemigo consiste en conquistar un puerto que le permita desembarcar en la mayor escala. Solamente esto confiere ya una importancia capital a las costas occidentales y a sus puertos. Se han cursado órdenes para que se les considere fortalezas, cuyo jefe quede como responsable de la buena marcha de los tres servicios y haga la fortaleza inexpugnable».

existe un plan completo y detallado de defensa, y que no hay ejercicio del mando ni control centralizado de las unidades subordinadas, y lo que es peor, no hay una coordinación de la defensa. La infantería no dispone prácticamente de medios de transporte y solamente hay una división acorazada recién llegada de Rusia para descansar —la 2.ª División Panzer, que está siendo equipada, no obstante, con carros Pzkpfw V «Pantera»—, y, como parte de la defensa, solo se han colocado hasta el momento menos de dos millones de minas en toda la extensión de la costa. Los obstáculos pasivos, por otra parte, son mínimos y de dudosa efectividad. La situación es aún más desesperante en lo relativo a la artillería para la defensa costera: las baterías más efectivas son las ubicadas en el paso de Calais, pero, en el resto, muchos asentamientos son solo a base de cemento y hormigón, y no se dispone de torretas blindadas giratorias, con lo cual las piezas pueden ser apuntadas en elevación pero apenas en dirección. Para complicar todavía más el panorama, Rommel descubre

Rommel inicia la inspección de las costas francesas el 20/12/1943, por del paso de Calais. En la imagen, en Quinéville, en mayo de 1944 [Военный альбом].

que existen más de 30 calibres diferentes en las piezas de artillería, que son de unos cuarenta modelos y tipos distintos, con escasa munición —alguna incluso fuera ya de fabricación—, y en muchas no se dispone de direcciones de tiro y todo tiene que hacerse manualmente. Rommel acaba la jornada muy cansado y desanimado, pero toma la decisión de abordar los problemas con la máxima energía.

Quizás lo más preparado para la defensa de la costa que encontró Rommel en su primera inspección fue la zona de asentamientos de artillería en el cabo Gris-Nez —en el mismo paso de Calais, enfrente de Dover—, estructurada en cuatro baterías de piezas de artillería naval: batería Lindemann, con 3 cañones de largo alcance de 406 mm; batería Grosser Kurfürst, con 4 cañones de 280 mm; batería Todt, con 4 cañones de 380 mm; y batería Friedrich August, con 3 cañones de 303 mm. Ciertamente, el total de 14 piezas de artillería pesada de largo alcance allí instaladas constituían la espina dorsal de la defensa costera en el norte de Francia y podían cerrar el paso por el canal de la Mancha, pero al mismo tiempo eran un objetivo obvio y estaban claramente identificadas por los Aliados.

Tras un análisis de situación detallado con su Estado Mayor, el día 23 de diciembre, después de recorrer nuevamente la costa —en especial la zona entre Montreuil y Boulogne—, Rommel considera una necesidad imperiosa establecer un plan defensivo completo y detallado para hacer frente a una invasión, algo que sorprendentemente parece que no existe. Considera que lo más lógico es desplegar las fuerzas defensivas a lo largo de toda la zona fortificada, protegida por una combinación de obstáculos pasivos, campos de minas, y por todo aquello que sirva para frenar y ralentizar la progresión enemiga debilitándola. Esta zona defensiva deberá ser de unos 4.5 km de anchura a lo largo de toda la costa y la reserva móvil —carros de combate— deberá estar disponible justo detrás. El punto crítico está precisamente en la cooperación carros-fuerzas defensivas; Rommel es consciente del poder aeronaval aliado y sabe que las unidades acorazadas no pueden estar alejadas de la zona de contacto y ser el objetivo preferente de la aviación y la artillería naval. La proximidad a la zona de contacto es la mejor protección, pero el problema va a ser el lograr disponer de todos los medios que la idea de maniobra en que Rommel piensa va a exigir. Rommel sabe que debe convencer a von Rundstedt o, de lo contrario, sus ideas no van a fructificar, pero, en última instancia, piensa que Hitler estará de su lado. Aquí, en cualquier caso, radicaban una de las principales dificultades del razonamiento de Rommel y uno de los puntos débiles de su pensamiento militar: Rommel, a menudo, pensaba poco en la logística y lo había demostrado en la campaña de África, alargando enormemente sus líneas de abastecimiento, lo que aumentaba su vulnerabilidad e hizo muy difícil el aprovisionamiento de sus fuerzas. Lo que quería hacer ahora en las costas de Francia requería un esfuerzo logístico, y no solo táctico-operativo, enorme y prácticamente irrealizable. Eran las carencias de las que había advertido ya el almirante Raeder.

El mariscal consideró que la zona del estuario del Escalda reunía condiciones adecuadas para la operación aliada, además de ofrecer el puerto de Amberes y ser la ruta más directa hacia la cuenca del Ruhr y Alemania. La otra alternativa era la del estuario del Sena y la península de Cotentin, descartando la zona de Brest, por considerarla demasiada alejada. A medida que fueron pasando los días, Rommel se fue convenciendo de que el desembarco tendría lugar en el estuario del Sena. Quizás una premonición de ello fue la de que la aviación aliada apenas bombardeó el estuario del Escalda, mientras que concentró sus ataques en la bahía del Sena e igualmente llevó a cabo un minado intensivo del Escalda pero no del Sena.

Rommel acabó su inspección de la zona defendida por el 15.º Ejército el día 24 de diciembre, regresando al caer el día a Fontainebleau, después de visitar unos asentamientos de las bombas volantes V-1, que, por otra parte, no dependían para nada ni de él ni de von Rundstedt, y unas posiciones de partida que estaban siendo preparadas por elementos avanzados de la 9.ª División Panzer de las SS «Hoenstaufen». Tras una reunión con el mando del 82.º Cuerpo de Ejército, que defiende la costa en la frontera belgo-francesa, dedicará el día de Navidad y el siguiente a preparar el informe que quiere enviar al Führer[58]. Se siente especialmente molesto con el hecho de que, en las islas británicas del Canal, ocupadas desde 1940, se siga manteniendo una fuerza de una división de infantería

58 El informe, aunque difiere de lo expuesto sobre Dinamarca, coincide en lo fundamental con aquel. Lo principal que destaca Rommel es la ausencia de un plan coordinado para la defensa y para efectuar un contraataque enérgico. Las fuerzas disponibles, con todo, son muy superiores a las que se hallaban en Dinamarca.

reforzada con medios acorazados y artillería antiaérea, con un total de 11 baterías de artillería de costa, y pedirá, sin ningún éxito, al alto mando que se retiren esas fuerzas, que estarán completamente inactivas, y que pasen a reforzar las existentes en la costa. En cualquier caso, el mariscal se siente muy decepcionado con la situación general de lo que ha visto y quiere introducir cambios radicales, y con sus aportaciones e ideas demostrará un alto conocimiento técnico que llega a desconcertar a algunos de sus especialistas.

De todos modos, la decisión de Hitler, y en su caso también de Rommel, de defender toda la costa no resulta factible. Ambos olvidan la máxima de Federico de Prusia de que «aquel que defiende todo no defiende nada», ya que la extensión de la línea defensiva supera con mucho lo que las tropas tienen capacidad de defender realmente. Lo que se está haciendo lleva a abandonar la ventaja que la maniobra puede proporcionar en favor de una defensa lineal rígida y estática. Las órdenes que emite el alto mando en Berlín quitan toda libertad de acción al mando de la defensa del Oeste. Parece que, como se ha dicho, los desembarcos aliados en África, Sicilia e Italia no han enseñado nada al alto mando alemán.

Rommel posteriormente discute con su Estado Mayor las diferentes posibilidades y se muestra firmemente convencido de que la invasión tendrá lugar en la primavera de 1944 y, probablemente, en la zona entre Boulogne y el estuario del Somme. De todos modos, quiere desplegar todas las fuerzas disponibles sobre la propia costa y construir una línea masiva de fortificaciones entrelazadas con campos de minas y obstáculos pasivos. Del mismo modo, quiere que las divisiones Panzer, cuando estén disponibles, sean adelantadas también, de modo que haya al menos una división por cada cuerpo de ejército. El día 27, Rommel expone sus ideas a von Rundstedt, pero este no está de acuerdo y, aunque acepta parcialmente la idea de Rommel de defender la costa, rechaza que las unidades acorazadas se sitúen cerca de la costa y prefiere que estén en posiciones de espera retrasadas donde estén a salvo del fuego de la artillería naval y puedan maniobrar. Rommel opina que el poder aéreo aliado impedirá cualquier maniobra de estas unidades una vez que empiece la invasión.

Tras el intercambio de impresiones entre los dos mariscales, von Rundstedt se pone en contacto con el general von Salmuth, con el que concreta que se deben reforzar las defensas costeras, que hay que extender los campos de minas y que hay que concentrar las unidades sobre la costa, en la línea de lo que dice Rommel. Añade que hay que constituir unas reservas móviles y desplegarlas orientadas sobre los puntos clave de la defensa. Sin embargo, en el tema de las unidades acorazadas —cuando se disponga de ellas—, no da su brazo a torcer y, todo lo más, le dice a von Salmuth[59] que estaría dispuesto a poner a disposición directa del 15.º Ejército algunas unidades acorazadas o mecanizadas, si las circunstancias cambiasen o si el alto mando decidiera reforzar sensiblemente el frente occidental, pero la realidad es que se reserva el uso de las divisiones Panzer. Este será un punto de desacuerdo permanente entre von Rundstedt y Rommel hasta el momento mismo de la invasión, que no se resolverá nunca.

El 28 de diciembre tuvo lugar una reunión en el cuartel general de Rommel, en Fontainebleau, entre los jefes de operaciones del mando en el Oeste, del Estado Mayor de Rommel y de los diferentes mandos subordinados en Francia, incluyendo los de los ejércitos 7.º, 15.º y 1.º. Mientras tanto, Rommel, con su jefe de Estado Mayor, general Gause, pasó a celebrar sus primeras reuniones, en París, con el mando de la Luftwaffe en Francia, mariscal Sperrle, y con el mando de la Kriegsmarine, almirante Krancke. Sperrle, además de ser el comandante en jefe del componente aéreo, es el segundo jefe del frente occidental, inmediatamente tras von Rundstedt, y, por lo tanto, superior también de Rommel. Con mucha tranquilidad le dice a Rommel que la Luftwaffe no será un factor que tener en cuenta por los Aliados en caso de invasión; lo que es más: sorprendentemente, le anuncia ya que ni siquiera habrá presencia aérea alemana el día que la invasión ocurra, como así fue. La reunión con el almirante Krancke no resultó mucho mejor; entre otras cosas, Krancke confiesa a Rommel que «hay muy poca Marina en el Oeste» y que la fuerza principal de submarinos está en el Atlántico, pero los submarinos están bajo el mando directo del almirante Dönitz, en Alemania. Todo lo que queda es el crucero ligero Emden, ¡en Noruega!, y un cierto número de destructores y lanchas

59 Von Salmuth coincide con el planteamiento de Rommel y estima deseable que se disponga de una división Panzer en reserva para cada cuerpo de ejército.

torpederas y dragaminas; Krancke le menciona que los campos de minas marinas se pueden mejorar y crear nuevos, siempre que se disponga de minas, lo que no es seguro que se dé. En retrospectiva, a fecha de hoy, no podemos dejar de asombrarnos —quizás como Rommel— por que Alemania no volcase el grueso de sus recursos, navales, aéreos y terrestres, para conjurar algo que se sabía perfectamente que iba a suceder. La negligencia demostrada por el mando alemán entonces es ciertamente incomprensible.

La experiencia no ha podido ser más descorazonadora para Rommel. Se da cuenta de que no va a poder contar ni con la Marina ni con la Aviación y de que el Ejército de Tierra (Heer) va a estar solo en lo que va a ser la batalla más importante quizás, para Alemania, de toda la guerra. Realmente no se dispone en el momento actual en Francia más que de unos ochenta cazas, en total, y los nuevos escuadrones del Segundo Cuerpo Aéreo no llegarían al teatro de operaciones hasta unos días después de producirse la invasión, muy tarde para tener algún significado ya. Del mismo modo, la Kriegsmarine no tiene tampoco ninguna capacidad para oponerse a la fuerza combinada de la Royal Navy y la U. S. Navy. Tanto Sperrle como Krancke le han transmitido a Rommel la idea de que, de algún modo, la guerra está perdida. Ambos hace tiempo que se han entregado en Francia a las delicias de Capua y la dirección de la guerra no les interesa. No obstante, Rommel no se da por vencido y, en el marco del informe a Hitler, solicita ya claramente que se le dé el mando de la zona noroccidental del frente con el fin de aplicar sus recomendaciones de una forma más eficaz. Curiosamente, el día 30 de diciembre, también von Rundstedt propone lo mismo y recomienda que el Estado Mayor de Rommel quede subordinado directamente a su mando y que tanto el 7.º Ejército como el 15.º Ejército sean puestos bajo mando de Rommel, constituyendo el Grupo de Ejércitos B, dependiendo este a su vez de él.

Rommel, aun sin haber finalizado la inspección de toda la costa, casi tiene finalizado su informe para Hitler. Tristemente concluye que von Rundstedt tenía razón en su informe y que el Muro del Atlántico es una farsa, dirigido sobre todo con fines propagandísticos. Sin embargo, establece varias consideraciones. En primer lugar, cree que el esfuerzo principal del adversario se dirigirá contra el paso de Calais, debido, entre otros motivos, a estar situadas en esta zona las rampas de lanzamiento de las bombas volantes V-1, consideradas como una seria amenaza por los británicos. Estima asimismo que la invasión será precedida por ataques aéreos de gran intensidad en toda la zona de la costa y, en adición a los desembarcos anfibios, tendrán lugar también acciones de envolvimiento vertical y de desembarco aéreo tras la línea de defensa costera. Rommel considera que, si el desembarco no es detenido y las fuerzas aliadas establecen contacto con las fuerzas aerotransportadas, se habrá perdido la batalla y la invasión habrá tenido éxito. Además, añade que, con las fuerzas actuales sin disponibilidad de una adecuada defensa contracarro, no cabe contar con que puedan organizar unas reservas adecuadas para llevar a cabo contrataques contra las cabezas de playa. Expone una vez más que, si una reserva considerable adecuada llegase a constituirse, al estar alejada de la costa, su movimiento será imposibilitado por la fuerza aérea adversaria.

Con la excepción de Calais, el mariscal Rommel no se equivoca mucho en su juicio previo. Acaba su informe pidiendo una vez más que se le dé el mando de todas las fuerzas a cargo de la defensa de la costa, incluyendo las unidades navales y aéreas, y que se le permita incorporar las medidas defensivas que propone. Rommel, sin embargo, no cuenta con la enorme potencia de fuego naval de la hipotética flota de invasión, algo que él no ha experimentado realmente aún y que será determinante. En realidad, ninguna solución —ni la de Rommel ni la de von Rundstedt— puede resolver la situación; las fuerzas alemanas son demasiado débiles para afrontar lo que se avecina, hagan lo que hagan.

Tras enviar su informe al Führer el 31 de diciembre, Rommel comienza 1944 visitando las costas de Bélgica y Holanda, lo que llevó a cabo hasta el día 5 de enero. Su impresión es la de que las probabilidades de que la invasión se produzca en estas costas son muy bajas, dada la facilidad con que toda la zona puede ser inundada, lo que haría inviable el avance enemigo hacia el interior. En su recorrido se detiene en Lille, en donde mantiene una reunión con el comandante del Grupo de Caza 26 (Jagdgeschwader 26 «Schlageter»), el as de la Luftwaffe Josef «Pips» Priller, que le informa de que, en la fecha, solo dispone de ¡dos cazas! y que el resto está en Alemania. Continuando su viaje, se detiene en Tourcoing y se reúne de nuevo con el general von Salmuth, que no se muestra muy dispuesto a aplicar las medidas de organización defensivas que le comunica Rommel, a quien considera simplemente, después de todo, como un favorecido por Hitler y por la propaganda del Reich.

Con fecha 2 de enero de 1944, Hitler nombró oficialmente inspector general del frente occidental al mariscal Rommel, pero quedando subordinado, no obstante, al mariscal von Rundstedt, aunque dependiente directamente de su autoridad, algo poco claro. El informe que Rommel había remitido, confirmando lo expuesto por von Rundstedt, había causado un gran impacto en el alto mando y Hitler, dudando todavía de lo que le decían sus dos mariscales destacados en Francia, decidió enviar esta vez al general Alfred Jodl, su propio jefe de Operaciones, a inspeccionar personalmente las costas. Jodl, acompañado de su segundo jefe de Operaciones, general Warlimont, y del jefe del Estado Mayor del Ejército (OKH), general von Buttlar, llegó a la costa del canal de la Mancha el 6 de enero, comenzando inmediatamente la inspección de las defensas una vez más. Al objeto de lograr más efectividad y rapidez en su visita, Jodl decidió dividir entre los tres la zona por cubrir, reservándose para él la zona del Canal y enviando a Warlimont y a von Buttlar a inspeccionar el resto de las defensas, incluyendo el sur de Francia.

El general Jodl permaneció en Francia hasta el 14 de enero y regresó a su cuartel general el día 15, procediendo a informar al Führer acto seguido. En su informe, Jodl confirmó las evaluaciones de Rommel y expuso a Hitler que las defensas que él mismo había inspeccionado no le habían impresionado lo más mínimo, y añadió que, realmente, la situación tanto en Francia como en los Países Bajos era muy relajada. En su opinión, el frente occidental no estaba preparado suficientemente para enfrentarse a un desembarco aliado de gran intensidad. Para empeorar las cosas, si acaso demostrando muy poco compañerismo, insistió en que von Rundstedt había hecho muy poco en todo el tiempo que llevaba al mando desde 1942 —lo que era verdad— y que, en su cuartel general en París, se llevaba una cierta vida de relajación y de placer incompatible con la disciplina militar, que se reflejaba en la moral y actitud de las tropas desplegadas en campaña. Como colofón, Jodl expuso además que en muchas zonas no se habían completado las defensas y que la Luftwaffe no había efectuado siquiera ninguna preparación ni plan para oponerse a un desembarco. Jodl, sin embargo, apoya todas las ideas presentadas por Rommel y se manifiesta de acuerdo con su concepto de derrotar al adversario en las mismas cabezas de playa, aunque no se manifiesta tan seguro respecto de la idea de las reservas móviles y de adelantar los carros, pero sí rechaza rotundamente la idea de von Rundstedt de basar su estrategia en una batalla en el interior, una vez que el enemigo haya desembarcado.

Resulta sorprendente que Hitler no tomase medidas inmediatas en relación con von Rundstedt e incluso con el mariscal Sperrle, ante la negligencia de ambos, pero, en cualquier caso, ese mismo día, 15 de enero de 1944, nombraba al mariscal Rommel comandante en jefe del nuevo Grupo de Ejércitos B —que incluía desde ese momento al 7.º Ejército (general Dollmann) y al 15.º Ejército (general von Salmuth)—, responsabilizándolo de la defensa de las costas del Canal, de Bélgica y de Holanda, y de la costas de Normandía y Bretaña, lo que era colocarlo en el ojo del huracán a todas luces. Al mismo tiempo se constituía el Grupo de Ejércitos G, al mando del general von Blaskowitz, responsable de la defensa del resto de la costa atlántica hasta la frontera española y de la costa mediterránea del sur de Francia, hasta la frontera con Italia. Von Rundstedt continuaba, no obstante, al mando de todo el conjunto defensivo del frente occidental, en París, aunque su efectividad fuera casi nula, entre otras razones, por el solo hecho de no ejercer ninguna acción ni sobre las fuerzas aéreas ni sobre las navales; no era más que un figurón decorativo tolerado por el propio Hitler.

Rommel, como ya su Estado Mayor determinó, estima que va a necesitar los ferrocarriles para poder mover con rapidez sus fuerzas a lo largo del frente por defender y, así, acudir con rapidez a los puntos amenazados; y comienza a actuar en ese sentido, pero no tiene en cuenta ni la actividad de la fuerza aérea aliada ni las acciones de sabotaje de la resistencia francesa, que prácticamente anularon toda posibilidad práctica de utilizar el ferrocarril, inutilizando y destruyendo no solo vías férreas sino también puentes y túneles. El transporte por ferrocarril en mayo de 1944 resultaría ya reducido al mínimo y no resultaba posible aproximar mercancías, abastecimientos, material o incluso tropas a menos de 200 km del frente, y ello por la noche solamente. Se requeriría una flexibilidad extraordinaria, así como la disponibilidad de batallones de trabajo que hicieran posibles las reparaciones de emergencia de la red ferroviaria o incluso las operaciones de descarga del material. Rommel tomaría medidas ante esta situación, anticipándose intuitivamente a las acciones de bombardeo, y así, durante el mes de mayo de 1944, logró transferir a los sectores considerados como amenazados un total de siete unidades tipo batallón. Una unidad que daría que hablar, la 352.ª División de Infantería, pudo desplegarse de esta forma sin conocimiento de los Aliados en la zona de Normandía, guarneciendo la defensa de lo que se conocería más tarde como playa de Omaha.

En la costa, Rommel incrementó las defensas y sus inspecciones y su presencia en el frente elevaron la moral de las tropas. Sin embargo, el mariscal sabía que, a menos que pudiera mover los refuerzos con rapidez y fuera capaz de organizar un contrataque decisivo, las medidas tomadas no servirían de nada. En África, Rommel había logrado crear la red defensiva de fortificaciones más sofisticada de toda la campaña, y eso mismo es lo que se propuso organizar en el Muro del Atlántico, impulsando la creación de nuevos obstáculos que podrían desbaratar el avance de las lanchas de desembarco, y entre ellos los llamados «espárragos de Rommel», que eran postes destinados a impedir u obstaculizar los aterrizajes de planeadores y fuerzas aerotransportadas, o la llegada de paracaidistas. Su insistencia en llevar a cabo una defensa adelantada llevó también a que se desplegasen más divisiones de infantería sobre la costa.

Su experiencia de combatir contra los Aliados y haber constatado la capacidad de su poder aéreo era lo que hacía que su visión estratégica fuera totalmente diferente de la de von Rundstedt y de la de otros generales alemanes que solo habían combatido en Rusia. Rommel consideraba que contar con la protección de las fortificaciones era importante y necesario, pero cerrar el contacto con la fuerza de invasión sería lo que dificultaría el empleo del poder aéreo y naval aliado. Desarrollar la batalla apoyándose en las fortificaciones y, al mismo tiempo, empeñar en el combate a las unidades acorazadas que estarían en las proximidades era lo que prometía mayores probabilidades de éxito. Como se ha dicho ya, Rommel mostraba también, por su parte, tener desconocimiento de la potencia devastadora de la artillería naval aliada. En realidad, el mando alemán no tenía alternativas. De alguna manera, se puede decir que la batalla estaba decidida de antemano, dada la superioridad casi absoluta de los Aliados.

Francia, 1943. Soldados de maniobras pasan junto a un campesino en un Panzer VI Tiger I [Bundesarchiv, Bild 101I-028-1607-26 / Vennemann, Wolfgang / CC-BY-SA 3.0].

Rommel, comandante en jefe del Grupo de Ejércitos B, inspecciona obstáculos de las playas en el cabo Blanc-Nez (paso de Calais, 1943-44) [Военный альбом].

7. APROXIMACIÓN HACIA EL ACTO FINAL: RUMBO HACIA UN DESTINO INCIERTO Y CON RIESGO DE COLISIÓN

«Ya no había ningún plan. Simplemente lo estábamos intentando, sin esperanzas...».
General Gunther Blumentritt, jefe de Estado Mayor del Mando Supremo Occidental (OB West) en París

«¡Haced la paz, idiotas!».
Mariscal von Rundstedt al mariscal Keitel, jefe del OKW, cuando le preguntó qué se podía hacer tras la invasión

Rommel se mostró muy satisfecho y dispuesto con su nombramiento como comandante en jefe del Grupo de Ejércitos B. Ya no era ni un inspector ni un asesor; tenía el mando de la defensa en la costa que se presumía que sería objeto de la invasión que se avecinaba. Era su momento y quizás podría llegar a un desempate con Montgomery y reivindicar su derrota en África, o eso pensaba de alguna forma. En cualquier caso, se encontró muy animado y lleno de esperanzas. Era tarde, pero quizás tendría tiempo de reconducir la situación. Su primera orden, como jefe ya del Grupo de Ejércitos B, fue la de aumentar la densidad de obstáculos en las playas, considerando que los Aliados llevarían a cabo el desembarco en condiciones de marea alta y, por lo tanto, comenzando su colocación en la línea marcada por el nivel que alcanzase la marea, y a partir de ahí hacia mar adentro hasta llegar a la línea marcada por la marea baja. Desde el alto mando en Berlín se le dio luz verde para proceder a inundar las zonas costeras que considerase oportuno y evacuar a la población civil, así como llevar a cabo las demoliciones que estimase necesarias para crear buenos campos de tiro para batir las playas. Para Rommel la creación de obstáculos debía ir acompañada por la colocación de minas, contracarro y contrapersonal; aquí, sin embargo, Rommel no es realista, ya que quiere instalar ¡entre 50 y 100 millones de minas! Hasta el momento solo se han colocado 1 700 000 minas y la producción mensual no sobrepasa las 40 000. Lo que quiere Rommel es del todo imposible.

Mientras suceden estos acontecimientos, conviene no pasar por alto una reunión que Rommel mantuvo el 8 de enero de 1944 con el general Freiherr Leo Geyr von Schweppenburg, designado desde junio de 1943 como comandante en jefe de las fuerzas acorazadas del frente occidental (Panzergruppe West), un cargo más bien teórico y ampuloso de algo aún por constituirse. Von Schweppenburg era un producto de la aristocracia prusiana y del Estado Mayor General; había sido agregado militar en Londres, Bruselas y La Haya, y era amigo personal del general Guderian, el padre de las fuerzas acorazadas alemanas. Se consideraba a sí mismo un «príncipe de la milicia», pero desde el primer momento resulta patente que no simpatiza con Rommel ni se siente impresionado por la trayectoria del mariscal, y se muestra escéptico —e intransigente— con los planes que este tiene respecto del empleo de las reservas móviles y unidades acorazadas. Ambos generales muestran su desacuerdo, pero esto es solo el principio.

Sin embargo, von Schweppenburg tampoco respalda el punto de vista de von Rundstedt. Considera que Rundstedt no entiende el empleo de las unidades acorazadas ni de la guerra móvil y está anticuado, lo que, por otra parte, es totalmente cierto. Resulta curioso que a estas alturas nadie recuerde ni tenga en cuenta que, en realidad, fue von Rundstedt, y no Hitler, quien detuvo inicialmente el avance de las divisiones Panzer sobre Dunkerque en 1940 y dejó escapar al ejército británico. Von Rundstedt, por otra parte, aunque el nombramiento de Rommel no le ha cogido por sorpresa ya que, incluso, él mismo lo ha propuesto, no se siente muy esperanzado ni confía en las capacidades del «Zorro del Desierto». De alguna manera, como se ha expuesto, opina también que es imposible detener la invasión aliada y que la guerra está perdida; aun así, sigue el juego y continúa representando su papel, sin duda para no perder sus privilegios ni la comodidad de que goza en Francia.

Rügenwalde, 1943. Hitler se retrata con altos mandos del OKW (Jodl, Guderian, Buhle, Keitel) y con el ingeniero Ferdinand Porsche [Walter Frentz, Военный альбом].

Es curioso que nadie, en el Estado Mayor, llamase la atención al respecto ni expusiera la falta de unidad de mando y de coordinación que existía en el seno del mando alemán en Francia. Posiblemente Hitler lo sabía y lo utilizaba con fines políticos personales, pero hoy, en retrospectiva, podemos considerar todo ello como la principal razón del fracaso militar alemán ante la invasión aliada. El Führer, sin duda, prefiere tener lejos a dos figurones de la milicia germana como son von Rundstedt y el mariscal Sperrle, aunque ninguno haga nada útil realmente, y Rommel es su comodín.

Al día siguiente de su nombramiento, 16 de enero, en su capacidad de comandante en jefe de la zona asignada, Rommel decide visitar de nuevo la zona del 15.º Ejército, en concreto el sector guarnecido por la División de Infantería 711, para comprobar *in situ* que se han entendido sus órdenes y comprobar el progreso de las medidas de la defensa que ha recomendado. Hace una parada en el cuartel general del 81.º Cuerpo de Ejército, en Rouen, donde le informan de que se han colocado ya 253 000 minas más y de que los trabajos de minado avanzan a razón de una media de 15 km de costa diarios, colocando cada zapador unas 10 minas cada día. Rommel responde diciendo que se doble el trabajo a 20 minas/zapador/día y ello provoca que el general von Salmuth, comandante del

15.º Ejército y presente en la reunión, se enfrente a él afirmando: «... cuando empiece la batalla, Ud. querrá tener a su mando soldados instruidos y frescos, y no unos hombres extenuados por los trabajos de fortificación y organización del terreno...». Rommel le contesta diciéndole que se limite a cumplir sus órdenes, a lo que von Salmuth replica de nuevo: «Lo que Ud ordena, requiere más de un año de trabajo y los que le dicen que eso es posible o bien son unos estúpidos, o bien simplemente le engañan». El tono de la conversación subió gravemente y Rommel se encerró en privado con von Salmuth; tuvo lugar una seria reprimenda como no se había visto entre generales, tras la cual von Salmuth se mostró sumiso y aparentemente disciplinado. Posteriormente Rommel le comentaría a su ayudante, el capitán Aldinger: «... era bueno haber sido sargento y recordar cómo habla un sargento cuando resulta necesario». Estaba claro que el mariscal Rommel había decidido ejercer el mando, pero la indisposición con sus subordinados, y especialmente la actitud de von Schweppenburg, no iba a llevar a buen puerto. Rommel no estaba ganando amigos, en ningún caso.

Tras la disputa con von Salmuth, Rommel continuó su inspección por la costa noroeste francesa y regresó a Fontainebleau el 19 de enero. Inmediatamente, al día siguiente, pone a trabajar a todo su Estado Mayor. Quiere que se estudien y emprendan tres acciones:

— En primer lugar, desea que su Estado Mayor estudie el concepto de «zonas de combate en la costa»; su idea es que, en cada zona, el mando de esta tenga toda la autoridad en todos los aspectos: defensa, fortificación, etc., que es justo lo que ni él mismo tiene. Considera que aproximadamente una docena de puntos, alrededor de puertos, pueden ser calificados como «fortalezas», o zonas de resistencia a toda costa, en las cuales el mando, además de toda la autoridad, tiene la responsabilidad de no ceder el terreno.

— En segundo lugar, Rommel quiere que la responsabilidad de la defensa de la desembocadura y estuario del río Sena no esté dividida, sino bajo la responsabilidad de un solo mando, en este caso a cargo del 67.º Cuerpo de Ejército, al mando del general Walther Fischer von Weikersthal.

— Por último, quiere que se ponga a punto un plan para el empleo, formación, reorganización e instrucción de las unidades Panzer con las que espera contar pronto, aunque no sabe cuándo.

Rommel, por otra parte, se puso en contacto telefónico con el general Jodl, en Rastenburgo, para debatir una vez más el tema de los procedimientos para la defensa de la costa y, en particular, el empleo de la 21.ª División Panzer[60], única unidad acorazada disponible que le ha sido asignada de momento. Quiere emplear esta unidad ya enseguida como parte de la defensa de la costa. Jodl, aunque dice estar de acuerdo en principio, no se moja y dice que discutirá el tema con el general Warlimont, su subordinado; pero, no contento con eso, Jodl llamó a von Rundstedt, acto seguido, para contarle los propósitos de Rommel, lo que, aunque no sirviera para aclarar nada, sin embargo, le sirvió de coartada para así no tomar ninguna decisión; algo inaudito en el comportamiento entre oficiales. Rommel no podría mover la división, al menos por ahora, aunque estuviera asignada a su zona de responsabilidad. La Wehrmacht, en 1944, no era ya la Wehrmacht de 1940 y los propios mandos alemanes habían arrinconado en el olvido a Clausewitz.

Esta situación motivó que los jefes de operaciones tanto de von Rundstedt como de Rommel —los coroneles Zimmermann y von Tempelhoff— se pusieran en contacto. Zimmermann, además, tras haber hablado con Jodl, tiene claro que la idea de contraatacar contra las cabezas de playa se refiere solo a las formaciones de

60 Esta división, aunque lleva la misma designación, no es la misma que la anterior 21.ª División Panzer del Afrika Korps, que resultó aniquilada en Túnez. La nueva división se reconstituyó en Rennes (Francia) el 15 de julio de 1943 y desde entonces ha permanecido en Francia, reorganizándose e instruyendo al nuevo personal, y además como fuerza de guarnición. No está bien equipada, ya que cuenta con una mezcla considerable de carros más bien obsoletos, como eran los Panzer Mk III y IV, con cañón corto de 75 mm, y solo algunos más modernos Mk IV con el cañón largo de 75/48. Cuenta, incluso, con algunos carros franceses Somua, de 1940, redesignados Panzer 35(S), de escasa utilidad. La división, por otra parte, no está bien mandada, ya que su general, Edgar Feuchtinger, deja mucho que desear —parece interesarse más por los placeres de la vida en Francia— y no tiene nada que ver con el general von Ravenstein, que mandó la antigua 21.ª División en África y fue hecho prisionero.

infantería que defienden la costa —que carecen de movilidad— y no a las unidades Panzer. Von Tempelhoff expone lo contrario, diciendo que son los carros los que deben llevar a cabo los contraataques, debido a su movilidad, y por eso Rommel quiere los carros en la costa. Zimmermann, sin más discusión, deja claro que von Rundstedt nunca autorizará esa maniobra, con lo cual no hay lugar a ningún entendimiento. Más adelante, por parte del Alto Mando (OKW) se hará una pequeña concesión, a título de compromiso, autorizando que se adelanten ligeramente las unidades acorazadas, pero sin llegar a la costa, y siempre que se esté en condiciones de maniobrar en el interior y afrontar cualquier sorpresa táctica que los Aliados pudieran llevar a cabo. Este tipo de actuaciones y pensamiento, de llegar a compromisos, solo revelan, en el fondo, un mal ejercicio de la función de mando por parte del Estado Mayor General alemán, en particular del general Alfred Jodl, como jefe de Operaciones.

Rommel, por fin, después de casi dos meses inspeccionando las defensas costeras, se decide el 22 de enero a inspeccionar la costa occidental francesa, Normandía y Bretaña, responsabilidad del 7.º Ejército, con cuartel general en Le Mans y al mando del general Friedrich Dollmann, un católico bávaro claramente anti-nazi que también está convencido de que Alemania ha perdido ya la guerra. Es la primera vez que Rommel visita esta zona, lo que no deja de ser una ironía ya que será en este sector donde se produzca finalmente la invasión. En cierto modo se puede decir que, hasta este momento, Rommel solo ha estado perdiendo el tiempo. En Le Mans, Rommel se encuentra con Dollmann y con su jefe de Estado Mayor, el brillante general Max Pemsel[61], un oficial totalmente ajeno a la política y nada simpatizante tampoco de las ideas nazis; lo primero que ambos le exponen es la preocupante carencia de artillería naval para la defensa de los puertos, lo que ambos atribuyen a falta de interés de la Kriegsmarine, y algo con lo tienen que conformarse y no tienen nada que hacer. La Marina, simplemente, no obedece ni colabora con el Ejército.

---

61 El general Max Pemsel sobreviviría a la guerra; sería uno de los primeros generales del nuevo Ejército alemán, la Bundeswehr, y tendría una participación muy activa en la OTAN.

La reunión en Le Mans es dirigida esencialmente por el general Pemsel, quien hace una exposición excelente de la situación. Tras presentar la realidad de las divisiones subordinadas, a las que considera como solo útiles para la defensiva estática sin idea de retroceso, insistiendo en la carencia casi completa de medios de transporte, expone lo relativo al terreno. Pemsel analiza, una por una, las posibles zonas idóneas para un desembarco anfibio. Enseguida descarta la costa de Bretaña, a menos que se trate de un esfuerzo secundario, integrado en un esfuerzo principal en otra zona, quizás en el sur de Francia. Presenta, sin embargo, la costa de Calvados en Normandía con todo detalle y considera que la franja de la costa que va desde el oeste de la desembocadura del río Orne, siguiendo por la península de Cherburgo, hasta Saint Malo presenta las playas más adecuadas para llevar a cabo un desembarco anfibio a gran escala, dado que esta zona está relativamente mejor protegida de los fuertes vientos y grandes marejadas que la zona de Calais[62]. Por otra parte, se dan en esta zona tres áreas muy convenientes para la realización de operaciones de envolvimiento vertical, por parte de unidades, bien paracaidistas, o bien aerotransportadas, como las que se sabe de que disponen los Aliados. Estas zonas, dice Pemsel, son las que están en torno a la ciudad de Caen y alrededor de Carentan, en Normandía. El general Pemsel no lo sabe, pero este estudio del terreno es prácticamente el mismo que ha hecho el general británico sir Frederick Morgan para la «operación Overlord» y que da origen a todo el planeamiento de los desembarcos aliados. Pemsel concluye su exposición afirmando que está convencido que la invasión tendrá lugar en el sector que defiende el 7.º Ejército, en Normandía. Max Pemsel no se ha equivocado en casi nada, pero su premonición no es bien acogida, ya que es contraria al pensamiento generalizado del mando alemán y resulta incómoda para Rommel.

62 Fue en esta ocasión cuando Rommel, dirigiéndose a su asesor naval, vicealmirante Ruge, le espetó: «¿Es aquí donde cree Ud. que tendrá lugar el desembarco?»; a lo que Ruge respondió afirmativamente, por lo que Rommel afirmó: «Bien, ciertamente en esta zona es donde el enemigo estará mejor protegido contra vientos y oleaje». La zona que señalaban en el mapa no era otra que la costa oriental de la península de Cotentin, en Normandía, en lo que sería la playa denominada «Utah», para el desembarco de una de las divisiones norteamericanas. Sin embargo, a pesar de lo expuesto, no se hizo nada y las fuerzas americanas desembarcarían sin excesiva oposición.

Más claro no ha podido hablar el general Pemsel, ni más alto tampoco. Su superior inmediato, el general Dollmann, apoya sus argumentos y añade que a las buenas condiciones que ofrecen las playas se suma el que las condiciones del terreno y la campiña normanda facilitan la infiltración enemiga, además de que contar con un puerto como Cherburgo sería de gran ayuda, todo lo cual efectivamente invita a que sea esta zona la elegida por el enemigo para su desembarco. Rommel, sin embargo, cree que la mejor zona para la invasión está más al norte, en Calais, desde donde es más fácil llegar rápidamente al Ruhr, y tiene razón, pero olvida algo tan simple como que lo mejor es enemigo de lo bueno y los Aliados no se van a dejar seducir por un objetivo que, aunque conveniente, estará muy bien defendido y será donde los alemanes esperen la invasión. Sorprende cómo Rommel ha perdido su sagacidad; ciertamente, el «Zorro del Desierto» ha dejado de ser un zorro y, aunque aún exhibe momentos de brillantez, ha perdido mucho impulso y dinamismo. En alguna manera, parece, incluso, seguir el razonamiento de Hitler, no se sabe si por convencimiento genuino o solo por querer agradar y no perder el favor del Führer yendo a contracorriente. Triste actitud que enturbia su prestigio militar.

Erwin Rommel analiza la situación del frente ante el mando del Oeste en los días previos al desembarco (1-5/06/1944) [Wydawnictwo Prasowe Kraków-Warszawa].

Tras la reunión en Le Mans, Rommel continúa viaje a Rennes, donde inicia una inspección de la zona de Bretaña, cubierta por el 74.º Cuerpo de Ejército, y es informado de que solo se han colocado 100 000 minas en las playas, ya que no se dispone de más. Rommel toma medidas para que se proporcionen 20 000 más de las disponibilidades del Grupo de Ejércitos, pero eso es una mínima parte de lo que él mismo ha ordenado. Lo que más le disgusta es que la mayoría de las baterías de artillería de campaña ocupan asentamientos no fortificados y carentes de protección. En la zona de Saint Malo es informado de que una sola división de infantería tiene asignada una zona de acción ¡de 250 km! Y descubre que hay batallones formados por exprisioneros rusos que han aceptado servir en la Wehrmacht, cuya lealtad es más que dudosa. En la zona de Dol-de-Bretagne inspecciona la 179.ª División Panzer de la reserva[63], una unidad casi en cuadro que se ha formado hace cinco meses y que apenas cuenta con material acorazado por lo que la denominación «Panzer» resulta casi cómica. Tras la despedida en Le Mans del general Pemsel, a quien promete enviarle 400 000 minas para las playas, regresa en la tarde del día 25 a Fontainebleau, donde es informado de que el alto mando ha rechazado finalmente su petición de adelantar a la costa las unidades Panzer, cuando se disponga de ellas. Ciertamente no puede decir que la costa de Bretaña esté defendida, solo está vigilada a lo sumo. Su misión le empieza a parecer una pesadilla.

Mientras Rommel inspeccionaba las defensas en Bretaña, el mariscal von Rundstedt, el día 23 de enero, sorprendentemente inició un mes de descanso y vacaciones en Baviera, en un balneario, ausentándose por consiguiente de Francia y cediendo el mando al mariscal de la Luftwaffe Hugo Sperrle, nominalmente, ya que el mando efectivo le tocó asumirlo a Rommel. Que, en plena guerra, con una invasión de gran alcance a las puertas, el jefe de todo un teatro de operaciones decidiera ausentarse nada menos que un mes de su cuartel general y de sus responsabilidades resulta sorprendente, cuando no inaceptable, máxime cuando no se puede

63 Esta división se fusionará con la 16.ª División Mecanizada (Panzergrenadiere) en la primavera de 1944 y pasará a denominarse 116.ª División Panzer. Tendrá alguna actuación brillante, aunque efímera, más adelante.

decir ni remotamente que el trabajo del mariscal en su puesto de mando —en el hotel Georges V—, en París, fuera extenuante sino todo lo contrario. No hay constancia de actuaciones similares en el bando aliado y, por poner un ejemplo, ninguno de los generales de Franco, en la guerra civil española, se ausentó, por vacaciones, de su puesto. Es ciertamente incomprensible que desde Berlín se le autorizara y no se le cesara en el acto. No hay duda de que muchas cosas habían cambiado en la Wehrmacht, pero este hecho habla por sí solo y, una vez más, no deja en buen lugar a von Rundstedt.

Quizás aprovechando la ausencia de von Rundstedt y la presencia de Rommel en Fontainebleau, el general Geyr von Schweppenburg se presenta de nuevo ante el mariscal Rommel, el día 27 de enero, en calidad de comandante en jefe del Grupo Acorazado Oeste (Panzergruppe West) —ya citado—, una entidad que todavía no es realidad puesto que aún no cuenta con fuerzas suficientes ni existe todavía tal componente acorazado en Francia. Como se ha expuesto, von Schweppenburg no siente ningún respeto profesional ni por von Rundstedt ni por su jefe de Estado Mayor, el general Blumentritt, a quienes considera unos inexpertos en los planteamientos de la guerra de movimiento y en el empleo de las unidades acorazadas, pero también menosprecia a Rommel, con el que está claramente en desacuerdo, como se ha puesto anteriormente de manifiesto. Geyr, no obstante, sabiendo que tiene el apoyo del propio von Rundstedt, y también del general Guderian, el padre de las unidades Panzer, insiste ante Rommel en que, cuando se disponga de los carros, estos se deben desplegar lejos de la costa, en una zona que se considere adecuada estratégicamente, y emplear en masa contra el punto crítico del desembarco aliado. Rommel manifiesta su desacuerdo, ante lo cual Geyr le acusa de querer utilizar los carros como meros apoyos de fuego desde posiciones fijas. El desencuentro es tal que, tras despedir a von Schweppenburg[64], Rommel no pierde el tiempo y se dirige al cuartel general de von Rundstedt, en París, donde trata de convencer a los oficiales del Estado Mayor del OB West, sin conseguir ningún resultado. Mientras la opinión del Estado Mayor de von Rundstedt es la de dejar que el enemi-

64 Rommel le dijo a von Schweppenburg que no volvería ya a hablar más con él. Fue un desencuentro importante entre generales alemanes que tuvo consecuencias.

go desembarque, Rommel insiste en que hay que derrotarlo en las mismas playas. La autoridad de Rommel queda en entredicho.

En Berlín, el general Jodl justifica las opiniones de von Rundstedt ya que, tras su viaje, está convencido de que va a ser imposible impedir que los Aliados desembarquen, dada la realidad del Muro del Atlántico, que dista mucho de ser inexpugnable; pero coincide con Rommel, de alguna forma, en que hay que derrotar al adversario en las cabezas de playa. No obstante, la idea de constituir una reserva estratégica —el Panzergruppe West—, ubicada en torno a París, le parece razonable y, por el momento, el alto mando no va a tomar ninguna decisión respecto de adelantar las unidades acorazadas. A pesar de todo, Jodl es, de nuevo, muy crítico con la actitud del Estado Mayor de von Rundstedt —ya que considera que se han abandonado y entregado a la vida cómoda de la retaguardia— y aconseja que se traslade ese cuartel general a algún punto más cercano al posible frente, lo que nadie tiene en cuenta, y menos en ausencia de von Rundstedt.

El día 29 de enero, Rommel —que, a pesar de sus manifestaciones ante el general Pemsel, está preocupado con la exposición que este hizo— se dirige nuevamente a Normandía, al cuartel general del 84.º Cuerpo de Ejército —en Saint Lô—, que manda el general Erich Marcks. En particular quiere visitar la zona al oeste de la desembocadura del río Orne, que es la zona que Pemsel le ha señalado específicamente. Marcks tiene una zona de responsabilidad que cubrir de unos 400 km —desde la zona citada, en la bahía del Sena, hasta la costa oeste de la península de Cotentin, incluyendo el puerto de Cherburgo—, para lo cual dispone solo de cinco divisiones, una de las cuales —la División de Infantería 243— constituye la reserva y otra —la División 319— guarnece las islas británicas del canal de la Mancha, ocupadas desde 1940, por lo que, en realidad, solamente dispone de tres divisiones en la costa, la 352.ª, la 716.ª y la 709.ª, esta última defendiendo el sector que incluye Cherburgo. Tres divisiones de capacidades más bien reducidas —dos de ellas reducidas a realizar exclusivamente una defensiva estática sin idea de retroceso—, si cabe, y que, aunque no lo saben aún, serán las que sufrirán la potencia del comienzo del desembarco aliado, con todas sus consecuencias, en un futuro ya muy próximo.

El general Erich Marcks es, no obstante, uno de los mejores cerebros del Estado Mayor alemán y uno de los planificadores de la invasión de Rusia en 1941 —la operación Barbarroja—, y la razón de que se encuentre en Francia, en 1944, al mando de un cuerpo de ejército mal equipado y con una misión imposible no es otra que un cierto grado de invalidez derivado de lesiones sufridas en combate en Rusia, al comienzo de la invasión en junio de 1941, que motivaron que le fuera amputada una pierna. Marcks está convencido de que la invasión aliada tendrá lugar en Normandía y así se lo comunica claramente a Rommel. Pero no se trata simplemente de su intuición: Marcks razona y expone por qué cree que es Normandía la zona elegida por los Aliados para su desembarco y advierte a Rommel: «Esperamos que los Aliados ataquen en el paso de Calais —en el punto más estrecho del canal de la Mancha—, ¿no? Y ¡con buen tiempo, también! Es demasiado obvio. ¡Escogerán una zona más alejada y con mal tiempo! ¡Atacarán aquí... en Normandía! ¡Y con mal tiempo!». Rommel no le responde esta vez, pero ni se muestra conforme ni le lleva la contraria y, sin discutir un aspecto de tan suma importancia, pasa a explicarle su concepto básico de defensa: derrotar al enemigo en las playas sin darle tiempo a que consolide su desembarco, algo con lo que Marcks está de acuerdo, aunque le preocupa la cantidad tan enorme de trabajo y medios que supone el aplicar el concepto de Rommel. Ambos están de acuerdo, sin embargo, en que lo que en términos militares españoles se denomina el borde anterior de la zona de resistencia, BAZR (en alemán la *Hauptkampflinie*/HLK), debe estar en la misma playa. La zona de cobertura y vigilancia está en la mar y le corresponde a la Kriegsmarine ir efectuando una acción retardadora y de información sobre las fuerzas enemigas, algo que no sucederá en ningún caso ya que la marina no hará acto de presencia. Marcks, en cualquier caso, se muestra optimista y considera, después de todo, que quizás Eisenhower no será tan audaz como para atacar en Normandía, y mucho menos con mal tiempo.

Tras algunas reuniones más con los mandos de las divisiones dependientes del 84.º Cuerpo de Ejército, Rommel regresa a su cuartel general en Fontainebleau el 31 de enero. Aunque sigue pensando que Calais será con toda probabilidad la zona elegida para la invasión, por primera vez empieza a considerar que Normandía podría ser el escenario apropiado para el desembarco; no en vano las palabras elocuentes de Pemsel y Marcks han hecho mella en su pensamiento. Quedaba preocupado, no obstante, por la debilidad del 7.º Ejército y por la escasa movilidad de sus divisiones, con la excepción quizás, de la 352.ª División de Infantería —una unidad no detectada por la información aliada sorprendentemente—, que es la mejor equipada y que dará más de un dolor de cabeza al mando aliado el 6 de junio en la playa de Omaha. Precisamente, Rommel focalizó su atención en la zona de esa playa, que le recordaba a Salerno, en Italia —debido a su amplia orilla cóncava—, en donde los Aliados habían desembarcado en septiembre de 1943, primer desembarco ya éste en el territorio continental europeo. El mismo Hitler había tenido una premonición de que el desembarco sería en Normandía, aunque insistía en que habría un desembarco principal en Calais. Con ello, sin saberlo, ayudaba al plan de engaño aliado, que pretendía exactamente hacer creer al mando alemán que el esfuerzo principal aliado tendría lugar en Calais.

El general Marcks, como se ha dicho, para defender el sector de costa asignado —de unos 400 km de frente, en total—, cuenta con solo cinco divisiones, de las cuales la 243.ª División, de reserva —realmente cuenta con solo dos batallones operativos—, y por todo medio de transporte dispone únicamente de bicicletas, y finalmente está la 352.ª División, ya citada. Los apoyos de fuego son escasos y problemáticos también, ya que cuenta con 32 tipos diferentes de piezas de artillería y solo 62 piezas de 88/56 mm de doble uso antiaéreo y contracarro, y unos 170 cañones contracarro de 75/46 mm. En total, el 7.º Ejército disponía en la primavera de 1944, de alrededor de 198 000 efectivos, de los cuales solo unos 50 000 estaban desplegados en lo que iba a ser la zona elegida para la invasión por los Aliados. Ningún medio acorazado ni vehículos tácticos. Por el contrario, el 15.º Ejército, en el paso de Calais, con 18 divisiones, contaba con 313 000 efectivos y mucho mejor equipamiento y medios, aunque ambas grandes unidades utilizaban gran cantidad de ganado —caballos esencialmente—, para su movilidad logística[65].

---

65 Con fecha 1 de marzo de 1944, los estadillos de personal y ganado daban un total de 197 946 efectivos para el 7.º Ejército, y 33 739 caballos; y para el 15.º Ejército, 312 604 efectivos y 33 162 caballos. La mecanización de la Wehrmacht era un mito.

En cualquier caso, en la primavera de 1944, Rommel tenía bajo su mando, en el conjunto de todo el Grupo de Ejércitos B, nada menos que 24 divisiones de infantería y cinco divisiones de campaña de la Luftwaffe, con más de medio millón de efectivos. Era una fuerza mucho mayor que la que había mandado en cualquier momento anterior: en Francia en 1940, en África en 1942 o en Italia en 1943; aunque el desembarco aliado va a caer con toda su potencia solamente sobre tres de esas divisiones, como se ha expuesto. Por otra parte, entre todas esas fuerzas, su gran desventaja es que, de momento, no cuenta en realidad con ninguna unidad acorazada.

Independientemente, la ofensiva aliada iba a estar revestida de una audacia estratégica considerable. Los desembarcos anfibios llevados a cabo con anterioridad por los Aliados no habían sido menos agresivos, difíciles o con menos peligro, pero, en el fondo, habían sido operaciones llevadas a cabo por el mando angloamericano contra fuerzas no preparadas, no bien abastecidas, aisladas o incluso en retirada. En el norte de África, los Aliados se enfrentaron con fuerzas no motivadas del Gobierno marioneta francés de Vichy, para llegar costosamente a la aniquilación final del ejército ítalo-alemán de Rommel en Túnez. En Sicilia, con la operación Husky, tras una mal coordinada operación anfibia y de desembarco aéreo, los Aliados experimentaron la complejidad de transportar sus fuerzas desde el mar y desde el aire a tierra, enfrentándose a un enemigo que, aunque debilitado, oponía seria resistencia, sobre todo cuando la acción se trasladó ya a la misma Italia. Sin embargo, este enemigo estaba constituido por las fuerzas de dos países: Alemania e Italia, que acabarían enemistándose y separándose, negando la efectividad de cualquier defensa.

Francia es diferente, aunque el resultado final no era cuestionable, y de alguna forma, al margen de los errores cometidos en el norte de África, en Sicilia y en Italia, la estrategia aliada era imparable. La apertura de un segundo frente en Europa, sin embargo, iba a tener lugar en suelo ocupado por fuerzas alemanas, aunque fuera en Francia, en Holanda o en Noruega, y a pesar de las exageraciones de Hitler acerca de la llamada «fortaleza Europa» (*Festung Europa*) y el impenetrable Muro del Atlántico, una vez que Rommel se hizo cargo del mando del Grupo de Ejércitos B, la defensa mejoró drásticamente y significó que el desembarco no iba a ser exactamente un paseo. Con su energía característica, Rommel logró revitalizar unidades que se encontraban prácticamente desmoralizadas y sin motivación; hizo posible la construcción de innumerables fortificaciones, la colocación de miles de obstáculos y de millones de minas, muchas de ellas maliciosamente colocadas de modo que estuvieran sumergidas con la marea alta. Y, aunque no tuvo mucho éxito en este aspecto, promovió la idea de que se pudiera reforzar la zona amenazada con fuerzas de otros sectores y con unidades acorazadas (Panzer) desplegadas no más allá de Calais.

Se deben resaltar cuatro aspectos en la valoración del enemigo que el mando alemán hacía, de los que tanto Rommel como von Rundstedt eran conscientes, y también lo era el OKW:

— Absoluta superioridad aérea aliada.

— Eficaz empleo de tropas paracaidistas y aerotransportadas por parte aliada.

— Coordinación flexible y bien dirigida de los fuegos de apoyo de la artillería naval aliada en beneficio de las fuerzas de desembarco.

— Instrucción muy bien llevada a cabo, con desembarcos anfibios y gran experiencia acumulada tras todas las operaciones llevadas hasta el momento en el Mediterráneo por los Aliados.

A pesar de todas estas consideraciones tácticas y operativas, y del conocimiento que demostraba saberlo, Normandía iba a resultar un fracaso tanto político como militar para Alemania. Si Rommel hubiera conseguido rechazar el desembarco aliado, las posibilidades de que el mando angloamericano lo hubiera vuelto a intentar en un plazo razonable de un año o dos más hubieran sido mínimas y, con toda probabilidad, muy desfavorables. Es probable que el Tercer Reich hubiera tenido tiempo incluso de desarrollar sus nuevas armas (aviones a reacción, misiles y cohetes de largo alcance, submarinos, etc.) y hasta el arma nuclear. El desastre para el mundo libre hubiera sido absoluto, pero, afortunadamente, nada de eso sucedió.

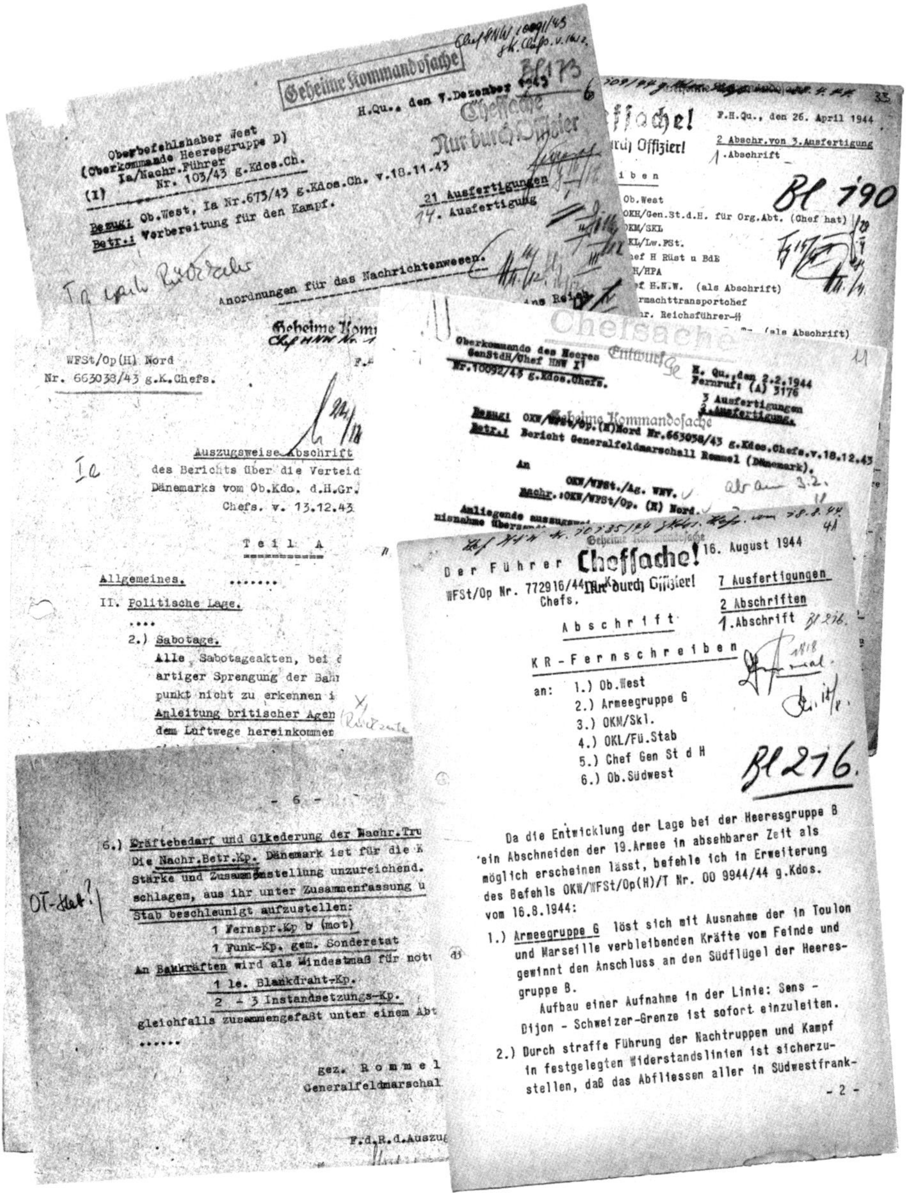
Geheime Kommandosache
H.Qu., den 7.Dezember 1943
Chefsache
Nur durch Offizier
Oberbefehlshaber West
(Oberkommando Heeresgruppe D)
Ia/Nachr.Führer
(I) Nr. 103/43 g.Kdos.Ch.
21 Ausfertigungen
14. Ausfertigung
Bezug: Ob.West, Ia Nr.673/43 g.Kdos.Ch. v.18.11.43
Betr.: Vorbereitung für den Kampf.
Anordnungen für das Nachrichtenwesen.

Chefsache!
Nur durch Offizier!
F.H.Qu., den 26. April 1944
2 Abschr.von 3.Ausfertigung
1.Abschrift
Ob.West
OKH/Gen.St.d.H. für Org.Abt. (Chef hat)
Bl 190

WFSt/Op(H) Nord
Nr. 663038/43 g.K.Chefs.
Auszugsweise Abschrift
des Berichts über die Verteid
Dänemarks vom Ob.Kdo. d.H.Gr.
Chefs. v. 13.12.43
Teil A
Allgemeines. ......
II. Politische Lage.
....
2.) Sabotage.
Alle Sabotageakten, bei
artiger Sprengung der Bahn
punkt nicht zu erkennen i
Anleitung britischer Agen
dem Luftwege hereinkommen

Oberkommando des Heeres
GenStdH/Chef HNW I
Nr.10092/43 g.Kdos.Chefs.
H. Qu., den 2.2.1944
Fernruf: (A) 3176
3 Ausfertigungen
3.Ausfertigung
Bezug: OKW/WFSt/Op.(H)Nord Nr.663038/43 g.Kdos.Chefs.v.18.12.43
Betr.: Bericht Generalfeldmarschall Rommel (Dänemark).
An
OKW/WFSt./Ag. WNV.
Nachr.: OKW/WFSt/Op. (H) Nord.
Anliegende auszugsweise ...

- 6 -
6.) Kräftebedarf und Gliederung der Nachr.Tru
Die Nachr.Betr.Kp. Dänemark ist für die K
Stärke und Zusammenstellung unzureichend.
schlagen, aus ihr unter Zusammenfassung u
Stab beschleunigt aufzustellen:
1 Fernspr.Kp b (mot)
1 Funk-Kp. gem. Sonderetat
An Baukräften wird als Mindestmaß für not
1 le. Blankdraht-Kp.
2 - 3 Instandsetzungs-Kp.
gleichfalls zusammengefaßt unter einem Abt
......
gez. Rommel
Generalfeldmarschal
F.d.R.d.Auszug

Der Führer
WFSt/Op Nr. 772916/44 g.K. Chefs.
Chefsache!
Nur durch Offizier!
16. August 1944
7 Ausfertigungen
2 Abschriften
1.Abschrift
Abschrift
KR-Fernschreiben
an: 1.) Ob.West
2.) Armeegruppe G
3.) OKM/Skl.
4.) OKL/Fü.Stab
5.) Chef Gen St d H
6.) Ob.Südwest
Bl 276.
Da die Entwicklung der Lage bei der Heeresgruppe B ein Abschneiden der 19.Armee in absehbarer Zeit als möglich erscheinen lässt, befehle ich in Erweiterung des Befehls OKW/WFSt/Op(H)/T Nr. 00 9944/44 g.Kdos. vom 16.8.1944:
1.) Armeegruppe G löst sich mit Ausnahme der in Toulon und Marseille verbleibenden Kräfte vom Feinde und gewinnt den Anschluss an den Südflügel der Heeresgruppe B.
Aufbau einer Aufnahme in der Linie: Sens - Dijon - Schweizer-Grenze ist sofort einzuleiten.
2.) Durch straffe Führung der Nachtruppen und Kampf in festgelegten Widerstandslinien ist sicherzustellen, daß das Abfliessen aller in Südwestfrank-
- 2 -

Algunos documentos internos de la inteligencia alemana: «Órdenes para el Servicio de Inteligencia» —calificadas como «de alto secreto» (*Geheime Kommandosache*)— del OB West el 7/12/1943; informe de Rommel el 18/12/1943 sobre la preparación de la defensa de Dinamarca (con noticias de sabotajes efectuados por daneses al servicio de agentes británicos) y consideraciones del OKH al respecto el 02/02/1944; notas del Dpto. de Operaciones del OKH (Wehrmachtführungsstab, WFSt/Op) el 26/04/1944; y directrices del Führer «como una extensión del mando del OKW/WFSt/Op(H)/T» en el transcurso mismo de la batalla de Normandía (21/07/1944), «dado que el desarrollo de la situación en el Grupo de Ejércitos B hace que parezca posible que el 19.º Ejército actúe en un futuro próximo» [BArch RH 6/6, *Chefsachen*].

8. LAS TRIBULACIONES DE LOS SERVICIOS DE INTELIGENCIA ALEMANES: ENTRE IGNORANCIA Y CONFUSIÓN

«En tiempo de guerra, la verdad es tan preciada que hay que protegerla siempre mediante todo un cuerpo de guardia completo de mentiras».
Sir Winston Churchill, Conferencia de Teherán, 30 de noviembre de 1943

«Lo que es o no es posible importa menos que lo que el enemigo cree que es posible».
Barry D. Hunt, «Introducción» a la obra del coronel Roger F. Hesketh *An Eyewitness Report of the Fortitude Deception*[66].

«Si se dan cuatro alternativas abiertas para que el enemigo pueda escoger, escogerá la quinta»
Helmuth von Moltke el Viejo

Desde el punto de vista alemán, la invasión de Normandía el 6 de junio de 1944 constituyó una sorpresa total, tanto estratégica como táctica[67]. Cualquier experto en temas de inteligencia estaría de acuerdo en afirmar que toda información correcta que se recibe con oportunidad, sea creída o no, se admita o no, y se actúe en el sentido que sea en lo que a ello se refiere, es mejor que la caren-

---

66 El teniente coronel Roger Hesketh, del Ejército británico, fue uno de los artífices de la operación Fortitude, el plan de engaño concebido para ocultar el desembarco en Normandía.

67 Michael I. Handel, «Intelligence and Deception», *Journal of Strategic Studies* 5 (marzo de 1982).

cia o ausencia de información. El análisis correcto y oportuno en el tiempo de la información que los servicios de inteligencia obtienen es necesario, pero no suficiente para garantizar el éxito en el conocimiento de las intenciones del adversario. La fase más crítica en ese proceso, sin embargo, reside en persuadir a las autoridades político-militares de actuar con oportunidad utilizando la información que se les ha proporcionado.

Algunos historiadores han calificado el fracaso de los servicios de inteligencia alemanes en Normandía como uno los errores de más importancia en la historia militar mundial y prueba de una incompetencia máxima. Sin embargo, nunca una nación había estado esperando una invasión con más expectación. En abril de 1944, Radio Berlín anunció al pueblo alemán que la invasión de Francia podría tener lugar «en cualquier momento y en cualquier lugar»[68].

En el caso que nos ocupa, el problema fue el propio Hitler, para quien la inteligencia no era importante, excepto a nivel táctico o como un instrumento de contrainteligencia. La información no era utilizada en el Tercer Reich como una herramienta para definir ni la política ni la estrategia que seguir. Los aciertos iniciales que el Führer tuvo, en contra del parecer de los altos mandos militares y del asesoramiento de sus diplomáticos, le convencieron de que su intuición era infalible y de que ese era el método para definir la estrategia que seguir. El Führer no necesitaba, desde su propia óptica, ninguna inteligencia estratégica. Creía saber perfectamente el resultado de sus decisiones y no necesitaba valoraciones de inteligencia, sobre todo si no coincidían con sus pensamientos.

La actitud de Hitler hacia la función de inteligencia era, cuando menos, ambivalente. Si no coincidía con sus deseos, era muy probable que se rechazase por derrotista; a veces, según el general Warlimont, cuanto más clara era la información que se recibía, más probabilidades había de que Hitler la rechazase. Baste citar, como prueba de ese desinterés, que el coronel Alexis von Roenne, jefe del Departamento de Información sobre Ejércitos Occidentales del Abwehr (OKH/Fremde Heeres West), visitaba el cuartel general de Hitler, allá donde estuviera, un máximo de dos o tres veces al mes y nunca hablaba con el general Jodl más de diez minutos.

68 Revista *Time*, 1 de mayo de 1944.

El propio Hitler nunca recibió a von Roenne[69]. Una cosa es tener buena información y otra muy distinta es comprender su significado y saber utilizarla en la conducción de las operaciones. Rommel, al contrario de Hitler, sí sabía utilizar bien la información táctica, cuando estaba disponible, pero, en diciembre de 1943, en Francia, descubrió que había muy poca información útil disponible.

A veces sucede que es necesario preparar una estimación de aquello que no se sabe, con objeto de anticiparnos a la acción del adversario antes incluso de que este llegue a planificarla. Esta necesidad surge, sobre todo, cuando el que tiene que tomar una decisión necesita preparar un plan de contingencia para contrarrestar aquello que cree que puede ocurrir. El mando alemán reconocía claramente que sus estimaciones sobre una futura invasión del noroeste de Europa estaban más adelantadas a lo que era realmente el plan aliado de decisión entonces y, para resolver el problema, los analistas alemanes intentaban ver Europa como creían que el mando aliado la veía, y lógicamente trataban de desarrollar el plan que pensaban que, en su momento, los Aliados llegarían a ejecutar. Una vez que se consideraron todas las ventajas y desventajas de las diferentes zonas, los alemanes establecieron que la zona más conveniente para una invasión era la región del paso de Calais, en Francia. Curiosamente, hasta mediados de 1943, los planes aliados también consideraban el mismo sector[70] como más idóneo para la invasión[71].

En cuanto el mando alemán llegó a la conclusión lógica de que el esfuerzo principal aliado (*Schwerpunkt*) tendría lugar en el paso de Calais, se comenzó a preparar la defensa de acuerdo con este planteamiento, empezando por fortificar los puertos. Fue precisamente en este momento cuando las expectaciones entraron en conflicto con las percepciones y, habiendo llegado a la conclusión de que la invasión tendría lugar en Calais, ya se ignoraban o interpre-

69 John P. Campbell, «D Day 1943: The Limits of Strategic Deception», *Canadian Journal of History*, 12(2) (1977).

70 En realidad, no era un trabajo muy meritorio ya que, en 1940, cuando los alemanes desarrollaron la «operación León Marino» para invadir Inglaterra, también pensaban salir de Calais como la ruta más corta para cruzar el canal de la Mancha.

71 Según C. O. (R) 25, julio de 1943, «Rattle», *Records* de la Conferencia de Casablanca, reunión en el M. S. «Warren», 28 de junio a 2 de julio, para estudiar los problemas técnicos de la «operación Overlord».

taban erróneamente advertencias o indicios referentes a otros sectores, aunque avisaran de movimientos a gran escala que pudieran presagiar una gran operación. Todo ello, dado que las expectativas parecían tener toda la lógica posible y además eran el resultado de un cuidadoso estudio, llevaba a que el mando alemán estuviese persuadido por completo de que estaba en lo cierto[72].

Con la finalidad de configurarse a sí mismos como si fueran el adversario, los analistas alemanes debieron asumir ciertos aspectos de ejecución relativos a la naturaleza de las operaciones anfibias aliadas, pero, careciendo por completo de información sobre la doctrina, procedimientos, capacidades y técnicas que los Aliados empleaban, consideraron que lo harían como ellos mismos —la Wehrmacht— lo resolverían. El problema estaba en que la única experiencia alemana al respecto había sido la fallida «operación León Marino», de desembarco en Inglaterra, en 1940, y eso no era un buen ejemplo.

En la guerra todas las operaciones suponen un riesgo, pero algunas opciones conllevan más riesgo que otras. La decisión aliada de llevar a cabo el desembarco en Francia el 6 de junio de 1944 fue muy arriesgada, pero, como el mando alemán —excepto algunos oficiales— consideraba que las condiciones meteorológicas lo hacían inviable, ello disminuía el nivel de riesgo dado que no existía ningún nivel de alerta establecido, por mucho que existieran indicios de que se debería haber declarado una alerta máxima. Cuanto mayor es el riesgo, es menos probable que algo se lleve a cabo y, por lo tanto, el riesgo disminuye. De alguna manera, cuanto mayor es el riesgo, a su vez es menor.

En la primavera de 1944, las fuerzas alemanas estaban totalmente superadas por la extensión de los frentes que debían cubrir. No existía una reserva estratégica y las necesidades en otros frentes habían debilitado las fuerzas disponibles en el Oeste, hasta el punto de que la única zona en donde había cierta fortaleza y capacidad de defensa era, obviamente, el paso de Calais, en Francia. Los otros sectores solamente podían hacer frente a operaciones enemigas de

72 *Records* del Cuartel General Aliado en Europa (SHAEF), grupo 331, archivo 337/16, «Análisis del error en el proceso de estimaciones alemán» (*Understanding failure in the estimative process*), 1944.

entidad y esfuerzo limitados. Si se consideraba cualquier otra alternativa, habría que reforzar considerablemente la nueva zona amenazada, y ello solamente podría ocurrir sacando fuerzas de otros sectores y zonas, que quedarían, en consecuencia, debilitados a su vez. A menudo sucede que la función de inteligencia se transforma en la voz de la conciencia de un Estado Mayor y ello provoca que lo que se desea que ocurra resulte en una especie de pecado original de aquellos que tienen el poder de decidir. Naturalmente, rara vez coincidían los deseos con los hechos. La historiadora norteamericana Roberta Wohlstetter[73] decía que «se daba un alto grado de evidencia, a veces cuantitativa, de que en situaciones de incertidumbre se tendía a predecir los acontecimientos que se quería que ocurriesen en la forma que se deseaba que sucediesen. El deseo de que los hechos sucediesen como se consideraba que debían suceder en condiciones de incertidumbre resultaba natural y difícil de evitar».

El mando alemán fue incapaz de obtener la información definitiva, necesaria y adecuada que le habría permitido darse cuenta de la gravedad e inminencia de la invasión en Normandía. Los analistas alemanes se mostraban autosuficientes, arrogantes y convencidos de saberlo todo. La mente humana tiende a eliminar la incertidumbre y los alemanes no solo estaban convencidos de saber mucho más de lo que sabían en realidad, sino que pensaban que lo que no sabían no podía ser importante. Las lagunas que los servicios de inteligencia alemanes presentaban en la obtención de información eran muchas. Para darnos idea de ello basta analizar tres modos básicos de obtención de información en operaciones: información meteorológica, reconocimiento naval y reconocimiento aéreo; si el mando alemán hubiera podido obtener información útil en esos tres campos, no hay duda de que habría poseído la inteligencia necesaria para poner en estado de alerta a las fuerzas que defendían la costa del Canal durante la noche del 5 de junio de 1944.

73 Roberta Wohlstetter fue una historiadora americana, especializada en historia militar, miembro del instituto RAND y asesora de varios Gobiernos norteamericanos. En su obra *Pearl Harbor: Warning and Decision* expuso cómo el mando americano ignoró todas las advertencias que se recibían sobre la inminencia de un ataque japonés, justificándolo solo por el hecho de considerar que los mismos japoneses eran conscientes de que nunca podrían ganar una guerra contra Estados Unidos.

Hamburgo, 1939-1945. En las oficinas del Servicio Secreto de Radiocomunicaciones del Amt Ausland/Abwehr/OKW, un soldado alemán realiza labores de inteligencia con una estación transmisora Vorwerk [Bundesarchiv, Bild 146-2005-0157 / CC-BY-SA 3.0].

Los servicios meteorológicos alemanes —en manos de la Luftwaffe sobre todo— no fueron capaces de detectar un cambio climático que se avecinaba, dado que las estaciones de que disponían en la costa de Groenlandia no estuvieron operativas durante junio de 1944[74] y los aviones de reconocimiento meteorológico que operaban desde Noruega no tenían radio de acción suficiente, ni tampoco había submarinos posicionados que pudieran detectar el frente de altas presiones que se aproximaba; de lo contrario, se podría haber decidido establecer un estado de alerta superior.

74 Los alemanes disponían de cuatro estaciones meteorológicas en Groenlandia desde agosto de 1942. Entre 1943 y 1944, las estaciones fueron destruidas por fuerzas norteamericanas.

En abril de 1944, la Luftwaffe, sin embargo, había podido obtener una visión general de los puertos y bases aéreas en Gran Bretaña, desde Escocia hasta el Canal y el estuario del Támesis, y no se encontró ninguna evidencia de concentración de medios navales ni aéreos en las costas de Escocia, ni tampoco se obtuvo confirmación de ningún tipo —por parte de los diferentes agentes de que disponía el Abwehr— de posibles operaciones de desembarco en la zona de Noruega, a pesar de lo cual se seguían manteniendo considerables fuerzas en la región escandinava. En el estuario del Támesis, que se fotografió dos veces desde el aire, tampoco se halló ningún signo de preparación de operaciones anfibias.

En el sector entre Portsmouth y Southampton, la situación era totalmente diferente, y así, en la zona de Spithead Reede, el 24 de abril, mediante observación visual, se contabilizaron 264 barcos mercantes de la clase Liberty, posiblemente preparados para transportar carros de combate, y fotografías de ambos puertos revelaron una cierta cantidad de lanchas de desembarco y otros tipos de embarcaciones que, sin duda, mostraban preparativos para una invasión. En total se contabilizaron dos acorazados, seis cruceros, trece destructores y barcos de escolta, tres submarinos, once dragaminas, tres transportes de carros de combate, más de quinientas lanchas de desembarco, quince transportes de unas 128 000 toneladas, otros quince cargueros de alrededor de 20 000 toneladas, y cerca de 300 embarcaciones de otros tipos. El mando alemán estimó que todo ello permitiría acumular una fuerza de invasión de unas tres divisiones. La concentración de medios encontrada en Spithead Reede fue la que más llamó la atención ya que recordaba la preparación del raid de Dieppe en 1942.

Por todo ello, la actividad del reconocimiento aéreo se centró en la zona de Portsmouth/Southampton, que, por sí sola, mostraba la capacidad acumulada ya para transportar más de dos divisiones. El 27 de abril, en el sector de Falmouth, se identificaron 10 buques de transporte para carros de combate y unas 90 lanchas de desembarco, que posibilitaban transportar una división completa adicional.

La actividad meteorológica de la Luftwaffe fue nula durante los días 4 y 5 de junio y no hubo ningún vuelo esos días. El 5 de junio se llevaron a cabo cinco vuelos de reconocimiento aéreo convencional sobre los puertos del sudeste de Inglaterra y ninguno informó de actividades no habituales. Al no sobrevolar los puertos más al Oeste se perdió la oportunidad de dar la alarma sobre la invasión. Durante los meses de abril y mayo de 1944, la Luftwaffe había realizado cerca de 120 misiones de reconocimiento sobre Gran Bretaña, pero lo que vieron y fotografiaron carecía de valor. El 24 de mayo se llevaron a cabo reconocimientos sobre Dover, Folkestone y el estuario del Támesis; ¡fue el último vuelo hasta el 7 de junio! En ningún momento obtuvo la Luftwaffe información sobre los 14 puertos donde se estaba procediendo a la carga y disposición de los cientos de barcos que componían la flota de invasión[75]. Hay evidencia, no obstante, de que, en la madrugada del 5 al 6 de junio, al menos un avión de reconocimiento alemán Focke Wulf 190, perteneciente al grupo aéreo Schnellkampfgeschwader 10 (SKG 10), por el momento ubicado en el aeródromo de Saint-André-de-l'Eure, cerca de Evreux en la Alta Normandía —en vuelo a baja cota—, avistó la flota de invasión aliada y transmitió la información, sin que, al parecer, tuviera ningún efecto[76]. El aviso, en cualquier caso, llegaba tarde ya.

Las críticas relativas a la incapacidad de la Luftwaffe sobre el reconocimiento aéreo visual y fotográfico fueron numerosas, pero no produjeron ningún resultado. Resulta interesante, sin embargo, que tanto von Rundstedt como Rommel consideraran los escasos resultados obtenidos el 24 de mayo como de gran importancia. Ambos mariscales estaban convencidos de que Calais era el principal objetivo y esperaban recibir informes detallando el incremento de actividad naval y logística aliada en los puertos del sudeste de la costa de Kent. La ausencia de estos informes los convenció de que la invasión no era inminente[77]. Una vez más, era lo que querían oír.

Quizás peor que la incapacidad de recoger información por los

---

75 Chester Wilmot, en su obra *Struggle for Europe*, Konecky & Konecky, 2005.

76 Declaración del capitán de la Luftwaffe Helmut Eberspächer, piloto de un avión de reconocimiento armado Focke Wulf Fw 190, recogida por el periódico alemán *Die Welt* posteriormente, informando de que sobre las 05:00 del 6 de junio avistó la flota de invasión. Eberspächer y su compañero llegaron a derribar incluso cuatro bombarderos británicos Lancaster, cuyos restos fueron descubiertos en 2012.

77 Almirante Friedrich Ruge, «The Invasion of Normandy», en H. A. Jacobsen y J. Rohwar (eds.), *Decisive Battles of World War II: The German View*, Nueva York, G. P. Putnam's Sons, 1965.

métodos citados fue el fallo de obtención de lo que en los tiempos actuales se denomina como HUMINT (*human intelligence*), y que no era ni más ni menos que el espionaje clásico: la labor callada de agentes secretos operando en interior del territorio enemigo. En 1943-1944, Alemania no disponía, ni en Gran Bretaña ni en Estados Unidos, de un solo agente que informase sobre los planes aliados y los agentes que creía tener en realidad eran agentes dobles que trabajaban para los Aliados. Los informes que estos emitían reforzaban la atención alemana sobre el paso de Calais. Todo era el resultado de una ingente operación —operación Bodyguard—, iniciada ya en 1943, cuyo objetivo era confundir al mando alemán y llevarlo a estimar erróneamente la situación. A ello hay que añadir que, a comienzos de 1944, los alemanes buscaban ansiosamente información que corroborase sus hipótesis ya establecidas y no novedades que les forzaran a cambiar sus planteamientos. Muchos informes apuntaban en esa dirección de lo ya establecido y, por lo tanto, consideraban que confirmaban sus estimaciones. Era un completo disparate y dice muy poco sobre la tradicional eficacia alemana. Sin temor a incurrir en un error se puede afirmar que el fracaso de los servicios de inteligencia del Tercer Reich fue total.

Pero hay que advertir que, antes, durante y después del desembarco, la resistencia francesa tuvo un papel importante y decisivo en las operaciones de sabotaje. Días antes del desembarco la Resistencia había recibido órdenes de escuchar la BBC en determinados días —1, 2, 15 y 16 de cada mes—; centenares y centenares de mensajes instruyen a los diversos grupos: «Mañana la melaza dará coñac», «La flecha se inca en el acero», «Sabina ha cogido paperas», «Juan tiene largo el bigote», «La guerra de Troya no dará lugar», etc. El almirante Canaris, jefe del Abwehr, notificó al OKW durante el mes de enero de 1944 que, durante los meses anteriores al Día D, los Aliados transmitirían centenares de frases deliberadamente redactadas para confundir a los servicios de escucha alemanes. Pero el primero o el quince del mes escogido para la invasión se recitaría el primer verso de la *Chanson d'automne* de Paul Verlaine, y veinticuatro horas antes de la invasión, el segundo verso:

Les sanglots longs des violons de l'automne
blessent mon cœur d'une langueur monotone.

Tan pronto como el Cuartel General del 15.º Ejército escuchó la segunda estrofa de Verlaine lo comunicó al comandante general, a los gobernadores militares de Bélgica y Francia, al Grupo de Ejércitos B, al mando supremo en Francia (OB West) y al Cuartel General del Führer (OKW). Eran las 22:15 del día 5 de junio. El OKW desconfiaba ya de los informes del Abwehr, según la opinión más generalizada, pero en el diario de guerra del 15.º Ejército se recogieron los informes de los mensajes interceptados. El teniente coronel Helmuth Meyer, jefe de la sección de Información, dio parte inmediatamente al general Hofmann, jefe del Estado Mayor del 15.º Ejército, quien se lo transmitió a su comandante en jefe, el general von Salmuth, quien no le dio ninguna importancia y siguió manteniendo una partida de cartas con un grupo de oficiales de su Estado Mayor. Von Salmuth tampoco quería saber que la invasión era inminente.

Maquiavelo decía que la historia demuestra que ningún grave suceso ha tenido nunca lugar sin que alguien haya avisado o advertido de ello[78]. En Normandía fue el general Erich Marcks quien representó el papel del «profeta de Maquiavelo», sin que nadie le escuchara. A pesar de que los alemanes disponían de una amplia capacidad para obtener información y analizarla, la Wehrmacht fue incapaz de determinar los elementos clave de la «operación Overlord» y de discernir el momento y el lugar de los desembarcos.

En varias ocasiones, entre 1943 y 1944, los servicios alemanes llegaron a creer que la invasión podría tener lugar en los Balcanes, en Italia, en el sur de Francia, en España o en Portugal, o a lo largo del golfo de Vizcaya en la costa francesa, en Bretaña, en la península de Cotentin, en la misma Normandía y en Calais, e incluso en Bélgica, en Holanda, en el Skagerrak o en Noruega. Demasiados lugares para considerar. La confusión era absoluta.

Llegados a este punto, es procedente hacer una recapitulación de las consideraciones que desde el punto de vista de la inteligencia alemana se hacían sobre la invasión:

— ¿CÓMO? El convencimiento era absoluto en cuanto a que los Aliados llevarían a cabo un desembarco principal, en 1944, acompañado de varios otros ataques en diferentes lugares a

78 Niccolò Machiavelli, *Discorsi* (1531).

la vez, de forma similar a la invasión de Italia, en Salerno y Calabria, en 1943. Las expectativas del mando alemán eran las de que los Aliados desembarcarían con marea alta para tener un corto recorrido en la playa bajo el fuego, pero desembarcaron con marea baja y, de ese modo, todos los obstáculos y minas quedaron al descubierto y fueron evitados. Las defensas de la playa fueron prácticamente neutralizadas por el fuego de la artillería naval aliada.

— ¿DÓNDE? Hitler personalmente opinaba que un ataque de distracción tendría lugar en Normandía y otro en Bretaña, pero que el esfuerzo principal sería en el paso de Calais. Esta opinión fue compartida en el seno del OKW, así como por los mariscales von Rundstedt y Rommel, y en torno a ella se articuló la defensa alemana. Esto era, en parte, consecuencia de las estimaciones de fuerzas hechas por el coronel von Roenne.

— ¿CUÁNDO? Inicialmente se pensó que los desembarcos podrían comenzar a partir del 18 de mayo de 1944, coincidiendo con las mareas altas al amanecer. Cuando no ocurrió así, el pensamiento se orientó a que se llevarían a cabo a partir de mediados de junio, o incluso julio, a lo que había que añadir que el tiempo empeoró considerablemente hacia el 3 de junio. Cuando cierta mejoría del tiempo indicó que un ataque podría ser posible entre el 5 y el 8 de junio, este hecho se ignoró y únicamente el sector del 15.º Ejército en el paso de Calais fue puesto en estado de alerta. Rommel decidió, incluso, ausentarse de su puesto e ir a visitar a su esposa.

El almirante Canaris dividió el servicio de inteligencia militar, oficialmente Abwehrabteilung («Dpto. de Defensa») y desde 1939 Amt Ausland/Abwehr («Dpto. de Asuntos Exteriores/Defensa») en tres: I (espionaje), II (sabotaje) y III (contrainteligencia). En imagen, un sello del Abwehrabteilung III, junto con el habitual aviso *Geheim* («Secreto») [BArch RW 5/189].

Estimación de las fuerzas del adversario

En principio, debido sobre todo a las estimaciones del Abwehr (coronel von Roenne), que eran exageradas a propósito como se ha expuesto, en el Estado Mayor de Rommel se pensaba que los Aliados contaban con 65 divisiones ya disponibles en Gran Bretaña cuando en realidad solo había 35 y, de ellas, tan solo 29 estaban asignadas a la «operación Overlord». En el Estado Mayor de la Kriegsmarine (OKM) se calculaba que los Aliados podrían llegar a desembarcar simultáneamente con 25 divisiones en todo un frente. Sin embargo, en el OKW la estimación era que podrían efectuar un desembarco a gran escala con una fuerza de entre 15 y 20 divisiones seguido de otras acciones de distracción en otros puntos[79]. Este galimatías llevó a inmovilizar todas las fuerzas que estaban en Calais y Bretaña cuando se produjo la acción en Normandía, convencidos como estaban de que se producirían otros desembarcos. El error era mayúsculo y se persistió en él hasta una fecha tan tardía como el 8 de julio[80]; no se autorizó el traslado de algunas divisiones hacia el frente real de combate hasta el 25 de julio, cuando era ya muy tarde[81].

Los errores de las estimaciones alemanas hay que atribuirlos a la valoración equivocada que se hacía de los muchos indicios que llegaban al mando alemán y que advertían de graves peligros en otras zonas y no precisamente en Normandía, pero la desclasificación relativamente reciente de muchos documentos, y en especial de los relativos a la «operación Fortitude», a las actividades de la «operación Double-Cross» y a las interceptaciones de las comunicaciones cifradas alemanas mediante el sistema ULTRA/MAGIC,

79 Cuando comenzó el desembarco, el 6 de junio, se produjo bastante confusión entre el mando alemán, pero hacia el mediodía el Führer decidió que Normandía era el ataque de distracción que él habia pronosticado y avisó de que un segundo ataque tendría lugar en Bretaña y el esfuerzo principal tendría lugar en el paso de Calais. El almirante Doenitz descartó Bretaña, pero el Führer insistió en ello [General Walter Warlimont, *Inside Hitler's Headquarters 1939-45*, Nueva York, Frederick A. Praeger, Inc. (1976).

80 Lionel Frederic Ellis, *Victory in the West: The Battle for Normandy*, Londres, Her Majesty's Stationery Office (1962).

81 Jock Haswell, *D-Day: Intelligence and Deception*, Nueva York, Times Books (1979).

revelan que el fracaso de la inteligencia alemana fue total y absoluto y afectó a todas las ramas del Gobierno y de las fuerzas armadas alemanas.

El análisis correcto y oportuno de la información que los servicios de inteligencia obtienen, como se ha señalado, es necesario, pero muchas veces no es suficiente. La condición esencial para que el proceso de adquisición de inteligencia tenga éxito es que logre persuadir al liderazgo político-militar de hacer uso oportuno de la información brindada. La esencia de la buena inteligencia radica en su oportunidad y veracidad. Los alemanes nunca lograron hacerlo[82].

Una de las causas principales del fallo de la inteligencia en toda la operación de la invasión de Francia radicó en el factor humano. La evidencia de que los seres humanos se equivoquen con frecuencia e incluso diariamente se aprovechó bien por los Aliados. En el caso que nos ocupa, se debe considerar a todos aquellos implicados en el proceso de análisis y en la estructura de mando, cuya idiosincrasia y personalidad resultaron esenciales. En 1944, en Alemania, la persona clave era el propio Hitler, que en su función primordial como Führer era a la vez el jefe de inteligencia, analista y responsable de la toma de decisiones. Las siguientes personalidades, en un papel secundario, fueron los mariscales Rommel y von Rundstedt, el general Jodl en el OKW, el general Walter Schellenberg en los servicios de inteligencia de las SS, RSHA/SD[83], y Martin Bormann en el Cuartel General del Führer.

La toma de decisiones basadas en la información y en la ejecución del poder depende mucho de la actitud y mentalidad del líder y de su disposición a tolerar críticas, especialmente cuando las noticias que se reciben no son buenas. Esta consideración es esencial para comprender la toma de decisiones por Hitler. La prevalencia de una ideología restringe la apertura y predisposición a considerar la variedad, la crítica y la presentación de ideas contradictorias. Los li-

82 Michael I. Handel, «Strategic Surprise: Politics of Intelligence and the Management of Uncertainty», en *Intelligence: Policy and Process*, Boulder, Colorado, Westview (1985).

83 Cuando el Abwehr fue disuelto en 1944, los servicios de seguridad de las SS (SD) tomaron el control de la inteligencia y la obtención de información; fue nombrado director de estos, con el nuevo nombre de Reichssicherheitshauptamt/Sicherheitsdienst (RHSA/SD), el *Brigadeführer* SS Walter Schellenberg, que sustituyó al almirante Canaris.

deres autoritarios normalmente demuestran poca tolerancia a considerar ideas que se desvíen de lo que es la «línea del partido», ya que ven esas ideas como una crítica personal y algo peligroso que socava la ideología establecida. Y ello explica la actitud del Führer.

Hitler se había creado para sí un mundo personalizado que excluía todo aquello que le parecía nocivo para la salud de Alemania, especialmente las noticias negativas que llegaban del frente de batalla, y se negaba a leer cualquier informe que pudiera ir en contra de su pensamiento. La tarea de su personal en el Cuartel General era la de seguir manteniéndole en ese mundo[84]. Martin Bormann, como secretario personal, era el principal responsable de mantener al Führer en su sueño.

Cuando el RSHA/SD sustituyó al Abwehr, la principal preocupación de Schellenberg era la de hacer llegar a Hitler aquellas noticias que apuntaban en la línea de su pensamiento y no eran contradictorias, en lugar de decirle la verdad. El resultado era que Hitler vivía en un mundo ficticio y tomaba sus decisiones sin consultar con nadie de su Estado Mayor Militar. Por ello, fue sorprendente que en diciembre de 1943 el mariscal Rommel se atreviese a denunciar la realidad del Muro del Atlántico y el concepto de la «fortaleza Europa» como algo irrisorio[85], y ello motivó que Hitler encargase otro informe al general Jodl. Hitler dejaría de adquirir y evaluar cualquier evidencia que se le presentase; creía que era el líder de un movimiento histórico irreversible y todo su juicio se basaba en esa creencia.

A Hitler no le gustaban los informes de inteligencia y los consideraba como parte de las estratagemas del adversario para hacerle creer algo distinto de la realidad. Según el general Warlimont, todo informe de inteligencia que no coincidiese con su intuición corría el riesgo de ser calificado como derrotista y, cuanto más claro y objetivo fuera el informe, más inclinado se sentía Hitler a no creerlo.[86]

---

84 Alan Bullock, *Hitler: A Study in Tyranny*, Nueva York, Perennial Library, Harper & Row (1964, 1971).

85 Samuel W. Mitcham, Jr., *Rommel's Last Battle: The Desert Fox and the Normandy Campaign*, Nueva York: Stein and Day (1983).

86 John P. Campbell, «D Day 1943: The Limits of Strategic Deception», *Canadian Journal of History*, 12(2) (1977).

Algunas fotografías del Gral. Schellenberg, jefe de los servicios de inteligencia de las SS que relevó a Canaris en la inteligencia militar tras integrar Abwehr en el RSHA/SD, directamente extraídas de su expediente u hoja de servicios [BArch R 9361-III/552728].

Esta actitud, no obstante, no era exclusiva del entorno de Hitler. La propia Wehrmacht rechazaba que en su estructura hubiera oficiales de inteligencia y, muchas veces, en las campañas ofensivas había un gran rechazo a considerar la función de inteligencia estratégica, y por eso se ignoraron los indicios que apuntaban a la invasión del norte de África, de Sicilia y de Italia[87]. Algo no muy distinto de lo que sucedió en España con el CESID, durante la llamada «transición».

Disponer de buena inteligencia es una cosa; ser capaz de entenderla y aplicarla en el campo de batalla es otra muy distinta. Cuando Rommel llegó a Francia en diciembre de 1943 descubrió que tenía muy poca inteligencia útil para organizar la defensa.

Toda la inteligencia o, mejor dicho, información que se recibía en el Grupo de Ejércitos B era ya algo procesado y digerido por tres fuentes principales: el propio mando superior en Francia, OB West (von Rundstedt), el Mando Supremo del Ejército (OKH/general Zeitzler) y su división de inteligencia, y en última instancia,

87 David Kahn, *Hitler's Spies. German Military Intelligence in World War II*, Londres: Hodder and Stoughton (1978).

el alto mando y Estado Mayor General (OKW/Hitler-Keitel-Jodl). El OB West (von Rundstedt) le había, incluso, prohibido a Rommel relacionarse directamente con los servicios de inteligencia (Abwehr o SD de las SS); por lo tanto, toda la información que recibía Rommel era, si cabe, de segunda mano y no disponía siquiera de un departamento de inteligencia a nivel de su Grupo de Ejércitos. En ese sentido, no tenía tampoco ninguna información acerca de la actividad de la resistencia francesa ni de su posible papel en caso de invasión. Rommel se vio forzado, en consecuencia, a obtener la información que necesitaba casi de forma secreta, recurriendo a relaciones personales. Esta falta de información se revelaría de impor-

Los mariscales Rommel y von Rundstedt trabajan sobre un mapa que ha sido borrado de la imagen por la censura (1944) [Jesse; Wydawnictwo Prasowe Kraków-Warszawa].

tancia cuando, tras el Día D, hubiese que considerar la posibilidad de que los Aliados llevasen a cabo un segundo desembarco.

Sin embargo, y a pesar de la incompetencia e incapacidad demostradas por la Luftwaffe, sus servicios de transmisiones, ubicados en el noroeste de París —en Asnières-sur-Seine—, venían monitorizando, desde principios de 1943, las comunicaciones aliadas por radio —clasificadas o en clara voz—, por lo que habían sido capaces de deducir el despliegue aliado en el sur de Inglaterra. Llevando a cabo una triangulación minuciosa de todas ellas, dedujeron que el lugar más idóneo para el lanzamiento de paracaidistas era la península de Cotentin, en Normandía. Todo sugería un desembarco a finales de mayo de 1944 en una zona cercana a Cherburgo y no Calais.

El 2 de mayo de 1944, von Rundstedt recibió una comunicación directa de Hitler diciéndole que pensaba que la invasión tendría lugar «en Normandía y consecuentemente en Bretaña», pero, conociendo que era solo simple intuición del Führer, decidió ignorar el mensaje y siguió aferrado a su teoría de Calais. No obstante, una división de la Luftwaffe y un regimiento de paracaidistas fueron enviados a Normandía. Hacia el 8 de mayo, los servicios de interceptación de comunicaciones aliados detectaron dos mensajes de la Luftwaffe que exponían que «basándose en los bombardeos aéreos sobre los ferrocarriles y canales fluviales, se podía concluir que la invasión tendría lugar en la zona El Havre-Cherburgo», es decir, Normandía. Aunque no se descartaban operaciones secundarias, la conclusión a que se llegaba el 1 de junio era que el esfuerzo principal de la invasión aliada tendría lugar en la zona de Normandía.

Pero lo que resulta más interesante en el caso de Normandía es que nadie en el mando alemán fue capaz de imaginar lo que realmente planeaban los Aliados. La cuestión principal era que el mando alemán no quería creer lo que todos sus servicios de inteligencia e información, de una u otra forma, le decían: «... la invasión tendría lugar en Normandía». El hecho de que los alemanes se equivocasen de manera tan llamativa no se puede explicar solo por la tozudez de Hitler: la totalidad de los mandos de la Wehrmacht deben ser acusados de conspiración, de negligencia o simplemente de estupidez.

Soldados y oficiales alemanes exploran la costa de Normandía desde Saint Pair sur Mer (Granville) poco antes del desembarco aliado (1944) [CRBN; Военный альбом].

Reunión en el cuartel general de Hitler en Rastenburg, tras el intento de asesinato del Führer del 20 de julio de 1944. En primer plano, de izq. a dcha.: Wilhelm Keitel, Hermann Goering, Hitler y Martin Bormann. Detrás, Heinrich Himmler conversa con Ferdinand Schorner a la dcha.; y, en el centro, Alfred Jodl, que fue herido en la cabeza en el ataque [Heinrich Hoffmann; Wydawnictwo Prasowe Kraków-Warszawa].

9. DESDE EL OTRO LADO DE LA COLINA: OPINIONES PERSONALIZADAS DEL FÜHRER Y DE ALTOS MANDOS DE LA WEHRMACHT RESPECTO DE LA INVASIÓN

«Bueno, ¿es o no es la invasión?».
Adolf Hitler al mariscal Keitel, jefe del Alto Estado Mayor, en la tarde del 6 de junio de 1944

«Veremos quién lucha y sabe morir mejor, el soldado alemán que se enfrenta a la destrucción de su patria o los americanos o ingleses, que no saben por qué luchan en Europa».
General Alfred Jodl, jefe de Operaciones del Alto Estado Mayor alemán (OKW), a principios de 1944

A pesar de todo lo que se pueda decir, Hitler mostró en numerosas ocasiones una mayor objetividad y claridad de juicio que sus propios generales. Ninguno de los territorios conquistados era más importante para Hitler que Francia, especialmente por tres razones: en primer lugar, por su valor en el marco de la defensa aérea integral del Reich —ya que las fuerzas aéreas aliadas debían de cruzar el espacio aéreo de Francia, Bélgica y Holanda para atacar el corazón de Alemania—; en segundo lugar, por la ubicación de bases en la costa francesa para los submarinos que atacaban los convoyes en el Atlántico, así como por la situación de rampas de lanzamiento de las bombas volantes V; y finalmente, por simple prestigio y orgullo. También necesitaba Francia como aportación de mano de obra para la industria alemana y como zona de paso para las materias primas que llegaban desde España, especialmente el wolframio.

Lo que sigue son las opiniones de algunos altos mandos principales de la Wehrmacht tal como fueron recogidas tras acabar la guerra por los servicios de documentación norteamericanos, comenzando por el mariscal Wilhelm Keitel, como jefe del OKW, y su jefe de Operaciones, general Alfred Jodl. A ambos les presentaron, el 23 de julio de 1945, un cuestionario en la localidad de Mondorf (Luxemburgo), donde se encontraban prisioneros, a propósito de los planes para contrarrestar el desembarco aliado.

No obstante las observaciones efectuadas por ambos generales alemanes, así como las posteriores de otros no menos importantes como Guderian, Blumentritt y Speidel, se debe tener presente que muchos de los análisis y comentarios escritos por oficiales alemanes de alto rango para beneficio de los Aliados e historiadores, y otros publicados tras la guerra, seguían casi al pie de la letra la guía y recomendaciones que, a tal efecto, preparó el que fue jefe del Estado Mayor del Ejército (OKH) entre 1938 y 1942, general Franz Halder. Halder, que fue destituido y arrestado tras el atentado contra Hitler el 20 de julio de 1944, aconsejó que todo lo que se escribiese debía tener como finalidad demostrar la no responsabilidad de la Wehrmacht en la gran mayoría de los errores y barbaridades cometidos, y que todo había sido debido a Hitler y a su continua interferencia en los asuntos militares, exculpando al estamento militar alemán, lo que no fue siempre el caso. No obstante, muchos autores y críticos creen que los oficiales alemanes escribieron una visión auténtica de los hechos, si bien lo hicieron de memoria, sin tener acceso a documentos oficiales.

Mariscal Wilhelm Keitel y General Alfred Jodl (23 de julio de 1945; Mondorf, Luxemburgo)

En la primera pregunta se les pedía a ambos generales que expusieran cuáles fueron los planes considerados por el OKW para afrontar la hipotética invasión aliada, y la única respuesta que daban era la de eliminar las cabezas de puente que establecieran tanto las tropas británicas como las norteamericanas, mediante contraataques inmediatos y mientras todavía eran débiles. Con qué fuerzas y cómo, no lo explicaban.

Los interrogadores norteamericanos también preguntaron si se había llegado a considerar el establecimiento de una línea de defensa en el interior de Francia sobre alguno de los ríos principales, para desde ahí tratar de rechazar a los Aliados, a lo que Keitel y Jodl contestaron que se consideró el río Somme, pero no se ordenó organizar la defensa allí hasta principios de agosto, cuando ya era tarde, si bien ya se habían tomado medidas para preparar la defensa final de la línea Sigfrido, que se había organizado en 1939 en la frontera con Francia; una fortificación muy elemental, por otra parte. Fuera de eso no había otros planes.

También les preguntaron cuáles eran el efecto y la influencia de la guerra en Rusia en el frente occidental, a lo que respondieron que la influencia era recíproca y que ambos teatros de operaciones se veían menospreciados mutuamente según qué acciones tenían lugar en cada momento, consecuencia obvia de no contar con fuerzas suficientes para combatir en dos frentes. Cierta pausa y calma en Rusia en la primavera de 1944 permitió, no obstante, trasladar al frente occidental todo un cuerpo de ejército acorazado de las Waffen SS, el II Cuerpo Panzer SS, pero ya una vez producido el desembarco aliado. La situación en el frente del Este, en cualquier caso, impidió un trasvase importante de fuerzas hacia el Oeste. En el Oeste, se llegaron a organizar casi 60 batallones con tropas de extracción no germánica y no gran valor combativo, que permitieron enviar al Este unos 30 batallones de tropas genuinamente alemanas. Por otra parte, las fuerzas que guarnecían el Muro del Atlántico se transformaron en «divisiones estáticas» y entregaron todos sus vehículos y medios de transporte para el esfuerzo en el frente oriental.

A la pregunta de cuál fue la importancia de la resistencia francesa en la ejecución del desembarco, Keitel y Jodl dijeron que muy ligera. Además, casi todos los mensajes radio que desde Londres se enviaban eran interceptados y fácilmente descifrados, lo que permitió desarticular numerosas operaciones y capturar los envíos de armas que llegaban.

Mariscal Wilhelm Keitel y General Alfred Jodl (23 de julio de 1945; Mondorf, Luxemburgo. Interrogatorio adicional)

¿Cuál era el plan considerado por el OKW *tras el éxito del desembarco inicial el 6 de junio de 1944?*

La respuesta dada por Keitel y Jodl fue la de eliminar las cabezas de puente inglesa y americana, mediante contraataques inmediatos, mientras esas fuerzas todavía eran débiles. Como primer paso, se debería rechazar a las fuerzas británicas que se habían situado al este del río Orne.

Ambos consideraban que el sector que se oponía a las fuerzas británicas era el que estaba más en peligro y el grueso de las fuerzas, incluyendo la 21.ª División Panzer, fue desplegado allí.

Los interrogadores de ambos oficiales expresaron que, aunque las preguntas eran contestadas por ambos con unanimidad, la impresión era que quien llevaba la voz cantante era el general Jodl. Tanto Keitel como Jodl fueron juzgados por el Tribunal Internacional de Núremberg y sentenciados con la pena de muerte por crímenes de guerra.

Mariscal Gerd von Rundstedt (informe remitido al OKW *por el cuartel general del OB West; París, Francia, el 20 de junio de 1944)*

También de fuentes norteamericanas[88] se refleja aquí el informe que el 20 de junio de 1944 envió el mariscal Gerd von Rundstedt al OKW a propósito del desembarco aliado y que fue obtenido posteriormente por los Aliados. Von Rundstedt se expresaba como sigue:

88 *Naval and Heritage Command,* U. S. Navy Department Library, Section No. 5050/44.

La experiencia obtenida por los Aliados tras los desembarcos en Sicilia, Salerno, Anzio-Nettuno, y el desarrollo de las operaciones en Italia, ha sido aplicada en Normandía. La proximidad al frente de batalla de las costas británicas y, por tanto, de sus bases de aprovisionamiento y embarque ha facilitado que se pueda haber acumulado a gran escala todo el ingente material, medios y efectivos, utilizado en los desembarcos en la bahía del Sena y península de Cotentin. La labor sistemática de preparación en todos los campos llevada a cabo por una enorme red de agentes en las zonas ocupadas por nuestras tropas ha facilitado su labor.

La experiencia obtenida en las recientes batallas debe transmitirse a todas las tropas no empeñadas aún en combate. Se deben resaltar cuatro aspectos principales detectados:

— *Absoluto dominio enemigo del aire*
— *Hábil empleo de tropas aerotransportadas y paracaidistas*
— *Apoyo total y preciso por el fuego de la artillería naval*
— *Excelente conocimiento demostrado por el enemigo del terreno, la costa y los obstáculos instalados.*

A todo ello se oponen la calidad y espíritu del soldado alemán y su voluntad de lucha. Los tres ejércitos han dado lo mejor de sí y continuarán haciéndolo.

Respecto del método de los Aliados para el desembarco:

El enemigo esperaba sorprendernos, pero no lo consiguió. Las operaciones de envolvimiento vertical —paracaidistas y planeadores— comenzaron en el oeste de la bahía del Sena y en la península de Cotentin, hacia la una de la madrugada del 6 de junio, en condiciones de gran nubosidad, vientos fuertes, lluvias intermitentes y fuerte oleaje, al tiempo que grandes formaciones de bombarderos atacaban nuestra retaguardia. Al parecer pretendían que nuestras fuerzas se pusieran a cubierto del bombardeo y así pudieran lanzar sus paracaidistas con menor riesgo de observación; en algunas zonas lanzaron paracaidistas simulados que hacían explo-

sionar diversos artefactos con la finalidad de distraernos y hacernos perder el tiempo.

También llevaron a cabo desembarcos aéreos con planeadores de diversos tipos que aterrizaron con mucha precisión pero que tampoco nos sorprendieron porque era algo que esperábamos y para lo que estábamos preparados. En líneas generales, el adversario sufrió graves pérdidas y no logró romper nuestra línea de defensa desde la retaguardia. Solamente en la zona de Carentan lograron enlazar con las fuerzas que desembarcaron en la playa.

Von Rundstedt, además, advertía de la posibilidad de que los Aliados volviesen a emplear fuerzas especiales con misiones de demolición, sabotaje o atentados. En resumen, el mariscal no decía nada que no se supiese ya. Imagino que los interrogadores se sorprenderían no poco de la baja calidad del informe.

Sobre el desembarco, no obstante, señalaba:

Los desembarcos se comenzaron a producir 4 o 5 horas después de los lanzamientos de paracaidistas. El enemigo había cambiado sus planes, en relación con lo esperado, y había desembarcado con marea baja, con lo cual los obstáculos habían quedado al descubierto y no servían de nada, aunque contribuyesen a retrasar el avance. Comenzando hacia las 06.00 la operación era totalmente visible, pero hubo una preparación artillera y de bombardeo aéreo de gran intensidad que dejó a las defensas fuera de combate, aunque la mayor parte de las fortificaciones sólidas permanecieron casi intactas.

La fuerza aérea aliada controló no solo el campo de batalla, sino las avenidas de aproximación y rutas de aprovisionamiento hasta una profundidad y distancia del frente de 200 km, con toda la red ferroviaria como un objetivo prioritario.

Los ataques ininterrumpidos de la aviación táctica aliada interrumpieron casi por completo la corriente de abastecimientos y la reposición de bajas y unidades. De día, gracias al buen tiempo, los cazabombarderos aliados impedían prácticamente todo movimiento por las carreteras, y de noche, mediante el uso de bengalas, tampoco era posible circular.

Si, al principio, se atacaban las carreteras, posteriormente se atacaba todo indicio de movimiento, de modo que resultaba imposible moverse en una zona de al menos 20 km de profundidad detrás del frente.

Los puestos de mando eran identificados enseguida debido a las comunicaciones por radio y debían cambiar de posición constantemente.

El comandante en jefe del Oeste (OB West)
[Firmado] *Von Rundstedt*
Mariscal de campo.

Von Rundstedt expresaba que hacía estos comentarios para alertar a las nuevas unidades que iban llegando al frente y que carecían de experiencia práctica de combate, a pesar de las instrucciones y órdenes emitidas con anterioridad.

Aportaciones del vicealmirante Friedrich Ruge y del teniente general Friedrich Dihm (en relación con las órdenes y disposiciones del mariscal Rommel para la defensa del Muro del Atlántico)

Resumen[89]

A finales de 1943, el Grupo de Ejércitos B, con el mariscal Rommel a su mando, fue responsabilizado de defender la costa del canal de la Mancha contra una invasión aliada. Tras llevar a cabo una inspección detallada de la costa, Rommel determinó como probables zonas para la invasión el estuario del Escalda, el del Somme, y la costa occidental de la bahía del Sena. Rommel se sintió muy preocupado por la escasez de fuerzas disponibles, la debilidad de las defensas y la ausencia de un plan para la construcción de obstáculos. Todo era el re-

89 Efectuado por Robert C. Dart, teniente del Servicio Histórico Militar, U. S. Army.

sultado de las ideas de von Rundstedt sobre una concepción de un plan defensivo-ofensivo que obtendría el éxito mediante un rápido contraataque a cargo de unas reservas concentradas en alguna zona, una vez que el adversario hubiera desembarcado.

Rommel consideraba, por su parte, que se debería realizar todo el esfuerzo en impedir el desembarco enemigo, a toda costa, y establecer el borde anterior de la zona de resistencia en las propias playas, desplegando toda la infantería y artillería de apoyo directo a lo largo de la costa. Además, se debería minar extensivamente todo el terreno y bloquear las avenidas de aproximación con todo tipo de obstáculos. Rommel requería también reforzar y coordinar la defensa con las fuerzas navales y aéreas disponibles.

Sin embargo, dadas las limitaciones impuestas por el OKW, el conflicto entre los puntos de vista de Rommel y von Rundstedt, y la falta de efectivos y materiales, todo se organizó a medio gas. Cuando la invasión tuvo lugar, la defensa resultó muy limitada ante la enorme superioridad aérea aliada, como Rommel había previsto. La artillería de costa fue prácticamente eliminada, la infantería desorganizada, y los paracaidistas aliados llegaron casi sin oposición. Los refuerzos alemanes se vieron considerablemente retrasados durante los primeros días.

Consideraciones previas

El 27 de marzo de 1946, el comandante H. P. Hudson, del Departamento Histórico de las Fuerzas Norteamericanas en Europa, se trasladó al campo de prisioneros 2226, bajo control británico, en Brujas (Bélgica), donde se hallaba el vicealmirante Friedrich Ruge, antiguo asesor naval del mariscal Rommel, en busca de posibles fuentes para su departamento. Ruge accedió a escribir un manuscrito (MS # B-282), respondiendo a las preguntas que se le hicieran sobre Normandía. Del mismo modo, el teniente general Dihm, en calidad de asesor especial del Grupo de Ejércitos B, preparó otro manuscrito (MS # B-259), mientras se encontraba en otro campo de prisioneros, en Allendorf, en Alemania.

La idea era demostrar la coincidencia de opiniones de ambos altos cargos, escribiendo en lugares diferentes y sin contacto entre ellos. Ambos escribieron sus manuscritos basándose enteramente en su memoria individual, sin ayuda de documentos ni consultas con otros oficiales. Dihm, además, escribió dos manuscritos cortos (MS # B-352 y MS # B-353) en relación con las fuerzas terrestres únicamente, que fueron comentados posteriormente por el general Geyr von Schweppenburg, como antiguo comandante en jefe del llamado Grupo Acorazado Oeste (Panzergruppe West), que nunca llegó a intervenir como tal.

Manuscrito MS # B-282, por el vicealmirante Friedrich Ruge (finalizado en Brujas, Bélgica, el 31 de abril de 1946)

> *En noviembre de 1943 fui destinado al Estado Mayor del Grupo de Ejércitos B, al mando del mariscal Rommel, por recomendación del teniente general Gause. Mi misión era la de actuar como oficial de enlace naval («Marineverbindungsoffizier») y asesor. Mi primera tarea fue la de ir a Berlín a recolectar todo tipo de mapas, planos, cartas marinas y bibliografía que pudiera ser de utilidad para llevar a cabo la inspección de las defensas de la costa occidental europea, en lo que fracasé por completo dado que todo el material recogido fue totalmente destruido por un bombardeo aéreo en las noches del 23 y 24 de noviembre de 1943.*
>
> *Rommel consideraba que la invasión tendría lugar en una distancia dentro del radio de acción de los cazas y cazabombarderos aliados con base en el sur de Inglaterra, lo que reducía la posible zona de invasión al sur de Holanda y al este de Bretaña, es decir, desembocadura del Escalda, del Somme y del Sena. Inicialmente, Rommel consideró la costa de la desembocadura del Somme como la más probable porque allí nuestras defensas eran más débiles. Posteriormente, la zona de Calvados y Cotentin le parecieron más adecuadas*[90]*.*

90 Según el vicealmirante Ruge, la actividad aérea aliada en mayo de 1944 demostró que la zona del Escalda no era el objetivo y, en cambio, sí lo era Normandía.

Por otra parte, Rommel pensaba que, dada la preparación aliada y las fuerzas de que disponían, no se debía descartar que, paralelos al esfuerzo principal, se produjeran otros ataques y desembarcos en otras zonas al mismo tiempo, como un posible intento de conquistar Brest, o aislar El Havre o la península de Cotentin[91].

Después de unas pocas semanas, el mariscal Rommel ya había inspeccionado todas las zonas susceptibles de ser el lugar elegido por los Aliados para desembarcar. Las principales deficiencias que observó ya han sido expuestas y, si bien la escasez de efectivos de personal puede explicarse por las exigencias del frente ruso e Italia, las restantes eran inexplicables y solo se debían a la inactividad y el desinterés demostrados por las autoridades tras la larga ocupación de Francia desde 1940.

Ni von Rundstedt ni von Schweppenburg vieron la más mínima posibilidad de impedir el desembarco y solo prepararon un contraataque desde el interior, considerando que, mediante un rápido movimiento de sus reservas, rechazarían a los Aliados o incluso lograrían su cerco. Von Rundstedt, en particular, no parecía tener mucho conocimiento del aspecto tecnológico de la batalla y lo mismo ocurría con sus jefes de Estado Mayor, sobre todo el general Blumentritt, quien tampoco tenía mucho interés. El resultado fue que el planeamiento de la batalla defensiva quedó en manos de un general ingeniero que no estuvo a la altura necesaria y se perdió en detalles, incapaz de coordinar las opiniones del Ejército y de la Marina en cuanto al despliegue de la artillería de costa.

La mayor parte del cemento y acero disponible se utilizó para construir refugios para submarinos y para las rampas de lanzamiento de las armas V. En consecuencia, las fortificaciones no fueron construidas bien ni a prueba de la capaci-

91 De acuerdo con lo manifestado por el vicealmirante, el despliegue aliado en el sur de Inglaterra era bien conocido por el mando alemán. En su opinión, este conocimiento era muchas veces desventajoso y no ayudaba a saber los detalles de cuándo y dónde, y por el contrario sirvió para que, una vez producido el desembarco, el OKW, especialmente el general Jodl, pensara que Normandía había sido tan solo una acción parcial y solo autorizase el traslado de fuerzas desde Calais a Normandía cuando ya era tarde.

dad de la fuerza aeronaval aliada. Tras la campaña de 1940, la primera medida fue la instalación de un grupo de baterías pesadas entre Boulogne y Dunquerque, y luego la Kriegsmarine instaló baterías para proteger los puertos contra ataques procedentes del mar. La defensa contra ataques provenientes de otras direcciones recibió poca consideración, aunque algunos cambios se introdujeron tras las primeras acciones tipo raids de fuerzas especiales contra estaciones de radar, faros, etc., en St. Nazaire y Dieppe.

Durante el invierno de 1943-1944, todas las fuerzas cercanas a la costa fueron alojadas en centros de resistencia protegidos («Widerstandnestern») que podían ser defendidos en todas direcciones y se aumentó la proporción de artillería de costa, aunque muchas veces eran asentamientos no protegidos o en fortificaciones que solo permitían 30 grados de giro.

Las ideas de Rommel estaban influenciadas fundamentalmente por la enorme superioridad de la fuerza aérea aliada y su experiencia en el norte de África, y por ello consideraba que los planteamientos de von Rundstedt y de von Schweppenburg estaban equivocados. Estimaba que la única esperanza residía en ofrecer la máxima resistencia al desembarco y que las primeras 24 horas serían decisivas. Una vez que los Aliados hubieran establecido una cabeza de playa amplia, sería imposible desalojarlos y así se lo dijo al Führer, tanto verbalmente como por escrito, y expresó a todos sus subordinados que Hitler estaba de acuerdo con sus opiniones.

Por consiguiente, el plan de Rommel era hacerse tan fuerte como fuera posible en la misma costa. Numerosas medidas se aplicaron a tal efecto. Las principales fueron:

— *Declarar la playa como «borde anterior de la línea de resistencia» («Hauptkampflinie»/HKL).*

— *Colocar la infantería, con su artillería de apoyo y sus planas mayores y servicios, en fortificaciones siguiendo un cinturón fortificado a lo largo de la costa. Estas fortificaciones tendrían una profundidad de hasta 6 km desde la playa.*

— *Instalar campos de minas y obstáculos entre fortificaciones.*
— *Desplegar las unidades acorazadas (Panzer) inmediatamente en la retaguardia del cinturón de fortificaciones, con su artillería cubriendo las playas.*
— *Hacer impenetrables los espacios vacíos entre las posiciones de la infantería y las posiciones de partida de los carros de combate, tanto para paracaidistas como para planeadores.*
— *Proteger los asentamientos de la artillería de costa de ataques tanto aéreos como terrestres, construyendo refugios blindados con hormigón y acero, y llevando a cabo frecuentes cambios de asentamiento, así como construyendo asentamientos ficticios.*
— *Dificultar los desembarcos todo lo posible colocando obstáculos de cara a las mareas altas y extendiéndolos más allá de la línea de las mareas bajas.*
— *Dificultar la aproximación de las embarcaciones de desembarco mediante minas a poca profundidad y en las avenidas probables de aproximación.*
— *Atacar los puertos de embarque y áreas de concentración de tropas mediante aviación y cohetes o armas V.*
— *Aumentar los efectivos navales y aéreos disponibles.*
— *Coordinar el esfuerzo de los tres ejércitos.*
— *Utilizar la propaganda para debilitar la moral del adversario e incrementar la propia.*

Rommel tenía ya las ideas bastante claras tras la inspección de la defensa en Dinamarca, por lo que se puede decir que aquello no fue un tiempo totalmente perdido, aunque haber empezado unas semanas antes la inspección de la costa francesa podría haber sido de gran ayuda. Los planes de Rommel, teóricamente, fueron autorizados por el Führer, pero una parte de ellos no se ejecutó nunca debido a otras opiniones contrarias. No hace falta decir que el éxito de lo que planeaba Rommel fue gravemente comprometido cuando ciertas acciones esenciales, bien se omitieron, o bien fueron modificadas sin ningún criterio.

El mariscal no tenía razones de peso para cambiar sus ideas fundamentales, pero tampoco se adhería rígidamente a ellas, especialmente en lo referente a detalles o aspectos menores. Lo que es más, siempre había un flujo constante de ideas y sugerencias. Rommel estaba siempre abierto a las mismas y a lo que significase progreso técnico. Era capaz de entender rápidamente el significado de cualquier mejora o nueva invención y a menudo ordenaba que se aplicasen.

Inicialmente, Rommel no tenía autoridad para dar órdenes y solo podía dar sugerencias y emitir informes al OKW o al comandante supremo, von Rundstedt, pero aprovechó cualquier oportunidad para expresar sus puntos de vista a los jefes de unidad, llegando incluso hasta el nivel de jefes de sección (tenientes o alféreces), quienes normalmente acataban sus ideas. Sin embargo, hubo bastante resistencia e incredulidad respecto de sus propuestas en los escalones de mando elevados, por lo que actuar en calidad de asesor fue lento y poco satisfactorio y le llevó a solicitar que se le pusiera a las órdenes de von Rundstedt como comandante en jefe de las fuerzas desplegadas desde Holanda hasta el estuario del Loira.

El mariscal Erwin Rommel y el *Obergruppenführer* Joseph «Sepp» Dietrich, en el frente en Normandía (Kempe, 07/1944) [Wydawnictwo Prasowe Kraków-Warszawa].

Cuando se aprobó su nombramiento definitivo, ya a finales de enero de 1944, se había perdido mucho tiempo.

Mientras tanto, lo que se había hecho no era del todo satisfactorio. La línea de resistencia, en algunos casos, se había fijado 5 km en el interior —caso del estuario del Somme— y algunos asentamientos de artillería y fortificaciones habían sido demolidos, lo que dejaba acceso libre a una fuerza invasora. En otras zonas, incluso si las posiciones de la infantería estaban sobre la línea de costa, las fortificaciones que podían batir por el fuego las playas eran pocas y alejadas entre sí. Muchos mandos no aceptaban la idea de no tener reservas en su retaguardia y rechazaban la teoría de Rommel de que todas las unidades estuvieran en condiciones de combatir inmediatamente si su sector de defensa era atacado. Rommel expuso que, de lo contrario, sería imposible mover las fuerzas con suficiente rapidez. Cuanto más fuerte fuera la línea de defensa, más tardaría el adversario en efectuar una penetración y, en consecuencia, de más tiempo se dispondría para llevar a cabo un contraataque[92]*.*

El uso de medios técnicos para incrementar la fortaleza de la defensa de la costa era parte esencial del concepto de Rommel. Todas las fortificaciones debían serlo a prueba de bombas de aviación, pero no era así en toda la línea de defensa, excepto, quizás, entre los ríos Orne y Vire. La mayoría de las fortificaciones en servicio dejaban bastante que desear, algunas con solo 60 cm de cemento y otras sin cemento. Dado que era imposible solucionar estas deficiencias en un corto plazo de tiempo, el mariscal recurrió, en primer lugar, a aquello que pudiera ser obtenido de forma rápida, como las minas, que el conocía bien tras su paso por África. Su plan era el de rodear con minas en toda la profundidad las fortificaciones, allí donde fuera más probable el empleo de vehículos acorazados. Sin embargo, ello requería una inmensa cantidad no solo de minas, sino de otros medios adicionales. Cuando Rommel llegó a Francia, en tres años solo se habían instalado 1 700 000 minas.

---

92 A pesar de que Rommel explicó este concepto con claridad y paciencia meridianas, los acontecimientos demostraron el 6 de junio que unidades del 84.º Cuerpo de Ejército no lo aplicaron y varios batallones tardaron varias horas en llegar al frente. Lo mismo ocurrió con la 21.ª División Panzer al sur de Caen.

Mensualmente se recibían 40 000 más. Rommel consiguió acelerar la producción, utilizando todos los materiales disponibles, y en pocos meses logró instalar 4 000 000, lo que viene a significar un aumento de casi 30 veces más. Su idea, no obstante, era colocar entre 50 y 100 millones de minas y emplearlas de todas las formas posibles.

Pero, con respecto al empleo de las unidades acorazadas, no tuvo éxito. De las siete divisiones Panzer que estaban en la zona de acción del Grupo de Ejércitos B, solo tres acabaron estando bajo su mando directo: una estacionada cerca del Escalda, otra en el Somme y la tercera en Caen.

Los obstáculos contra paracaidistas y planeadores fueron una improvisación de última hora en la defensa, aunque su eficacia ha constituido siempre un tema de debate. Debido a sus propias experiencias, Rommel insistió siempre en proteger las baterías de artillería de costa con fortificaciones y fue providencial en obtener una orden del Führer en ese sentido, pero resultó muy difícil llevarlo a cabo dado que se dio prioridad a la construcción de refugios de submarinos y bases para los cohetes V-1 y V-2. Muchas baterías de costa no estaban protegidas cuando comenzó la invasión y fueron aniquiladas. En lo referente a la artillería colocada en la proximidad de las playas, el mariscal ordenó realizar frecuentes cambios de asentamientos, llevar a cabo un minucioso enmascaramiento y la construcción de baterías falsas. En las últimas semanas antes del desembarco, varias de estas baterías falsas fueron bombardeadas intensamente, mientras que las verdaderas no sufrieron daño alguno.

La idea de instalar obstáculos en las playas nació tras la inspección de Dinamarca y se colocaron muchos «erizos» contracarro fabricados con vigas de hierro entrecruzadas en ángulo recto, delante de las posiciones de infantería delante de las playas, que se esperaba que fueran un serio contratiempo para las lanchas de desembarco con la marea alta, y que resultaron completamente inútiles al desembarcar los Aliados con la marea baja.

Apenas se instalaron campos de minas navales en alta mar, ante las objeciones de la propia Kriegsmarine, que puso objeciones a colocar minas muy cerca de las rutas de navegación próximas a la costa[93]*. Cuando se presintió que la invasión estaba próxima a tener lugar, ya resultó imposible hacer nada. Rommel, sin embargo, valoró mucho la utilización de minas navales, pero el Führer no autorizó su uso, posiblemente para evitar posibles represalias británicas. Fue muy poca también la contribución de las fuerzas ligeras de alta mar —lanchas torpederas rápidas—, que solo llegarían a efectuar alguna intervención simbólica sin resultados.*

Rommel no albergaba, por otra parte, ninguna esperanza en el apoyo de la Luftwaffe, conociendo perfectamente su escasa capacidad ya. Sin embargo, pidió que se actuase masivamente contra los puertos aliados de embarque y concentración de tropas, lo que no se atendió en ningún momento. Igualmente solicitó que se actuase con las bombas volantes V-1 contra esas zonas de embarque y concentración de tropas, y siempre se rechazaron sus peticiones con la excusa de no disponerse de una cantidad suficiente para conseguir resultados, pese a que ya estaban operativas varias rampas de lanzamiento. La influencia de Rommel en la Luftwaffe era nula y no creía ya en las promesas de apoyo que se le hacían. En las últimas semanas antes de la invasión, intentó que se le agregase un cuerpo antiaéreo, que estaba en el interior de Francia, pero no se autorizó su petición.

Bajo el mando de Rommel se dio un notable impulso a la defensa de las costas dentro de su zona de responsabilidad, transformando una atmósfera de casi negligencia y vagas esperanzas en un clima de trabajo y claridad en el planeamiento. Fue incansable en sus esfuerzos por mentalizar a sus tropas en sus ideas e infundirles combatividad y respondieron adecuadamente porque supo transmitirles su personalidad, experiencia y sentido común. Los acontecimientos posteriores probaron que el mariscal Rommel había adivinado correctamente el método de ataque de los Aliados hasta el último detalle y, si, a pesar de sus esfuerzos, no tuvo éxito, las causas fueron debidas a otras razones.

93 La Kriegsmarine era responsable de combatir al enemigo en alta mar hasta que las fuerzas de invasión desembarcasen, y entonces se pasaba el control a la artillería de costa terrestre, pero no parece que hubiera mucha coordinación entre ambas.

Cuando los Aliados lograron establecer su cabeza de playa, Rommel se mostró partidario de acabar la guerra lo antes posible, a cualquier precio, y dijo a sus más allegados: «... más vale ser una colonia británica y acabar esto ya mismo, que resultar arruinados continuando esta guerra que no hay esperanza de ganar». Rommel no estaba a favor de crear una «Eurasia» y era partidario de cooperar con las potencias occidentales. De alguna manera, se consideraba heredero de las tradiciones occidentales y ello le costó la vida.

Manuscrito ms # b-259 por el teniente general Friedrich Dihm, sobre las ideas del mariscal Rommel en cuanto a los problemas tácticos, técnicos y estratégicos de la defensa de la costa (finalizado en Allendorf, Alemania, en noviembre de 1946)

La misión del teniente general Dihm, como ingeniero, era la de supervisar, y controlar, de algún modo, los trabajos de organización del terreno en la defensa de la costa; así como la de inspeccionar los trabajos de instalación de obstáculos contra el lanzamiento de paracaidistas. Lo que se expone a continuación no tiene carácter oficial y es solo el relato de conversaciones ocasionales mantenidas por Dihm con el mariscal Rommel y con miembros de su Estado Mayor. Se basa en informaciones e instrucciones sobre la situación relacionadas con su misión y las tareas que llevó a cabo.

En cuanto a la construcción de las fortificaciones y organización de la defensa, la situación con la que se encontró Rommel, a fines de 1943, era la siguiente:

Toda la costa atlántica, desde la localidad holandesa de Den Helder hasta la frontera española, estaba ocupada. Las divisiones que guarnecían la costa del Canal ocupaban un frente comparativamente menor y el frente se extendía gradualmente a medida que se descendía hacia el sudoeste. Toda la costa estaba fortificada, más intensamente en el Canal, y puntos considerados estratégicos como Lorient, Brest, St. Malo, Cherburgo, El Havre, Boulogne y otros habían sido declarados «fortalezas» y se habían reforzado especialmente. La construcción de fortificaciones había comenzado en el otoño de 1942, y su progreso había sido lento debido a la mala organización y a la falta de materiales. Los sectores asignados a cada división tenían una profundidad acorde con el frente y la importancia del sector. Se había procedido a mejorar la organización de las posiciones empezando por las más cercanas a la costa y estas estaban casi finalizadas cuando el mariscal Rommel asumió el mando.

Tras su primera inspección de la costa francesa, a fines de 1943 y principios de 1944, el mariscal se mostró muy insatisfecho con el progreso realizado hasta el momento en la construcción del Muro del Atlántico. Identificó las causas del retraso y trató de remediarlo coordinando los trabajos con la Marina, con la Organización Todt y con todas las demás organizaciones o instituciones en Alemania que tuvieran relación con la construcción de las fortificaciones, o mediante acuerdos de naturaleza técnica en algunos casos.

Los resultados de sus gestiones se hicieron notar pronto. El desarrollo de la organización defensiva se incrementó de forma increíble y, durante el primer trimestre de 1944, la mayoría de las fortificaciones cuyos trabajos estaban retrasados habían finalizado ya. Nuevas construcciones comenzaron y finalizaron en breve plazo. Las unidades de trabajadores recibieron nuevos encargos para mejorar e incrementar las instalaciones disponibles. La línea de trabajo que se decidió contemplaba construir numerosas instalaciones senci-

Un camarógrafo alemán filma una batería camuflada del Muro del Atlántico (Francia, 1943) [Walter Frentz; Военный альбом].

llas y abandonar las grandiosas «fortalezas» planificadas anteriormente. Tácticamente resultaban, además, más fácil de integrar en el conjunto de la organización defensiva de fortificaciones existente.

En cuanto a las medidas tácticas propiamente dichas para contrarrestar la invasión, Rommel opinaba que el Muro del Atlántico no era el obstáculo que la propaganda alemana presentaba y ciertamente lo expuso así al OKW. Por otra parte, con la excepción de algunos sectores como la costa del Canal, las defensas carecían de profundidad y no era posible mejorar esta situación, dado que, sin más tropas, los efectivos disponibles no podían cubrir todo el frente asignado de forma adecuada. Además, como el propio Churchill había expuesto públicamente, el ataque podría tener lugar en cualquier punto y en aquellos lugares donde menos se esperase. Por ello, no se podía descuidar la fortificación de ningún sector de la costa.

No querer reconocer el Muro del Atlántico como un obstáculo de carácter absoluto era debido a que la guerra moderna, como era ya en 1944, no se luchaba en dos dimensiones, sino en tres. Así, cabía esperar que, en cualquier momento, como el mariscal Rommel sabía bien, paracaidistas enemigos se lanzaran sobre la retaguardia de las fortificaciones. Aunque el Grupo de Ejércitos B hubiera contado con un componente aéreo considerable, habría sido imposible proteger la costa en toda su extensión contra operaciones aerotransportadas. Además, eran de esperar fuertes bombardeos enemigos sobre las fortificaciones e instalaciones de la costa antes de que tuvieran lugar los lanzamientos de paracaidistas o el aterrizaje de planeadores. El objetivo, la intensidad y la importancia táctica de estos ataques eran bien conocidos tras las campañas en África e Italia. Rommel sabía que, en el momento crucial de la invasión, solo podría contar con una fracción del total del poder defensivo de su organización de la costa, ya que muchas fortificaciones e instalaciones habrían resultado destruidas por la fuerza aérea aliada.

Por todo ello, Rommel trataba de forma incansable de planificar adecuadamente las medidas y procedimientos para reforzar y completar la organización defensiva, de modo que la potencia de fuego disponible se aplicase en las condiciones más favorables, se limitase lo máximo posible la eficacia de los bombardeos enemigos y se pudieran impedir o debilitar las operaciones aerotransportadas que los Aliados pudieran llevar a cabo.

Manuscritos complementarios MS # B-352 y 353 por el teniente general Friedrich Dihm, a propósito de las ideas y el pensamiento del mariscal Rommel en cuanto a los problemas estratégicos, tácticos y técnicos de la defensa del Muro del Atlántico (presentados en Allendorf, Alemania, entre abril y junio de 1946)

El general Dihm también expresó los siguientes aspectos en estos manuscritos:

> *Aunque lo expongo desde mi memoria, puedo añadir los siguientes detalles. A fines de abril de 1944, una nueva plana mayor de asistencia técnica se creó en el cuartel general del Grupo de Ejércitos G, en Burdeos, estando la costa al sur del Loira bajo la responsabilidad de un mando diferente del que mandaba Rommel, y que ya existía, pero no conocí los detalles.*
>
> *En cuanto a lo concerniente al Grupo de Ejércitos B, bajo Rommel, el refuerzo de las estructuras de las instalaciones existentes no se descuidó y, a pesar de su violencia, el bombardeo de las baterías, con anterioridad al Día D, demostró que los refugios aguantaron y las bajas fueron ligeras, a pesar de la sorprendente precisión aliada. Por consiguiente, una lista detallada de instrucciones que seguir se emitió para conocimiento de las tropas. Estas instrucciones habían sido redactadas, en parte, por el mismo Rommel y comprendían gráficos y dibujos igualmente preparados por el mariscal. En su mayor parte, se referían a la instalación de obstáculos sobre las playas, con objeto de crear una línea continua que no fuera fácilmente franqueable por el adversario, excepto en aquellos lugares en donde lo escarpado de la costa lo hiciera innecesario.*
>
> *Mediante el fuego de las fortificaciones se pretendía, bien hacer naufragar a las lanchas de desembarco, o bien obligar a que la infantería a bordo desembarcase mucho antes de lo previsto, antes de llegar a la playa. Si, en un principio, los obstáculos eran puramente pasivos, posteriormente se les añadieron minas y explosivos de diverso tipo. Además, intercalados, se colocaron bloques de cemento e, igualmente, se emplazaron minas en los acantilados y las diversas pendientes.*

Inmediatamente detrás de la línea de obstáculos, se colocaron campos de minas de diferente profundidad y longitud, pero, debido a la enorme cantidad necesaria para los mismos, no pudieron quedar finalizados para cuando se produjo la invasión. Asimismo, en las zonas que resultaban apropiadas se instalaron obstáculos contra el aterrizaje de planeadores y el lanzamiento de paracaidistas.

Con objeto de minimizar los efectos de los bombardeos, se construyeron posiciones y asentamientos ficticios de diverso tipo a lo largo de la costa, e igualmente se procedió a simular la presencia de numerosas unidades en la costa, lo que parece que tuvo bastante éxito, ya que la aviación aliada bombardeó numerosos objetivos inexistentes. No obstante, Rommel no se hacía ilusiones sobre cuánto tiempo se podría continuar engañando al enemigo. Si a los numerosos y constantes vuelos de reconocimiento enemigos se sumaban los trabajadores extranjeros que trabajaban en las fortificaciones y la imposibilidad de ocultar a los ojos de la población civil la marcha de los trabajos, es obvio que los Aliados disponían de abundante información. Posteriormente, mapas capturados a los Aliados probarían la exactitud de los conocimientos que poseían.

En relación, una vez más, con el pensamiento del mariscal Rommel acerca de cuándo y dónde tendría lugar la invasión, Dihm exponía que la invasión era esperada para la primera quincena de junio de 1944 pero, debido al mal tiempo, se estimó que los Aliados habían pospuesto el plan. A estas alturas, decía, el frente de Normandía era considerado ya como la zona más probable, ya que la costa era favorable y las mareas podían permitir a un invasor alcanzar la playa franqueando una corta distancia tan solo. El mando alemán continuaba considerando que los Aliados iban a necesitar un puerto adecuado, como lo era Cherburgo, para desembarcar los abastecimientos necesarios posteriormente al desembarco. Además, se era consciente de que los trabajos de organización en Normandía estaban más atrasados que en el resto de la costa francesa y de que los Aliados lo sabían. Por ello, la invasión podría tener lugar en ambos lados del delta del Sena y El Havre serviría bien para el refuerzo de la cadena logística, al margen de ser una ruta más directa para conquistar París, dado que se pensaba que era un objetivo de prestigio para los Aliados.

Dihm añadía que resultaba necesario considerar el factor sorpresa, tanto en el campo estratégico como en el táctico. Por ejemplo, un ataque en la península de Contentin, en Normandía, podía tener lugar de diferentes formas y ello afectaría enormemente a la decisión que tomar en cuanto a la disposición de las reservas, tanto tácticas como estratégicas. Pero, antes de seguir profundizando en este aspecto, el general expuso que «si bien Rommel había recibido personalmente de Hitler la orden de impedir la invasión, no era libre de tomar sus propias decisiones y estas debían tomarse coordinándolas con el cuartel general de von Rundstedt y con el OKW, y acababan siendo el resultado de un compromiso con el OKW».

Hubo mucha controversia y debate sobre decisiones importantes, y todo eso solo consiguió que, a la larga, se produjeran retrasos en la aplicación de las medidas pertinentes. Por ejemplo, la consideración de si las reservas —y qué reservas— se debían desplegar inmediatamente detrás de las tropas de primer escalón, en los sectores más probables de ser invadidos, o si, por el contrario, se debían escalonar en profundidad, para ser empleadas en el sector donde el enemigo hubiera iniciado su esfuerzo principal, y lo que es más importante: qué acciones ofensivas deberían realizar y con qué fuerzas. Tanto Rommel como von Rundstedt disponían de reservas, pero, adicionalmente, la cuestión era la de qué unidades se deberían retirar de los sectores que no estuvieran siendo atacados y cuándo.

> *Cómo se plasmaron las decisiones de última hora es algo que ignoro, dado que, debido a la naturaleza de mi misión, no fui informado. Solo sé que el mariscal Rommel era de la opinión de que las reservas debían estar listas para intervenir inmediatamente detrás de la línea de la costa. Rommel estimaba que los primeros días serian decisivos y consideraba que, si estaban lejos, llegarían para decidir. La fuerza aérea*

enemiga había destruido ya casi todos los puentes y zonas de embarque y carga, y lo que es más, los movimientos había que realizarlos solo durante la noche.

Cuando fue obvio que el OKW *no estaba de acuerdo con sus ideas, Rommel ordenó que todas las fuerzas directamente bajo su mando se desplegaran lo más cerca posible de la costa y descartó distribuir sus fuerzas en profundidad. De este modo también contribuía a que, en la hipótesis de desembarcos de fuerzas aerotransportadas y paracaidistas en la retaguardia, el enemigo no encontrase objetivos aislados de oportunidad que pudieran ser destruidos. Rommel opinaba que solo la cohesión estrecha entre las unidades que defendían la costa podría impedir la acción del adversario, especialmente si fallaban los medios de comunicación y transmisiones por radio, que, con toda seguridad, habrían sido afectados por los bombardeos aliados. Por otra parte, esta orden era coherente con la exigencia del Führer de resistir hasta el último cartucho.*

Esto explica que la distribución de fuerzas en profundidad no tuviera lugar y que se relegase a cualquier otra exigencia. Los sectores defensivos de las divisiones se reorganizaron en posiciones defensivas tipo «centros de resistencia», que eran verdaderas fortalezas defendibles en 360°, rodeadas de alambradas y campos de minas, como «erizos defensivos». Todo el personal, incluidos conductores y cocineros, fue asignado a estas posiciones. La artillería de campaña, orgánica de las divisiones, fue igualmente incluida en este esquema. De este modo, se esperaba ganar tiempo y limitar la acción de los fuegos de apoyo aliado, ya fueran de la artillería naval o de la fuerza aérea, dada la proximidad de las fuerzas propias enemigas. Sin duda, se contempló igualmente una abundante provisión de alimentos para las fuerzas de la defensa, con objeto de asegurar su resistencia. No obstante, según el general Dihm, nada de esto había sido construido en Normandía hacia el 6 de junio de 1944, mientras que, irónicamente, sí se había construido en las costas belgas y holandesas, que no fueron atacadas en ningún momento por los Aliados.

General Leo Geyr von Schweppenburg, comentarios suplementarios a los manuscritos del teniente general Dihm (Allendorf, Alemania; 1946)

El general von Schweppenburg[94] discrepaba notoriamente, desde su posición como jefe del hipotético Grupo Acorazado Occidental (Panzergruppe West) —que nunca llegó a intervenir como tal—, de la concepción estratégico-táctica del mariscal Rommel y, por lo tanto, sus comentarios ofrecen una doble lectura. Sin embargo, las autoridades norteamericanas consideraron oportuno que aportase su punto de vista. Lo que sigue son sus comentarios.

> *El teniente general Dihm aportó algunas ideas respecto de los planteamientos del mariscal Rommel en relación con la defensa en el Oeste. Estuvo destinado como experto en materia de artillería de costa y en organización defensiva (anteriormente había estado destinado en Bretaña, como asesor para la defensa costera) en el Estado Mayor del Grupo de Ejércitos B). Se puede afirmar que, en términos generales, coincide en sus opiniones con las ideas del mariscal Rommel.*
>
> *Rommel era un típico alemán nativo de Wurttemberg y, como tal, meticuloso. Estaba imbuido de un gran sentido del deber y de la responsabilidad. Pero no era el único alemán de esta naturaleza que se mostraba inclinado a observar los detalles con gran atención. Su atención a los detalles, en gran manera exagerada, era patente en lo referente a su obsesión por la fortificación. Por ello, una elevada proporción de tropas se consumió en la construcción de fortificaciones, descuidando la instrucción y preparación de estas. La instrucción de una división acorazada era algo con lo que Rommel no estaba familiarizado. Rommel nunca había mandado un solo regimiento de infantería mecanizada*

94 Von Schweppenburg era un oficial del Estado Mayor (OKH), con indiscutibles conocimientos sobre la guerra mecanizada. Había mandado unidades acorazadas en Polonia, Francia y Rusia, con éxito, pero nunca se había enfrentado después de 1940 a los Aliados anglo-americanos. Su gran soberbia y arrogancia provocó la falta de entendimiento con Rommel y debe ser considerado como uno de los responsables del fracaso de la defensa alemana en Normandía.

(Panzergrenadier) y solo había obtenido una limitada experiencia al mando de la 7.ª División Panzer, en 1940, frente a Francia.

En mi opinión, la instrucción debe ser prioritaria, antes que la fortificación y la organización del terreno, especialmente cuando muchas de las divisiones disponibles habían sido creadas recientemente y estaban compuestas por reclutas apenas instruidos[95].

No puedo estar de acuerdo con el planteamiento de que la invasión podía ocurrir en cualquier lugar. Aquí había una notoria falta de decisión entre los altos mandos, en el OKW*. Fue un grave error no definir centros de gravedad en las fortificaciones. «Defender todo equivalía a no defender nada».*

Rommel tenía un buen conocimiento del significado del poder aéreo aliado a través de su experiencia en África. Sin embargo, no comprendía bien el valor de las operaciones aerotransportadas. No había estado en Sicilia, ni luego en la invasión de Italia en Salerno, y su concepción de cómo actuar contra estas es algo que no comparto. Dos meses antes de la llegada de Rommel al frente occidental, desde septiembre de 1943, en el marco del Grupo Acorazado Occidental, ya habíamos iniciado la instrucción de las unidades en la táctica que aplicar contra las operaciones aerotransportadas, cuando «todo estaba en calma en el Oeste», y yo, personalmente, redacté la instrucción general —aprobada por el OKW*—, para ello. Una de las razones por las que discrepaba de la idea de desplegar las unidades acorazadas cerca de la costa era la profundidad de espacio requerida para disponer de libertad de acción en el movimiento contra los desembarcos aéreos.*

Todos, el enemigo incluido, y la gran mayoría del personal del Estado Mayor de Rommel, respetamos el valor personal y la inagotable energía del mariscal y, por ello, la aportación del teniente general Dihm será comprendida sin dificultad. Su valor histórico, no obstante, es otra cosa, pero no se pueden tener contemplaciones en la búsqueda de la verdad, pero ¿cuál es la verdad?

---

95 Este era también el punto de vista del general von Salmuth, que mandaba el 15.º Ejército, que defendía Calais.

Está claro que von Schweppenburg era un firme oponente de las ideas de Rommel, e incluso después de fallecido el mariscal continuaba tratando de exponer aspectos negativos de sus conceptos.

Aportación del vicealmirante Friedrich Ruge sobre la actuación de las fuerzas navales en Normandía (Brujas, Bélgica; abril de 1946)

Por lo que puedo recordar, la previsión de la Marina para el 6 de junio era que «la invasión era posible pero no probable», dado el mal tiempo reinante. No se produjo ninguna alarma ni alerta en el cuartel general del Grupo de Ejércitos B hasta la llegada, en las primeras horas de la madrugada del día 6, de los primeros informes del desembarco de paracaidistas y planeadores en Normandía.

El transporte por tierra de la Kriegsmarine había estado siempre más centralizado que el transporte que organizaban el propio Ejército y las guarniciones navales de los puertos y baterías, y juntaban y coordinaban sus unidades de transporte («Kraftfahrbereitschaften») prestando servicio, al final, a los tres ejércitos.

Tras no pocas dificultades, una ruta de aprovisionamiento se estableció a lo largo del Sena y mediante barcazas fluviales se transportaron municiones, combustible y abastecimientos desde París. Todas estas tareas corrieron a cargo de oficiales navales que no tenían destino en buques. El mariscal Rommel reclamó en diversas ocasiones la transferencia del personal de unidades navales como centros de instrucción y otros, bajo su mando, con intenciones de preparar una segunda línea de defensa, pero el Estado Mayor de la Marina (OKM) no estuvo de acuerdo.

La moral de las unidades navales era satisfactoria y siempre hubo voluntarios para diversas tareas, a pesar de las circunstancias. Entre las razones que justifican el fracaso naval en Normandía, ello se le achaca, en primer lugar, a la inca-

pacidad de la Luftwaffe. Todos los preparativos aliados para el desembarco que se llevaban a cabo, en el sur de Inglaterra, transcurrieron sin que fueran molestados ni descubiertos claramente. A plena luz del día, las unidades navales alemanas de superficie no se atrevían a salir de sus puertos, dada la actividad aérea aliada, y el uso de las pocas grandes unidades de superficie aún en servicio estaba descartado. Toda concentración de unidades era atacada desde el aire inmediatamente.

Naturalmente, la propia Kriegsmarine era igualmente incapaz. La fuerza naval alemana existente era totalmente inadecuada ya para proteger los transportes a Noruega, Finlandia o los Estados bálticos, y mucho menos para defender Italia, Grecia y los puertos franceses. Actuar contra la hipotética flota de invasión aliada era impensable. Sin embargo, mucho más se podría haber hecho si el OKM hubiera admitido la necesidad de haber tomado medidas contra la invasión y hubiera establecido las prioridades adecuadas. Por otra parte, dada la inminencia del ataque aliado, no hay duda de que fue un error el conceder tanta importancia al programa de los nuevos submarinos, que, prácticamente, no tuvo ninguna trascendencia.

Por último, la falta de comprensión y conocimiento de los métodos navales aliados y de operaciones combinadas agravó la capacidad de análisis del OKW, que no pudo competir con una organización conjunta como era el mando aliado.

El destructor Z 32, de la 8.ª Flotilla de la Kriegsmarine, inutilizado en la isla de Batz, frente a la costa de Normandía, a los tres días del desembarco [Военный альбом].

Aportación del general Heinz Guderian, inspector de las tropas Panzer en la primavera de 1944 (campo de prisioneros de Allendorf, Alemania; primavera de 1946)

En el otoño de 1945 el general Guderian, considerado el padre de las fuerzas acorazadas alemanas (Panzer), fue trasladado a Núremberg, donde fue sometido a severos interrogatorios, tras haber sido capturado por las tropas americanas en mayo de 1945. En 1946 fue trasladado al campo de concentración de Allendorf, en Alemania, en donde se hallaban un gran número de altos mandos de la Wehrmacht. Las aportaciones de Guderian fueron de gran utilidad en su calidad de experto en unidades acorazadas y carros de combate, y voluntariamente se prolongaron hasta 1952.

En 1944, Guderian trataba de contribuir a ganar la guerra, aconsejando en el OKW, aunque lo llevaba intentando intentando desde 1943 sin resultados. En realidad, el general se hallaba en sus propias teorías e ideas, sin darse cuenta de que la guerra había evolucionado y de que los conceptos iniciales de la llamada *Blitzkrieg* ya no eran de tanta validez, especialmente en el frente occidental, como lo habían sido en los primeros años de la guerra. Ello fue evidente durante la preparación que se llevó a cabo para enfrentarse a la invasión que se vislumbraba a lo largo de la primera mitad de 1944.

En un interrogatorio que tuvo lugar el 26 de junio de 1945, Guderian declaró que intentó conseguir alguna comprensión y apoyo del Führer en relación con el empleo de las unidades Panzer como reserva móvil en la defensa de la costa francesa, pero Hitler le expuso claramente que no deseaba contrariar a Rommel en ese tema, y le aconsejó visitar el posible frente de batalla y tratar con Rommel el asunto. Guderian visitó a Rommel en abril de 1944 y discutió todas las posibilidades al respecto tanto con Rommel como con su nuevo jefe de Estado Mayor, el general Speidel, sin llegar a ninguna conclusión definitiva.

La decisión del Führer fue desplegar una mezcla de unidades acorazadas a lo largo de la costa, más bien pocas, para dar satisfacción a Rommel, al tiempo que con el resto de las unidades se organizaba una reserva desplegada en una zona lejana para llevar a cabo una contraofensiva fulminante, contentando así a von Rundstedt y a von Schweppenburg. Guderian, por otra parte, discrepaba de la postura de Rommel y, por lo tanto, optó por apoyar la decisión de Hitler. Contrariamente a lo que el había propugnado siempre —no contentarse con pequeñeces, sino ir a lo grande (*Nicht Kleckern sonder Klotzen*)—, en esta ocasión se conformó y aceptó ir a medio gas. En cualquier caso, es razonablemente dudoso que la idea de Rommel de mantener todas las fuerzas acorazadas reunidas cerca de la costa y de la posible zona del desembarco hubiera resultado un éxito.

Las unidades Panzer fueron ciertamente útiles en Normandía, especialmente en la zona de Caen, y en última instancia frenaron el avance británico durante un tiempo considerable, pero, al final, el poder aéreo angloamericano prevaleció y los carros de combate alemanes vieron paralizada su libertad de movimientos y gravemente dañado su apoyo logístico, que era esencial. Sin duda, la guerra acorazada y de movimiento había alcanzado un punto crítico y debería evolucionar hacia una tercera dimensión.

Respecto de la invasión de Francia, Guderian —en un primer interrogatorio el 25 de mayo de 1945— declaró que «al margen de ciertos errores cometidos, el principal factor que incidió en el éxito aliado fue el fracaso de la Luftwaffe». La ausencia de la superioridad aérea provocó una completa paralización de la red de comunicaciones alemana. Otros fallos que citaba Guderian fueron la dejadez en establecer líneas defensivas paralelas y la errónea distribución de las unidades acorazadas. Guderian, además, declararía que la última responsabilidad de todos los errores cometidos estaba en el propio Hitler, quien ignoró todas las advertencias y el asesoramiento del OKW —algo que sabemos que no es cierto por entero ya que el OKW solía plegarse a los deseos del Führer—, y que fue Hitler quien creyó en la invulnerabilidad del Muro del Atlántico, lo que tampoco es exacto. También culpaba a Hitler de la falta de iniciativa de los mandos de las unidades Panzer, al obligarlos a seguir al pie de la letra sus instrucciones, algo que puede ser discutible. En cierto modo, Guderian seguía la línea de culpar de todo a Hitler y exonerar al generalato. Guderian mismo fue nombrado jefe del Estado Mayor del Ejército (OKH), el 21 de julio de 1944 —tras el atentado contra Hitler—, y no rechazó el cargo.

En cuanto a ciertos detalles de ejecución del mismo Día D, Guderian apuntó directamente al general von Schweppenburg, a quien acusó de impericia, por no creer que el alcance de la artillería naval aliada podía llegar hasta 30-40 km tierra adentro y dejar, insensatamente, a las divisiones Panzer a su mando dentro del alcance del fuego aliado. El propio Schweppenburg resultaría baja el 6 de junio, cuando su puesto de mando fue literalmente desintegrado por un ataque de cazabombarderos aliados.

Guderian también discrepaba de Rommel en la ubicación y despliegue de la reserva acorazada, que el mariscal quería situar inmediatamente detrás de la línea principal de resistencia sobre la playa, y, cuando von Kluge —al sustituir a Rommel cuando este resultó herido gravemente— consideró lo mismo, dijo que no pudo ya hacer nada, en un nuevo interrogatorio el 28 de mayo de 1945. Guderian, aun reconociendo las capacidades y méritos de Rommel, decía que «no era un experto en carros de combate» y, aludiendo a su no pertenencia al Estado Mayor, insinuó que «no se podía sustituir con simple intuición lo que se aprende tras muchos años de estudio y lectura». Guderian no dio muchas pruebas aquí de compañerismo, sino más bien de todo lo contrario, y especialmente cuando se hablaba de un compañero caído; Guderian, por otra parte, debería haber estado callado tras haber mostrado no poca complacencia con el régimen nacionalsocialista.

Cuando comenzó la invasión el 6 de junio, la única división Panzer lista para intervenir fue la 21.ª División, al mando del general Edgar Feuchtinger, en el sector asignado a las fuerzas británicas y donde vino a lanzarse y aterrizar una división aerotransportada británica, la 6.ª División Aerotransportada (Airborne). Uno de los grupos tácticos que constituyó la división logró llegar hasta la playa, separando efectivamente a las fuerzas británicas de las canadienses, pero la falta de coordinación con las demás unidades y la tardía llegada de más fuerzas impidieron la obtención de resultados. La mayoría de su material se perdió en los primeros días de la batalla, mientras los *Panzergrenadiere* (infantería mecanizada) continuaron la lucha en la zona de Caen por varias semanas. Cuando los Aliados iniciaron su penetración en el continente, la división retrocedió junto con las otras unidades alemanas.

Aportación del general Günther Blumentritt, jefe de Estado Mayor del OB West en París (campo de prisioneros de Allendorf, Alemania; primavera de 1946)

Las manifestaciones del general Blumentritt, al margen de su admiración hacia su jefe directo, el mariscal von Rundstedt, encubren de alguna manera hechos que apuntan a su posible participación o conocimiento de atrocidades que pudieron ser calificadas como crímenes de guerra. Hoy es un hecho constatado que la Wehrmacht no fue inocente en las barbaridades cometidas por los alemanes en los diferentes frentes.

Blumentritt señaló con claridad la complejidad de la cadena de mando, exponiendo que el OB West era responsable solamente de la defensa contra la posible invasión de Holanda, Bélgica y Francia pero no de asegurar la seguridad e integridad de los territorios ocupados. Bajo su directa dependencia estaban los Grupos de Ejército B y G, mientras que la 3.ª Luftflotte y el Mando Naval del Oeste solo se podían utilizar para la defensa táctica de las costas, y lo mismo ocurría con los Gobiernos militares de Francia y Bélgica. El Gobierno militar de Holanda, sin embargo, no dependía para nada del OB West. Las Waffen SS quedaban fuera de su jurisdicción y todo lo más que se podía hacer era pedir su apoyo.

En realidad, el mando OB West era un mando con autoridad limitada, para asegurar la defensa contra una invasión en términos estratégicos y tácticos, pero no un comandante en jefe, por lo que su tarea era ciertamente complicada. Además, no contaba con representación directa ante el Alto Estado Mayor, el OKW, que respondía directamente ante el Führer. Por otra parte, no contaba con reservas y las tres divisiones acorazadas disponibles inicialmente[96] —dos en Francia y una en Bélgica— dependían directamente del OKW y no se podían mover sin permiso del mismo Hitler. Los Grupos de Ejércitos contaban con sus propias reservas. Fuera de la defensa de las costas no se había previsto una segunda línea de defensa y el ca-

96 Estas divisiones eran la División Panzerlehr, la 12.ª División Panzer de las SS Hitlerjugend —ambas en Francia cerca de Le Mans— y la 1.ª División Panzer SS Leibstandarte —en Bruselas—.

mino estaba libre hasta la frontera con Alemania. La llamada línea Sigfrido no era una línea compacta defensiva y carecía de profundidad. El Rin constituía la última línea defensiva. Blumentritt confesó que el Estado Mayor del OB West había efectuado planes para retirarse a la línea Sigfrido pero que estos se mantenían en secreto y no debían ser comunicados al OKW en ningún momento[97].

Blumentritt expuso que, mientras se llevaba a cabo un ejercicio de cuadros —básicamente un «juego de la guerra» sobre cartografía en Rennes, al que asistieron bastantes mandos del 7.º Ejército—, en la noche del 5 de junio, se recibió en París la segunda parte de los versos de Verlaine, que avisaba ya de que algo inminente iba a ocurrir. OB West remitió el mensaje al Grupo de Ejércitos B y el general von Salmuth decidió poner en estado de alerta al 15.º Ejército, pero no se hizo nada por parte del 7.º Ejército, aunque sí se decidió poner fin al ejercicio en Rennes y los mandos regresaron a sus unidades. En la madrugada se avisó también al mariscal Rommel, que se encontraba en Alemania[98].

Fue ya entrada la madrugada del día 6 de junio cuando el OB West, tomando la responsabilidad y sin esperar órdenes de Hitler, decidió poner en movimiento a las divisiones Panzerlehr y 12.ª SS Hitlerjugend. Sin embargo, el OKW rechazó todas las peticiones para empeñar todas las reservas y no sería hasta la noche ya del día 6 cuando se decidiese hacerlo. Se habían perdido casi 24 horas y ambas divisiones estaban muy alejadas del frente para intervenir. El día más largo estaba tocando a su fin y Alemania había perdido la partida.

El general Blumentritt comentaría las relaciones entre von Rundstedt y Rommel citando que ambos se respetaban mutuamente, si bien von Rundstedt representaba al antiguo militar prusiano y no comprendía bien los avances tecnológicos experimentados desde la Primera Guerra Mundial, mientras que Rommel creía mucho en estos desarrollos y trataba de aplicarlos. Para von Rundstedt, Ro-

97 Es obvio que el último responsable de esos planes era el propio Blumentritt, como jefe del Estado Mayor del OB West, y, si se hubieran conocido, ello le habría supuesto un serio disgusto, cuando no algo más. Von Rundstedt no mencionó nunca nada al respecto ni manifestó tener conocimiento de su existencia.

98 Blumentritt expuso que nada sucedió debido a la ausencia de Rommel, ya que toda la acción se desarrollaba en el sector del 7.º Ejército y no se podían mover las reservas sin autorización del Führer.

mmel era solo un joven general favorecido por Hitler, y él encarnaba a la vieja escuela, al conservadurismo, a la prudencia en el campo de batalla y al Estado Mayor General. Blumentritt consideraba de aplicación para von Rundstedt la frase atribuida a Martín Lutero en su discurso en la Dieta de Worms, el 18 de abril de 1521: «Aquí estoy, no puedo hacer más. Que Dios me ayude. Amén»[99]. Rundstedt encarnaba el silencio y la obediencia mientras que Rommel representaba la discusión, el debate y la continua innovación, rayando en cierta indisciplina en ocasiones. Probablemente Rundstedt escuchaba a Rommel e incluso estaba de acuerdo con sus planteamientos, pero nunca apoyó abiertamente sus consideraciones.

Blumentritt resaltó que, precisamente, debido a la complejidad de la cadena de mando, los servicios de abastecimiento y la cadena logística en general no funcionaron debidamente provocando que no hubiera nunca suficientes medios de transporte. El mando OB West no llegó nunca a contar con columnas motorizadas propias y hubo que recurrir a afectar o agregar las que estaban bajo control de las grandes unidades, que estaban formadas por camiones franceses y belgas requisados de todos los tipos y marcas imaginables, con conductores franceses militarizados de dudosa fiabilidad. El 7.º Ejército no pudo tener medios suficientes nunca, mientras que las divisiones de infantería carecían por completo de vehículos. Solamente las divisiones Panzer disponían de vehículos orgánicos propios.

Respecto de la operatividad de las fuerzas disponibles bajo el OB West, el general Blumentritt manifestaría que el grueso de las divisiones Panzer, tanto del Ejército (Wehrmacht) como de las Waffen SS, eran las mejores unidades, si bien algunas estaban reequipándose y recibiendo aun nuevos carros de combate o, en algunos casos, como sucedía con la 21.ª División Panzer, tenían una mezcla de carros franceses de dudosa utilidad, o ni siquiera contaban con carros sino solo con cazacarros autopropulsados, en el caso de la 17.ª División Panzer de las SS. Las divisiones tenían experiencia de combate tanto en el Este como en el Oeste y sus mandos estaban altamente capacitados. Los conductores de los carros, en cambio, debido a la escasez de combustible, no habían podido ser instruidos adecuadamente.

---

99 Frase que figura inscrita en el monumento a Lutero en Worms.

Las mejores unidades tras las divisiones Panzer eran las divisiones de paracaidistas de la Luftwaffe, agrupadas en un cuerpo aéreo al mando del experto general Meindl[100] (2.º Fallschirmjäger Korps). Eran las mejores unidades y las mejor dotadas con equipo y armamento, aunque también carecieran de vehículos. Las divisiones de campaña de la Luftwaffe eran distintas, sin embargo, y no estaban muy bien instruidas para el combate terrestre.

Para Blumentritt, estaba claro desde 1943 que una invasión de las costas francesas era algo que iba a ocurrir en algún momento, aunque no hubiera evidencia dado que no se conocían todas las intenciones políticas, pero cualquiera que examinase con atención el mapa de Europa podría ver que no había ninguna posibilidad real de defensa para Alemania. Los Aliados estaban en actitud ofensiva en todos los frentes mientras que la Wehrmacht jugaba a desarrollar una defensiva estratégica, sin reconocer que las estrictas órdenes de no ceder terreno y proceder a una defensiva estática no eran ninguna estrategia. Había que conservar todo el terreno, incluso las islas del Canal, y no había forma de convencer al OKW de lo ridículo e imposible de esta situación.

Si se hubiera dejado libertad de acción al mariscal von Rundstedt, con toda seguridad habría cedido y evacuado el sur de Francia, y trasladado las fuerzas del Primer y el 19.º Ejércitos, creando un nuevo ejercito acorazado a base de las divisiones Panzer Lehr; la 12.ª, 2.ª y 1.ª Panzer SS, y la 11.ª División Panzer. Estas cinco divisiones acorazadas, junto con ocho divisiones de infantería, se habrían concentrado en las cercanías de París, para lanzar una contraofensiva contra los flancos de los Aliados según fueran avanzando, lo que habría significado una gran batalla de movimiento al norte del Loira, de acuerdo con la doctrina tradicional alemana. Von Rundstedt contaba, naturalmente, con recibir un fuerte apoyo aéreo de la Luftwaffe, algo que no existía ya[101].

---

100 El general Eugen Meindl, perteneciente a la Luftwaffe, era un experto paracaidista que había participado en la batalla por Creta, en 1941, y tomado parte en numerosas acciones de combate. Fue hecho prisionero en 1945 y liberado en 1947.

101 El 6 de junio de 1944, la relación de fuerzas aéreas entre los Aliados y la Luftwaffe era de 25 a 1, y no solo gozaban de superioridad aérea, sino que dominaban el aire por completo.

En la mente de von Rundstedt estaba la idea de una fuerza o reserva central localizada cerca de París, que llevaría a cabo un contraataque a gran escala en la zona entre Orléans y París, en donde los Aliados podían llegar a presentar un flanco descubierto, pero la obsesión del Führer por una defensa rígida y por mantener el terreno a toda costa impedía desarrollar ninguna estrategia válida ni táctica que facilitasen alguna flexibilidad en la defensa.

Aportación del teniente general Dr. Hans Speidel, jefe de Estado Mayor del Grupo de Ejércitos B (basada en documentos y escritos proporcionados al autor por su hijo Hans Helmut, en el otoño de 1985, cuando era agregado militar en la embajada alemana en Londres)

Lo que sigue son las consideraciones del general Speidel a propósito de las ideas del mariscal Rommel, tras las numerosas conversaciones mantenidas por ambos antes de la invasión, y que fueron escritas tras la guerra, basándose exclusivamente en su memoria personal. Naturalmente, como su hijo me explicó[102], deben ser cotejadas y ampliadas con datos fehacientes y con documentos de los archivos existentes. No por ello carecen de valor; merecen ser conocidas a pesar del tiempo transcurrido. Desgraciadamente, no tuve el honor de conocer al general Speidel, ya que falleció en 1984.

102 Una hermana de Hans Helmut, Christa, estaba casada con el entonces embajador de Alemania en Madrid, Guido Brunner, nacido en Madrid, que permaneció en España entre 1981 y 1992, y era muy bien visto en medios del PSOE. Brunner era una mezcla de alemán y madrileño y ejercía como tal, con un tonillo al hablar que delataba su aprendizaje del español en su barrio de Chamberí. El Juzgado de Instrucción n.º 39 de Madrid investigó varías vías de financiación ilegal del PSOE, en 1996, y envió una comisión rogatoria a la justicia alemana en la que solicitaba que se investigara a Brunner y se le tomara declaración «en el marco de una investigación preliminar, seguida por sospecha de falsedad documental, tráfico de influencias y fraude fiscal». La justicia alemana, a través de Interpol, remitió un oficio al juzgado en el que señalaba que la investigación sobre Brunner «podría atentar contra la soberanía de la República Federal de Alemania» y añadía que «no procedía dar continuidad a la demanda».

Antes que nada, es importante tener en cuenta la influencia que tanto Hitler, personalmente, como su OKW ejercían en las decisiones tácticas y estratégicas, llegando, incluso, a detalles mínimos y hasta a los movimientos de pequeñas unidades, lo que anulaba de forma casi total cualquier iniciativa que pudieran tener los mandos directamente implicados en el combate.

El general Speidel se presentó ante el Führer, en el Obersalzberg[103], el 1 de abril de 1944, procedente del frente ruso, para trasladarse al Oeste y tomar su puesto en el Grupo de Ejércitos B, al cual se le había destinado. Speidel había sido hasta ese momento jefe de Estado Mayor del 8.º Ejército, en el frente ruso, y no está muy claro cómo se produjo ese cambio de destino; según me comentó su hijo, pudo deberse a la intervención indirecta de la propia esposa de Rommel, Lucie, aunque también pudo responder a otras circunstancias como querer influir en el pensamiento del mariscal, en el marco de la corriente antinazi de pensamiento, en la que militaba el general Speidel, o lo que es más dudoso, influir en la conducción de la batalla con vistas a asegurar la derrota de Alemania —algo extremamente complicado— y así acortar la duración de la guerra. La conducta de Speidel el Día D, no obstante, está considerada como una de las más extrañas y difíciles de explicar en toda la historia militar.

Speidel solicitó del Führer y del general Alfred Jodl, jefe de Operaciones del OKW, una directiva operativa para la conducción de las operaciones en el frente occidental, lo que le fue negado, considerado superfluo, diciéndole que tanto el OB West como el Grupo de Ejércitos B tenían solo una misión: oponerse y derrotar cualquier invasión de la costa. Prohibido retirarse y ceder terreno al adversario.

Speidel se sorprendió de que nadie, en el OKW, hiciera mención de los desembarcos aliados en Sicilia e Italia como experiencia que tener en cuenta y, por otra parte, se le dijo que, «en la eventualidad de una invasión», inmediatamente se enviarían a Francia suficientes divisiones Panzer, así como los nuevos cazas a reacción (¡se le dijo que se enviarían 1000 cazas!); así como nuevos submarinos y, naturalmente, los nuevos cohetes V-1 y V-2 se emplearían contra

103 El Obersalzberg es una casa de retiro situada en Baviera, muy cerca de Austria, donde se hallaba la residencia de Hitler —el Berghof—, más conocida como «el Nido del Águila».

la fuerza invasora. Nada de esto sucedió y, cuando la invasión se produjo, la defensa alemana fracasó sin remedio. Adicionalmente, se le dijo a Speidel que la libertad de acción y del modo de operar quedaba anulada. Solo cabía la defensa a toda costa y no se debía ceder ni un metro de terreno.

Con este bagaje, el general Speidel se presentó ante Rommel el 11 de abril de 1944; veía la guerra perdida de antemano y consideraba que era de extrema importancia llegar a un acuerdo y negociación de rendición y paz con las potencias occidentales. Sin duda, aprovechó su destino —que tuvo una duración de escasamente un mes y medio antes de la invasión— para tratar de convencer al mariscal Rommel de estos aspectos. No obstante, a pesar de su importancia, este tema no se trata en esta obra, dado su volumen y alcance; me limito a narrar solo los sucesos relativos al Día D y el punto de vista alemán sobre ello. El general Speidel acabaría siendo detenido por la Gestapo, aunque logró milagrosamente sobrevivir a la guerra.

El general Speidel, como jefe de Estado Mayor, tenía la responsabilidad de gestionar el día a día del entero Grupo de Ejércitos B, desde Holanda hasta Bretaña. Con el mariscal Rommel en viaje privado en Alemania los días 5 y 6 de junio, estaba claro que el mando del Grupo de Ejércitos correspondía al teniente general Speidel. En las horas antes de la invasión, Speidel —al conocerse los mensajes de los versos de Verlaine a la Resistencia— pudo haber puesto al Grupo de Ejércitos al completo en situación de máxima alerta, algo que hizo el general von Salmuth pero solo para su 15.º Ejército. El mando en el OB West —von Rundstedt— dejó el tema en manos de Speidel, que no hizo nada[104], aunque pudo haber llamado a Rommel, lo que tampoco hizo. Del mismo modo, pudo haber cancelado el «juego de la guerra» que estaba teniendo lugar en Rennes y ordenar a los mandos regresar a sus unidades y decidió igualmente no actuar.

Cuando, el 6 de junio de 1944, ya iniciada la invasión, Rommel logró regresar a su cuartel general en La Roche-Guyon, a las nueve

104 Speidel argumentaría en su defensa que la situación era muy confusa y que no era procedente establecer consideraciones estratégicas de ningún orden hasta no tener una visión clara de lo que ocurría. En mi opinión, esto era una pobre excusa, ya que los cinco mil barcos que se hallaban delante de Normandía solo podían presagiar la invasión.

de la noche, Speidel se encontraba escuchando una ópera de Wagner sin haber tomado ninguna decisión. Ante la sorpresa del ayudante de Rommel, capitán Lang, que no salía de su asombro, solamente dijo: «Querido Lang, ¿cree Ud. honestamente que el hecho de que yo escuche ahora a Wagner va a tener alguna influencia en los hechos que están teniendo lugar?»[105].

En Alemania, los servicios de inteligencia —coronel von Roenne y general Schellenberg de las SS—, aunque remitieron la información tanto al OB West como al OKW, no provocaron tampoco mayor acción. En el Grupo de Ejércitos B, con la autorización de Speidel, el coronel Staubwasser —jefe de inteligencia— ordenó no tener en consideración ninguna información que llegase acerca de la invasión[106]. Y, sin embargo, ya el OKW, con el asesoramiento de la Kriegsmarine, había determinado como fecha probable de la invasión el 18 de mayo de 1944. Cuando esta fecha transcurrió sin novedad, se concluyó que nada sucedería ya antes de agosto.

El mando alemán, como había venido sucediendo siempre, se enfrentaba a su «tradicional dilema» buscando soluciones operativas, algo que algunos autores han dado en llamar «el modo germánico de hacer la guerra». Estas soluciones trataban de compensar la vulnerabilidad de la posición geográfica central de Alemania y su inferioridad relativa en recursos humanos y materiales mediante la agresión, la velocidad en sus procedimientos y la sorpresa como multiplicadores: el concepto calificado como *Bewegungskrieg* o «guerra de movimiento», lo que había funcionado hasta 1942 y había llevado a las grandes batallas de cerco —*Kesselschlacht*— que habían aniquilado en Dunkerque y en Rusia a grandes ejércitos enemigos, pero que en 1944 se había agotado y ya no producía resultados, estando ahora la Wehrmacht agotada y contra las cuerdas.

---

105 Entrevista del escritor Cornelius Ryan al capitán Hellmuth Lang, ayudante de Rommel y quien conservó los diarios personales (*Tagesberichte des Oberbefelshabers*) del mariscal. Lang era un distinguido oficial de carros de combate condecorado con la Cruz de Hierro.

106 Curiosamente, en la madrugada del Día D, con la invasión en curso, en el Cuartel General de Rommel —en La Roche-Guyon—, Speidel mantenía una reunión con los principales conspiradores contra Hitler que se hallaban en Francia, sin prestar excesiva atención a lo que estaba ocurriendo. Tras la invasión, el mismo Führer ordenaría una investigación, aunque nada quedó en claro. El general Speidel, posteriormente, en unas memorias, tampoco aclaró nada la situación ni explicó nunca su comportamiento.

Soldados alemanes descargan proyectiles de 150 mm para un cañón autopropulsado Hummel (Sd. Kfz. 165) en un bosque de Normandía (1944) [Военный альбом].

La agresión y el movimiento no habían sido las únicas características del «modo germánico de hacer la guerra», sino que, además, el mando alemán había instituido un sistema muy flexible de mando que concedía un alto grado de iniciativa a los subordinados, incluso en los niveles más bajos de mando. Conocido como *Auftragstaktik*, dejaba en manos del oficial al mando en el lugar donde se desarrollaba la acción la decisión que tomar, dándole una gran independencia, siempre que se garantizase el cumplimiento de la misión.

En 1944, todo proceso de libre pensamiento había sido clausurado y los fundamentos de la *Bewegungskrieg* habían quedado hechos añicos. La directiva de Hitler era luchar en un frente, no ceder terreno y derrotar al adversario en la misma zona del desembarco. Toda maniobra y el recurso al movimiento estaban prohibidos. El Estado Mayor había visto prohibido incluso su pensamiento sobre cómo enfrentarse al enemigo en caso de que avanzase a través del interior de Francia tras su desembarco. El mando alemán ya no respondía ni a las leyes de la guerra ni a las exigencias operativas de cada situación, y ni siquiera actuaba con sentido común. Ello no solo produjo confusión en las órdenes, sino que provocó una situación, en los órganos de mando y decisión, totalmente caótica.

La idea del Führer, y así se lo expuso al mariscal Rommel, era que el soldado alemán debía luchar y morir en la defensa de las costas francesas, pero sin moverse de su puesto. Su motivación no era más que una idea equivocada de su concepto de prestigio, como había ocurrido en anteriores ocasiones como en Stalingrado, en las batallas defensivas en el Don, en Crimea, en Túnez o en Sicilia e Italia. Rommel, no obstante, mandó iniciar unos estudios defensivos para la «eventualidad» de que el desembarco aliado tuviera éxito —lo que estimaba que ocurriría a los tres días de producirse como mucho—, desviándose, por consiguiente, de la idea de Hitler, pero asumía que, como se le había prometido, habría una considerable reserva de fuerzas acorazadas (Panzer) en las cercanías de París.

El pensamiento del mariscal von Rundstedt seguía los principios de la vieja escuela, sin tener en cuenta para nada ni las enseñanzas de Rusia ni las del Mediterráneo, y sin evaluar los procedimientos de los angloamericanos. Dada la debilidad de la defensa alemana en la costa, no se dispondría nunca del tiempo necesario para hacer entrar en acción a las reservas. De hecho, la defensa contra la invasión se derrumbaría mucho antes de que las reservas acorazadas llegasen siquiera a avanzar. Las enseñanzas de Italia demostraban que solo las divisiones directamente dependientes del mando de la defensa y ubicadas de antemano en la zona de operaciones podían ser empleadas en el momento decisivo. Las promesas del Führer y del OKW no se materializaron nunca y las divisiones Panzer fueron prácticamente aniquiladas mucho antes de llegar al frente en Normandía.

El 15 de abril de 1944, tras incorporarse a su destino en Normandía, el general Speidel presentó un informe de situación general al mariscal Rommel, focalizado en lo que ocurría en Rusia, advirtiendo de que el frente había llegado ya a la frontera con Rumania y de que cabía esperar fuertes y decisivas operaciones soviéticas a fines del verano de 1944. No sirvió de nada, ya que Hitler había prohibido categóricamente a sus mariscales y altos mandos, efectuar análisis de situación de cualquier tipo.

Aportación del general Max Pemsel, jefe de Estado Mayor del 7.º Ejército, subordinado al Grupo de Ejércitos B (interrogado el 19 de abril de 1947)

El 7.º Ejército estaba al mando del general Friedrich Dollman[107] —un oficial de artillería— y estaba compuesto por tres cuerpos de ejército con un total de siete divisiones desplegadas en el frente y dos divisiones en la retaguardia, más una división de campaña de la Luftwaffe y dos divisiones de paracaidistas, también de la Luftwaffe. El teniente general Max Pemsel era su jefe de Estado Mayor[108].

El general Pemsel expresó que la mala situación de las defensas costeras en Francia en cuanto a la fortificación era debida, en gran parte, a la prioridad concedida a la Kriegsmarine desde 1940 para construir sus bases navales y abrigos para los submarinos. La enorme cantidad de hormigón y cemento empleados por la Organización Todt en la construcción de tales refugios contrastaba con lo poco que se había concedido para la realización del Muro del Atlántico.

De acuerdo con Pemsel, la base del razonamiento inicial para construir el Muro radicaba en varias consideraciones entre las que destacaban que se estimaba que la Union Soviética podría llegar a ser definitivamente derrotada en 1943 y, por lo tanto, las fuerzas utilizadas en el Este podrían ser trasladadas al Oeste. También se contaba con que Estados Unidos no llegaría a entrar en la guerra y que tanto la capacidad de los submarinos alemanes como la eficacia de la Luftwaffe bastarían para mantener a raya a Gran Bretaña.

107 Al poco de iniciarse la Segunda Guerra Mundial, en 1940 se le otorgó el mando del 7.º Ejército, durante la campaña de Francia. Se le asignaron tareas de ocupación, por lo que Dollmann pasó el resto de la guerra en Francia supervisando la defensa de Bretaña y Normandía. Pese a esperarse una invasión aliada, Dollmann rebajó las condiciones de alerta tras el empeoramiento de las condiciones meteorológicas el 4 de junio, coincidiendo con la ausencia de Rommel del frente. Resistió el ataque aliado, pero falleció de un ataque al corazón el 30 de junio de 1944, al parecer tras conocer la noticia de que le esperaba un consejo de guerra.

108 El general Pemsel sirvió con honor en diversos frentes como oficial de infantería, especializado en Yugoslavia en las tropas de montaña, y tras Normandía, fue destinado a Finlandia y posteriormente a Italia, donde fue hecho prisionero en 1945, y trasladado a Estados Unidos y posteriormente a Gran Bretaña. Pemsel llegaría a ser uno de los primeros generales de la nueva Bundeswehr destinados en la OTAN tras la guerra.

Por otra parte, la ausencia de un mando unificado real resultaría una gran desventaja para la conducción de las operaciones y nunca se llegó a producir una acción unificada y coordinada, dado que el OB West solo tenía autoridad sobre la fuerza terrestre asignada a la defensa de la costa. En 1942, el grueso de la Wehrmacht estaba empeñado en Rusia y, en Francia, las divisiones allí desplegadas estaban medianamente equipadas. Por parte alemana, a pesar de la advertencia de Dieppe, se confiaba en que los Aliados no estaban suficientemente preparados para llevar a cabo una invasión.

La situación se complicó mucho cuando el OKW, siguiendo al pie de la letra las órdenes del Führer, decidió no llevar a cabo una defensiva elástica en las costas de Francia sino una defensiva sin idea de retroceso sobre una sola línea de defensa. Ya desde el invierno de 1942-1943, la plantilla del 7.º Ejército se mantuvo entre 10 y 15 divisiones, a pesar de las dificultades en Italia y en los Balcanes. Sin embargo, hasta esas fuerzas resultaban exiguas para defender el frente asignado, de unos 1200 km, y ello empeoró con el hecho de que muchos batallones estaban formados por antiguos prisioneros procedentes del frente ruso. Cuando llegó el Día D, aproximadamente un 25 % de los batallones de infantería del 7.º Ejército estaba compuesto por eslavos de dudosa lealtad. La única división al completo y razonablemente bien equipada era la 319.ª División de Infantería, que se mantenía guarneciendo las islas del Canal sin ninguna finalidad práctica, bajo orden directa del OKW.

La disponibilidad de combustible era tan exigua que los mandos de regimiento solo podían usar sus vehículos una vez a la semana. Salvo estas ocasiones, todos los movimientos se hacían a caballo o en bicicleta. Todo el ejército disponía tan solo de un batallón de carros franceses obsoletos e, igualmente, el número de cañones contracarro y piezas autopropulsadas era insuficiente por completo.

Ya en julio de 1943, antes incluso de que von Rundstedt hubiera entregado su informe al Führer, tuvo lugar una presentación de la situación en el cuartel general del 7.º Ejército, en Le Mans, ante representantes de las diversas armas y ramas militares, incluyendo la Organización Todt, y se concluyó que una invasión solo podría ser rechazada si la construcción de fortificaciones tenía realmente lugar, sin más retrasos; si se asignaban para la defensa divisiones bien dotadas y equipadas; si se constituía una fuerte reserva estratégica capaz de lanzar un fuerte contraataque; y si se contaba con un fuerte componente aéreo capaz de enfrentarse a la fuerza aérea angloamericana. Sin embargo, aparte de asignar una mayor cantidad de hormigón y prometer todo lo que cabía prometer, no se hizo nada de nada. Por otra parte, a partir de esa fecha se dio prioridad a la construcción de rampas de lanzamiento para las nuevas armas V, algo a lo que, en principio, el 7.º Ejército se mostró contrario exponiendo que carecía de medios para asegurar su protección. En cualquier caso, debido a innumerables circunstancias, ninguna de las nuevas armas V se utilizó contra la fuerza de invasión ni se lanzó antes del Día D[109].

El 7.º Ejército había preparado un plan para hacer frente a la hipótesis de que la invasión se produjera en Normandía, en el sector del 84.º Cuerpo de Ejército como presagiaba el general Marcks, y consistía en trasladar por ferrocarril dos divisiones desplegadas en Bretaña, en St. Malo y St. Nazaire, junto con dos regimientos más desde la zona de Lorient, pero siempre con la aprobación del OKW. Estas divisiones habían sido ya retiradas de la costa y motorizadas con medios diversos requisados y conductores franceses movilizados.

Sobre el pensamiento e ideas del mariscal Rommel, Pemsel opinaba que, ciertamente, el mariscal había logrado reforzar y transmitir su energía a la defensa. Los obstáculos colocados en las playas eran una novedad y retrasarían el avance del enemigo, pero creía que solo en una zona de dimensiones controlable y no en toda la extensión de las costas. Desde un prisma estratégico y operativo, en 1944 no era ya posible garantizar la defensa de Alemania y Pemsel estimaba que el planeamiento de Rommel no era realista.

En otro orden, además, el general Pemsel dejó constancia de que, con anterioridad a la invasión, dos terceras partes de la Wehrma-

109 La primera bomba volante V-1 cayó sobre Londres el 13 de junio de 1944, cerca del puente del ferrocarril en Grove Road, Mile End. Ocho civiles murieron en la explosión. Las plataformas de lanzamiento de las V-1 podían, en teoría, lanzar 15 bombas por día, aunque este ritmo nunca se alcanzó de forma continuada; el récord de lanzamientos fue de 18 en un día. Solo un cuarto de las bombas lanzadas alcanzó sus objetivos, debido a una combinación de medidas defensivas, fallos mecánicos y errores del sistema de guiado. La mayoría de las V-1 fueron lanzadas desde puntos fijos en tierra. Las V-1 eran lanzadas desde plataformas ubicadas en la zona costera del paso de Calais, y en las costas de los Países Bajos hasta que llegaron las fuerzas aliadas.

cht, la Marina y la Luftwaffe ya habían sido destruidas o neutralizadas, por lo que, el Día D, las fuerzas aliadas solo se enfrentarían con el componente terrestre —el último tercio restante— o Heer, como se denomina en alemán el Ejército de Tierra. Von Rundstedt, como se ha dicho, no creía posible detener la invasión y opinaba que solo una contraofensiva posterior en el interior podría derrotar a los Aliados, lo que era una quimera más en el pensamiento del viejo mariscal. Como diría el general Guderian, ni la gallardía ni el coraje de los carristas alemanes y las divisiones Panzer podrían compensar la enorme inferioridad alemana.

Aportación del general Walter Warlimont, segundo jefe de Operaciones del Alto Estado Mayor (OKW) (interrogado en numerosas ocasiones a lo largo de 1946, 1947 y 1948 en Mondorf, Luxemburgo)

El general Warlimont era considerado como uno de los lacayos de Hitler y del mariscal Keitel en el seno del OKW. Era realmente el subjefe del Departamento de Operaciones, aunque lo dirigía en la mayoría de las ocasiones en lugar de su jefe directo, el general Jodl, quien a su vez sustituía al mariscal Keitel, un personaje totalmente incapaz cegado por su subordinación servil al Führer. Visitó raramente los frentes y no tenía experiencia de combate real. Ninguno de los tres presentó nunca ninguna objeción ante Hitler y deben ser considerados como responsables de los grandes errores de la Wehrmacht, incluyendo las atrocidades cometidas en los frentes de batalla. Los tres fueron juzgados en Núremberg, aunque solo Keitel y Jodl recibieron la sentencia de la pena capital. Warlimont fue condenado a cadena perpetua, pero fue liberado en 1954[110].

110 Warlimont fue, en 1936, el arquitecto de la ayuda alemana a Franco durante la guerra civil española y diseño todo el esquema de la ayuda militar y la presencia de la Legión Condor. Era un oficial de Estado Mayor, muy capaz sin duda, pero no apto para presentar ninguna oposición por muy disparatadas que fueran las órdenes.

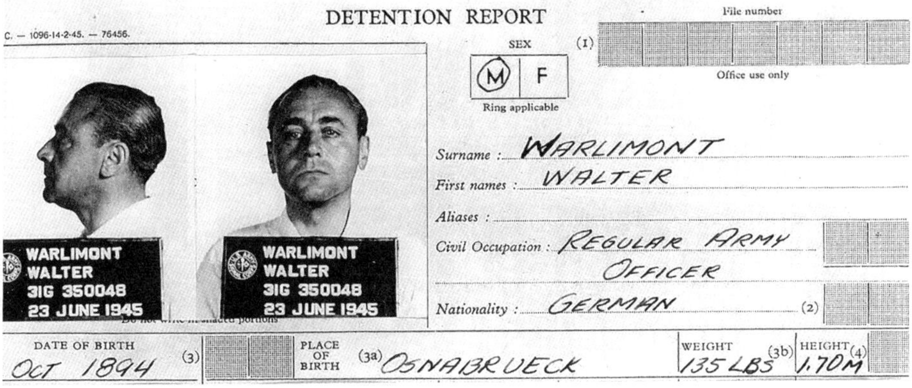

Informe de detención del general Warlimont (23/06/1945) [U. S. Government].

Warlimont declararía que el primero que alertó sobre la posibilidad de que la invasión tuviera lugar en Normandía fue Hitler, quien ordenó, el 2 de mayo de 1944, que se reforzase toda la zona con armas contracarro y con defensa antiaérea. Warlimont creía que Hitler se basaba en los informes que llegaban sobre la concentración de barcos en el sur de Inglaterra, pero estima que era pura intuición, mientras que ellos, los generales, basaban su razonamiento en el método y estudio detallado de las posibilidades.

Warlimont afirmaría también que los trabajos de fortificación de la costa estaban muy atrasados y que, en Normandía, solo había una gran fortificación cada 20 o 30 km. Dada la situación, lo único que se podía hacer era reforzar la zona con más tropas y medios. A finales de mayo de 1944, había ya disponibles cinco divisiones de infantería y, por orden del propio Hitler, se enviaron también a Normandía una división de paracaidistas y una división de campaña de la Luftwaffe.

En relación con la fecha de la invasión, Warlimont señaló que, de alguna manera, el día era conocido y en el OKW se esperaba que tuviera lugar, dado que se conocía que el tiempo podría experimentar alguna ligera mejoría. No obstante, el general Jodl no consideró oportuno enviar ningún mensaje a las tropas y se estimó que el estado de alerta existente era suficiente. Warlimont declararía que Hitler sabia perfectamente que, si la invasión triunfaba, la guerra estaría perdida irremisiblemente para Alemania.

EL ESPAÑOL

SEMANARIO DE LA POLÍTICA Y DEL ESPIRITU

Año III · Número 92 · Madrid, 29 de julio de 1944 · Aparece los sábados · Precio: UNA PESETA

De la anarquía al orden nuevo

Por ADOLFO MAILLO

VON STAUFFENBERG, DISCREPABA

EL "PUTSCH" DE LA DISIDENCIA

CON EL ATENTADO A HITLER SE MARCA UNA NUEVA FASE DEL REICH

La California gallega y sus californianos

CRUELDADES DE WISCHINSKI

HA SIDO UN MAESTRO DE SADISMO

BATALLA INESPERADA

INTERMITENCIA DE LAS OPERACIONES EN NORMANDIA

UN ARTICULO DEL ESCRITOR INGLES ARTHUR BRYANT

"LAS PROMESAS A ESPAÑA NO PUEDEN SER OLVIDADAS"

«Conseguí, después de no pocos y obstinados esfuerzos, una plaza en el coche cama del expreso de Galicia. [...] (Esto ocurría en la primavera del 43). Mi compañero de cabina llegó en el preciso instante de arrancar el convoy. [...] "¿Va usted a Vigo?", me preguntó. "Sí". "¿Wolfram?". "¿Y usted?". Se sonrió. [...] Llegó la hora de la comida. En el coche restaurante me acomodé en una mesa de cuatro. [...] "¿Van a Orense?". "Sí". "¿Wolfram?" [...]. Y así, sucesivamente, pude observar que la mayoría de los viajeros llevaban una misma y única misión: el wolframio». Portada del semanario *El Español* el 29 de julio de 1944: junto con la crónica del atentado contra Hitler y del avance de la batalla en Normandía aparece un relato («La California gallega y sus californianos») que remarca la importancia económica de la minería del wolframio en ese momento.

10. EL CASO DE ESPAÑA: TRAS NORMANDÍA, DESENGANCHE PAULATINO Y FINAL DE ALEMANIA

«Cada día que pasaba era un día más de vida
y eso era lo único que importaba».
Soldado Alberto Winterhalder García,
84.º Cuerpo de Ejército, Rennes, 1944[111]

Si bien España no participó, como tal, en la guerra, el régimen de Franco no guardó una verdadera neutralidad y corrió todo tipo de riesgos, simpatizando abiertamente con el Eje, lo que acabó siendo muy negativo para la nación. Tras el desembarco en Normandía y el inicio de la retirada alemana de Francia, una parte de la oposición española en el exilio creyó que el derrocamiento de Franco y del fascismo estaba cerca. La que se llamó Unión Nacional Española, organización promovida por el PCE, planteó una invasión abierta y masiva por los Pirineos: la «operación Reconquista de España», que nunca se llevó a cabo, aunque algunos elementos republicanos radicales aislados entraron por el valle de Arán y fueron rechazados.

El sueño republicano de derribar al régimen de Franco por la fuerza y de que los Aliados, tras vencer a Hitler, intervinieran en España no se cumplió. Más allá de los resistentes y de los combatientes españoles que participaron en la batalla de Normandía en unidades norteamericanas, francesas y británicas, la repercusión de aquellos acontecimientos en España —al margen de las historias de vencedores y vencidos, de penuria, de hambre, miedo, de cartillas de racionamiento y estraperlo— fue escasa.

111 Hijo de alemán y española, que combatió en Normandía. Fue hecho prisionero por las fuerzas americanas y regresó a España en 1948.

A partir de ese momento, cuando la suerte de la Segunda Guerra Mundial cambió claramente a favor de las potencias aliadas, la propaganda franquista, para sobrevivir a la derrota del Eje en Europa, comenzó a presentar al Generalísimo como un estadista neutral e imparcial que había sabido librar a España de ese desastre global de seis años de destrucción. Había que desprenderse de las apariencias fascistas y falangistas, y resaltar la base católica, la identificación esencial entre el catolicismo y la tradición española, a lo que contribuyó eficazmente el Vaticano. El régimen que había salido de la Guerra Civil nada tenía que ver con el fascismo, declaró Franco en una entrevista a United Press el 7 de noviembre de 1944, lo que era cierto; otra cosa es que dijera que lo que había en España era una «democracia orgánica y católica». El cardenal Enrique Pla y Deniel, el primado del episcopado español, apoyó el argumento diciendo: «Que la hora de la paz mundial sea también la hora de la consolidación de la paz interna de España». Para el Gobierno de Franco no había nada que revisar.

Normandía no fue un momento crucial en la historia de España[112], pero sí tuvo repercusiones. La repercusión más inmediata fue el corte de toda comunicación terrestre, marítima y aérea con Alemania y el cierre práctico de la frontera con Francia. Esta separación física tuvo ecos en los campos político, económico y diplomático, y el entusiasmo en la colaboración hispano-alemana se fue desvaneciendo de forma casi instantánea. De alguna manera significó también el fin de la visión política de la Falange, que iría atenuándose de forma ya inevitable.

Lo que más afectó, sin duda, fue el corte de las comunicaciones por vía terrestre, aunque el corte total no se produjo hasta el desembarco aliado en el sur de Francia en agosto. El corte del servicio de correos también tuvo un fuerte impacto y las importaciones y exportaciones entre Alemania y España cesaron casi por completo ya desde agosto igualmente. Y lo mismo ocurrió con el servicio

112 A principios de la primavera de 1944 el español Juan Pujol, nombre clave «Garbo», ya citado, había convencido al mando alemán de que Normandía era un señuelo del desembarco principal que se haría en el paso de Calais. Juan Pujol era un agente doble al servicio británico que residía en Londres y suministraba información falsa a los alemanes, con total desconocimiento de su actividad por parte de España.

telefónico, que, aunque desviado a través de Suiza, se tornó difícil, y plagado de interferencias, reducido prácticamente a la comunicación telegráfica. El ferrocarril quedó totalmente cortado a partir del 8 de julio de 1944. Curiosamente se mantuvo una comunicación, algo irregular, por vía aérea entre Barcelona y Stuttgart, vía Suiza, a cargo de la línea aérea alemana Lufthansa, hasta abril de 1945[113]. En ese mismo mes, el Gobierno español ordenó la incautación de todos los aviones alemanes que aún estaban en España. De algún modo, aquello significó el principio del aislamiento de España durante casi los diez próximos años.

Franco dudaba, ya desde 1943, sobre la cuestión de una hipotética victoria de Alemania y el problema que se derivaba del destino final de Mussolini. En 1943 tuvo que maniobrar cautelosamente ante la doble posibilidad de una intervención militar alemana, cuya amenaza era real, y de un desembarco aliado en España; y lo que es más importante, Franco temía la posibilidad de que los Aliados decidieran deshacerse de él, a petición de la Unión Soviética, y no tenía medios de saber a qué acuerdos habían llegado los Aliados en Casablanca o Teherán. El temor a una represalia alemana es, sin duda, un factor que sirve para explicar por qué Franco siguió exportando wolframio a Alemania hasta el verano de 1944. El desembarco en Normandía, seguido de la ocupación del sur de Francia y de la liberación de la mayor parte del país a final de agosto de 1944, puso punto final al período de duda de Franco[114]. El 21 de agosto, Hans Dietrich Dieckhoff, último embajador del Tercer Reich en España, se reunió con los últimos oficiales en los puestos militares a lo largo de la frontera franco-española y se prepararon para abandonarla, en el marco de la retirada general alemana de Francia. Ese mismo día se ordenó a la prensa española que guardara una estricta neutralidad en sus informaciones sobre la guerra.

La que se llamó crisis del wolframio fue una grave crisis diplomática entre los Aliados y el régimen del general Franco a causa de

---

113 El avión utilizado por Lufthansa para este vuelo era, irónicamente, un DC-3 americano, al que se le habían borrado las esvásticas y cualquier detalle que lo pudiera identificar como alemán, en lugar del habitual Junkers Ju-52.

114 El 1 de octubre de 1943, Franco ya había anunciado la retirada de la División Azul del frente soviético y declarado la neutralidad de España en el conflicto. Los últimos componentes se retiraron finalmente en abril de 1944.

las exportaciones de wolframio, un mineral estratégico, al Tercer Reich. Se inició en octubre de 1943 a raíz del conocido como «incidente Laurel»[115] y terminó en abril de 1944, menos de dos meses antes de producirse la invasión, con la firma de un tratado con los Aliados por el que las exportaciones se redujeron considerablemente y, además, Franco se comprometió a suspender la colaboración que había mantenido hasta entonces con Alemania pese a haberse proclamado neutral. El Gobierno del general Franco, la Falange, el Alto Estado Mayor y la Policía española pensaban increíblemente que los Aliados y sus servicios de inteligencia podían ser despistados con mayor o menor facilidad o con palabras altisonantes de neutralidad. El acuerdo secreto no fue cumplido en su totalidad. Este incumplimiento era consecuencia de otros pactos secretos realizados con anterioridad con la Alemania nazi, de los flujos de «patriotismo» que inducía el dinero alemán y, en no menor medida, de la satelización de muy influyentes sectores, para los que una derrota alemana se consideraba como la ruina de su situación política y del nuevo Estado surgido tras la Guerra Civil.

Es ilustrativo hacer un seguimiento de los planteamientos de Franco en 1944. En los primeros meses de 1944, Franco no estaba aún convencido de la victoria de los Aliados. A su juicio, la guerra sería larga y terminaría probablemente con una paz de compromiso. Así lo manifestaron al agregado militar británico tanto el general Martínez Campos como el general Kindelán. La razón no era otra que la influencia que ejercían el general Vigón y el germanófilo Alto Estado Mayor sobre el general Franco; los informes

115 El llamado «incidente Laurel» que deterioró gravemente las relaciones del régimen de Franco con los Aliados y especialmente con Estados Unidos, fue debido a que, el 18 de octubre de 1943, el ministro de Asuntos Exteriores, Conde Jordana, envió un telegrama de felicitación a José Laurel, que acababa de ser nombrado por los japoneses —que ocupaban el archipiélago desde junio de 1942— presidente de un Gobierno marioneta de Filipinas. El mensaje de Franco y también otro de Hitler en el mismo sentido fueron celebrados por la propaganda japonesa y ampliamente difundidos por Radio Tokio. Los Aliados protestaron inmediatamente por lo que consideraban un reconocimiento *de facto* del régimen de Laurel por Franco. El 6 de noviembre de 1943, el embajador estadounidense en Madrid, Mr. Carlton Hayes, exigió al Gobierno español el embargo total de sus exportaciones de wolframio a Alemania y la expulsión de los agentes alemanes en Tánger. Pese a las fuertes presiones, el general Franco no hizo mucho caso de las demandas estadounidenses. Como no recibió una respuesta satisfactoria, el Gobierno estadounidense decretó el embargo de los suministros de petróleo.

españoles daban como imposible un éxito en la invasión aliada de Europa y consideraban que, en cualquier caso, Alemania permanecería fuerte en Europa, sin que se previera su derrota. Además, no creía que los Aliados estuviesen determinados realmente a una rendición incondicional de Alemania y a la destrucción de la Wehrmacht, que, en su opinión, necesitarían contra la amenaza soviética. Luego vendría el desembarco en Normandía y el general Franco mantuvo sus convicciones, pasados los meses de agosto y septiembre, cuando la derrota de Alemania parecía ya inminente. Los consejeros militares más cercanos, el general Muñoz Grandes y el general Vigón, le indicaron que Alemania todavía tenía posibilidades en la guerra y algunos acontecimientos, que se habían iniciado con las bombas volantes —verdaderos misiles balísticos—, V-2, y otras armas secretas, podrían hacer volver el viento a su favor. Para el general Franco, los consejos del Alto Estado Mayor y sus servicios de inteligencia, ligados con un acuerdo secreto al Estado Mayor alemán que perduraba, eran más importantes que las observaciones del Consejo de Ministros. En aquella época, su principal asesor secreto —el almirante Canaris, jefe de la inteligencia alemana— había sido arrestado y encarcelado en Alemania por su oposición al nazismo y sería ejecutado posteriormente.

No obstante, si, en 1953, Franco llegaría a firmar con Estados Unidos un acuerdo de cooperación esencialmente militar, en 1943 se había firmado un acuerdo de cooperación igualmente militar con el Tercer Reich, que el desembarco aliado en Normandía convirtió prácticamente en papel mojado. Se trataba de una importante adquisición de armamento, municiones y equipo técnico que se llevó a cabo en Berlín por parte del agregado militar español habilitado a tal fin, para acelerar las formalidades burocráticas que la legislación para la contratación pública imponía el Estado español, y vino a suponer un gasto del orden de los 500 millones de pesetas de la época. El acuerdo fue clasificado como secreto y no fue hecho público nunca. Fue el denominado «Programa *Bär* ["Oso"]», que hizo llegar a España, entre 1943 y la primavera de 1944, más de mil vagones de ferrocarril cargados de equipamiento militar, a pesar de la situación crítica en la propia Alemania. Con esta compra se pretendía además compensar la balanza comercial entre España y Alemania, que era muy deficitaria para Alemania.

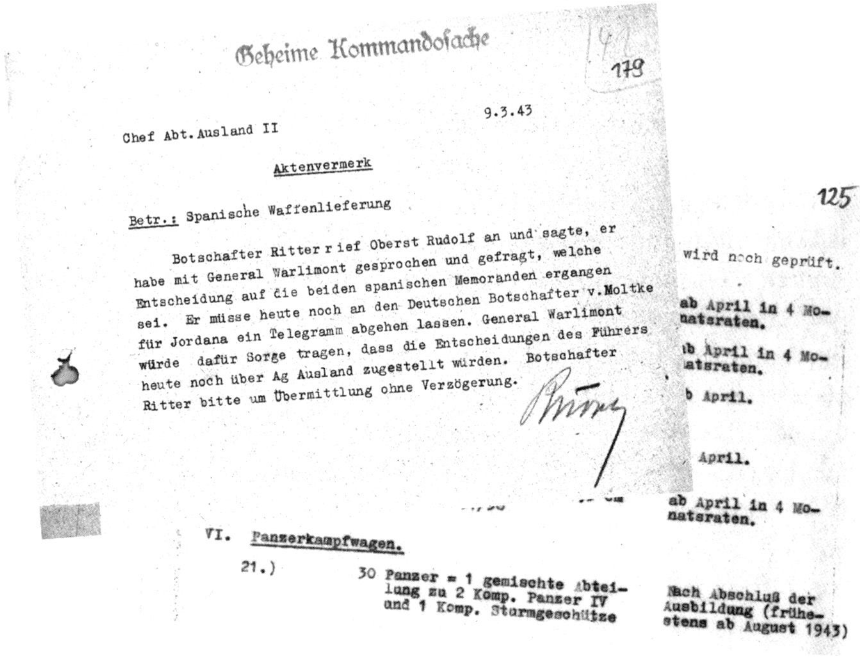

Geheime Kommandosache

178

Chef Abt. Ausland II

9.3.43

Aktenvermerk

Betr.: Spanische Waffenlieferung

Botschafter Ritter rief Oberst Rudolf an und sagte, er habe mit General Warlimont gesprochen und gefragt, welche Entscheidung auf die beiden spanischen Memoranden ergangen sei. Er müsse heute noch an den Deutschen Botschafter v.Moltke für Jordana ein Telegramm abgehen lassen. General Warlimont würde dafür Sorge tragen, dass die Entscheidungen des Führers heute noch über Ag Ausland zugestellt würden. Botschafter Ritter bitte um Übermittlung ohne Verzögerung.

125

wird noch geprüft.

ab April in 4 Monatsraten.

ab April in 4 Monatsraten.

ab April.

April.

ab April in 4 Monatsraten.

VI. Panzerkampfwagen.

21.) 30 Panzer = 1 gemischte Abteilung zu 2 Komp. Panzer IV und 1 Komp. Sturmgeschütze — Nach Abschluß der Ausbildung (frühestens ab August 1943)

Dos documentos del Programa *Bär* («Oso»). El primero, con fecha 9/3/1943 y asunto «Suministro de armas españolas», da cuenta de una llamada del embajador Ritter al coronel Rudolf en que asegura haber preguntado a Warlimont «qué decisión se había tomado en respuesta a los dos memorandos españoles [con el armamento solicitado]». El segundo (27/3/1943) es un fragmento de la relación con la que el Reich *contraoferta* la petición inicial de España: en cuanto a los pánzers, Alemania prefiere enviar «30 tanques = una división mixta de dos compañías de Panzer IV y una compañía de Sturmgeschutze [cañones de asalto]»; la entrega, «tras finalizar la formación [de personal cualificado] (como muy pronto a partir de agosto de 1943)» [BArch RW 5/429].

El armamento por suministrar debería servir, por otra parte, para enfrentarse hipotéticamente a los Aliados si estos llegaban a invadir España o el protectorado en Marruecos. Aunque este material no iba a ser suficiente si tal eventualidad se producía, el mando militar español se mostró muy satisfecho ya que iba a significar un notable adelanto en relación con el material de que se disponía, que databa de la Guerra Civil y era ya obsoleto y de utilidad dudosa. La compra incluía carros de combate más modernos[116], artillería de campaña y antiaérea, minas y municiones, aviones de caza y bom-

116 Entre estos medios se obtuvieron 20 carros Panzer IV, que en los años 1960 fueron transferidos a Siria curiosamente. Fueron los primeros carros de combate significativos y de cierto valor militar que obtuvo el Ejército español y no

bardeo[117], hidroaviones, equipos de comunicaciones y electrónica y, por primera vez, algún sistema de radar[118] y localización y direcciones de tiro, además de torpedos, licencia para fabricar lanchas rápidas torpederas e incluso la licencia para fabricar un submarino de la clase VII. La mayor parte de este equipo nunca llegaría a España al cortarse las comunicaciones por vía terrestre tras el Día D.

Después del mes de agosto de 1944, Franco supo que estaba a salvo de cualquier intento de represalia alemana debido al cambio de actitud política. Aunque sin querer reconocerlo abiertamente todavía, puede que se diera cuenta de que la derrota final de Alemania era ya inminente y de que había llegado el momento de cambiar de bando. Franco entonces se concentró en apuntalar su apoyo interno con sus generales y en asegurar unas relaciones correctas, aunque no amistosas, con los Aliados. No obstante, los servicios secretos y de información alemanes siguieron operando de alguna forma en España hasta el fin de la guerra.

En octubre de 1944, a través del duque de Alba, Franco hizo llegar a Churchill la necesidad de lograr una alianza paneuropea para hacer frente al peligro del bolchevismo ruso, lo que fue rechazado de modo contundente por el primer ministro británico[119]. La propuesta respondía a las ilusiones que en Franco habían generado las afirmaciones hechas por Churchill en la Cámara de los Comunes en la primavera de 1944, en las cuales había considerado un error continuar injuriando a Franco.

España, señalaba Franco, debía buscar el reacomodo internacional que permitiera su subsistencia, con el mantenimiento de las

---

tendría carros mejores hasta 1954, cuando se firmaron los acuerdos de cooperación con Estados Unidos.

117 Los fuselajes de estos aviones llegaron, pero no así los motores. En la década de los años 1950 se adquirieron irónicamente motores Rolls Royce Merlin y se procedió a instalarlos en estos. Los aviones se acabaron utilizando para el rodaje de la película *La batalla de Inglaterra* en 1968.

118 Se intentó adquirir un equipo de radar Würzburg A, muy moderno, pero eso no fue autorizado por el mando alemán.

119 Churchill, contestaría a la propuesta de Franco con una carta redactada en términos inequívocos: «Le conduciría a V. E. a serio error si no desvaneciera en su ánimo la idea equívoca de que un gobierno de Su Majestad esté dispuesto a considerar ninguna agrupación de potencias de Europa occidental, o en cualquier otro punto, basada en la hostilidad hacia nuestros aliados rusos o en la supuesta necesidad de defensa contra ellos» [Luis Carrero Blanco, *España y el mar* (vol. III), Madrid, Instituto de Estudios Políticos, 1964].

condiciones interiores impuestas por el régimen. Para ello debía animar, lo más pronto posible, el enfrentamiento entre los Aliados occidentales y la URSS, aprovechando la necesidad de Aliados anticomunistas y los propios recelos existentes entre británicos y norteamericanos, para sacar el mejor provecho de la nueva situación: «Nuestra posición es, pues, francamente sólida y puede sintetizarse en estos dos aspectos: Inglaterra y Estados Unidos nos necesitan, conjuntamente, para luchar contra el imperialismo ruso».

Sin embargo, la propaganda del régimen presentó el acuerdo como un triunfo del Caudillo y como una demostración de las buenas relaciones que mantenía con los Aliados, que no enturbiaría «ninguna contingencia» (en clara alusión a la posible derrota de Alemania). Alemania, por su parte, protestó enérgicamente, a lo que Franco contestó que no podía correr más riesgos. Pero Franco siguió prestando apoyo a los alemanes a pesar del acuerdo y los puestos de observación alemanes, las estaciones de intercepción radiofónica y las instalaciones de radar se mantuvieron en España hasta el final de la guerra. Influido por informes partidistas de la situación bélica, que le decían lo que deseaba oír, Franco continuaba apostando a ambos bandos.

Un bombardero Junkers Ju-88 A4 de la Luftwaffe en el aropuerto finlandés de Jyväskylä (Niilo Helander, 1944) [SA-kuva, CC BY 4.0]. Alemania entregó a España diez unidades de este modelo en el marco del Programa *Bär* («Oso»).

Tres semanas después, el 24 de mayo, a pocos días del inicio del desembarco en Normandía, el primer ministro británico Churchill pronunció un discurso en la Cámara de los Comunes en el que elogió la neutralidad española y también dijo que esperaba que España constituyera «una fuerte influencia a favor de la paz en el Mediterráneo después de la guerra. Los problemas políticos internos de España son asuntos de los españoles. No nos corresponde a nosotros, es decir, al Gobierno, entrometernos en ellos». La prensa española difundió ampliamente el discurso y lo interpretó como un apoyo al régimen. Sin embargo, el presidente Roosevelt manifestó que no compartía el punto de vista amistoso respecto del régimen español y añadió: «... mucho material español ha sido embarcado para Alemania»; lo que motivó una nota de protesta del embajador español en Washington. Churchill justificó su discurso en una carta a Roosevelt diciéndole: «... después de la guerra, no quiero tener una península hostil a los británicos»[120].

Aunque no tuvo una relación directa con el desembarco en Normandía, la victoria aliada en 1945 provocaría en última instancia la retirada de España de la ciudad marroquí de Tánger. El 14 de junio de 1940, coincidiendo con la entrada de las tropas del Tercer Reich en París, las tropas españolas habían ocupado la ciudad y desalojaron al resto de las potencias establecidas en la zona. Hasta el 11 de octubre de 1945, fue ocupada por tropas españolas enviadas por decisión de Franco. Esta situación de hecho no fue aceptada como de derecho por ningún país, con la sola excepción de Alemania. Con el avance aliado, en 1945 el ejército español se retiró y declaró Tánger ciudad abierta; esta volvió a ser un condominio internacional[121].

Y así se llegó finalmente a la victoria aliada en 1945. Los deseos previos de Franco se cumplirían en 1953, con el reconocimiento por parte de Estados Unidos, pero los españoles pagaron posteriormente un alto precio por las veleidades del Gobierno hasta esa fecha.

---

120 Paul Preston, *Franco, «Caudillo de España»*, Barcelona, Grijalbo Mondadori, 1998.

121 Tras la Conferencia de París sobre Tánger de agosto de 1945, entre el Reino Unido, Francia, Estados Unidos y la Unión Soviética, una España aislada aceptó las condiciones enunciadas en la primera el 19 de septiembre de 1945 y se retiró de Tánger el 11 de octubre de 1945. Tánger volvió al estado anterior a la guerra, de zona internacional. El 1 de enero de 1957, tras la independencia de Marruecos, las potencias administradoras pusieron fin al régimen internacional; sería definitiva la incorporación de Tánger a Marruecos el 11 de abril de 1960.

Una fila de prisioneros alemanes conducidos por las dunas de la playa de Utah con las manos en la cabeza (junio de 1944) [Signal Corps; PhotosNormandie, CC BY-SA 2.0].

El Gral. Eisenhower, comandante supremo aliado en Europa, inspecciona un Tiger II alemán volcado (Chambois, Normandía, 26/08/1944) [PhotosNormandie, CC BY-SA 2.0].

11. EL PAPEL DE LA LOGÍSTICA EN EL FRACASO ALEMÁN EN NORMANDÍA

«La logística, de hecho, es el punto clave de los buenos generales... lograr desplegar sus fuerzas en un escenario con superioridad sobre el adversario y mantener esa superioridad hasta prevalecer en el teatro de operaciones»
General Samuel L. A. Marshall, escritor e historiador norteamericano[122], 1947[123]

«La logística es el arte de desplegar el equipo necesario en el lugar adecuado en el momento oportuno».
General Dwight D. Eisenhower, comandante supremo aliado en Europa entre 1944-1945

«La logística es, al mismo tiempo, el yunque y el martillo de la guerra acorazada»
Heinz Guderian, general inspector de las fuerzas acorazadas alemanas en 1944

La logística es una parte esencial de la actividad militar y de los procedimientos de combate, y es inseparable del entramado de la organización que emprende la guerra moderna. Mediante su aplicación se obtienen los recursos necesarios, se despliegan esos recursos en el teatro de operaciones y se lleva a cabo el sostenimiento de la acción; se convierte en un componente clave de toda operación militar. Aunque no determina la modalidad ni los proce-

122 Marshall dirigió un proyecto, que incorporó a antiguos generales alemanes como Guderian y Halder, para analizar las batallas que tuvieron lugar en Europa entre 1939 y 1945.
123 En *Men against fire: The problem of battle command in future war*, ed. 2012.

dimientos, fija los límites que restringen las opciones que se ofrecen a los mandos. Cuanto más flexible y de mayor proyección sea la organización logística, mayores serán las posibilidades que se ofrezcan a los mandos que deban tomar las decisiones.

El proyecto del Muro del Atlántico, para fortificar la costa europea desde Noruega hasta España, supuso la construcción hasta mayo de 1944 de más de 8000 fortificaciones diversas, con cerca de 3000 piezas de artillería de muy diferente origen, emplazadas en 700 baterías. El coste del cemento utilizado supuso casi 4000 millones de marcos, y nada de esto pudo detener la invasión. Todo sumado, el gasto desembolsado podría haber servido para fabricar unos 43 000 aviones de caza y, sin superioridad aérea, los Aliados no podrían haber llevado a cabo la invasión. Del mismo modo, el proyecto de fabricación de las armas V (las bombas volantes V-1 y los misiles balísticos V-2), que no produjo resultados, de cancelarse habría hecho posible la construcción de unos 24 000 cazas más.

Se puede afirmar con total exactitud que la construcción del Muro fue un error colosal. Todas las defensas estáticas podían ser destruidas, sobrepasadas y rodeadas, e incluso capturadas, algo que había quedado de manifiesto ya en la línea Maginot, en la invasión de Francia en 1940, y en la fortaleza de Eben-Emael, en Bélgica. El mando alemán, además, no supo valorar las lecciones aprendidas e invirtió en la defensa de las costas un enorme esfuerzo, humano y material, que privó a las fuerzas alemanas de obtener unos medios mucho más necesarios y prioritarios.

La Wehrmacht contaba con un sistema adecuado para proporcionar subsistencias, vestuario y municiones a las fuerzas alemanas. Disponía de una infraestructura adecuada capaz de producir suficientes armas, vehículos y aviones, pero ni la base industrial ni la población laboral del Reich eran suficientes para producir todo lo necesario y, por ello, se tuvo que recurrir tanto a requisar fábricas e instalaciones en los países ocupados como a alistar de manera forzosa a trabajadores extranjeros de los mismos países, para la producción de armamentos considerados vitales, olvidando que esos trabajadores, en realidad enemigos, saboteaban la producción.

Por otra parte, la complicada red de abastecimiento dificultaba enormemente la tarea de los servicios en la Francia ocupada. El apoyo general de las fuerzas alemanas en Francia dependía del intendente general en París (*Oberquartiermeister West*), que estaba subordinado al OB West pero también al gobernador militar (*Militärbehefehlshaber*), y a su vez dependía igualmente del intendente general en el Estado Mayor del Ejército (*Generalquartiermeister* OKH); es decir: dependía ¡de tres mandos diferentes y de tres autoridades diferentes!

Durante la invasión en Normandía se produjeron las siguientes situaciones:

— No hubo suficientes medios de transporte motorizado para cubrir las necesidades, y los ferrocarriles franceses y belgas, fueron prácticamente anulados.

— El abastecimiento de combustible fue totalmente crítico.

— No hubo escasez de munición de armas ligeras, pero sí carencias graves en el municionamiento de la artillería.

— Los servicios médicos y sanitarios fueron adecuados en líneas generales.

— Las piezas de repuesto para vehículos acorazados y de ruedas fueron inexistentes por lo general y la reparación de los vehículos requirió semanas en muchos casos.

La invasión de Rusia había provocado la ruptura de la cadena de abastecimiento, al carecer la Unión Soviética de una red de ferrocarril compatible con la alemana. Ello llevó a planificar la fabricación en Francia de camiones con destino a las fuerzas armadas, fabricación que nunca se materializó y motivó la dependencia del transporte hipomóvil. En Francia, aunque la red ferroviaria sí era compatible con la alemana y se utilizó mucho hasta principios de 1944, los bombardeos aéreos aliados y los sabotajes de la resistencia francesa acabaron por hacerla inviable y muy limitada, por lo que el transporte recayó también en el ganado disponible[124].

124 En 1944, en Francia, solo entre los ejércitos 15.º y 7.º, desplegados entre Calais y Normandía, los estadillos alemanes daban casi 75 000 caballos útiles para

El mariscal Rommel, en particular, aunque considerado como un buen táctico y un excelente general en el campo de batalla, con frecuencia sobrepasaba el alcance de sus propias líneas de abastecimiento y colocaba a las tropas en situación desfavorable. En Normandía, su pasión y demanda de minar toda la costa lo llevó a solicitar 100 millones de minas, cuando la producción alemana difícilmente llegaba a las 40 000 mensuales. En el momento de la invasión, el Día D, solo había un máximo de cuatro millones de minas colocadas. Una situación similar ocurría con el combustible: Rommel demandaba divisiones acorazadas cuando ya Alemania no disponía apenas de carburante[125].

Alemania era, sin duda, una gran nación y eficaz en algunos aspectos de la logística, pero en su conjunto total demostraba una absoluta incapacidad para gestionar los recursos. En realidad, no podía ganar una guerra como la que estaba luchando: su población no era lo suficientemente grande y su base de recursos y materias primas era mínima.

En 1944, la Luftwaffe solo disponía de un 10 % de la gasolina de aviación requerida para operar. Se llegó, incluso, a convertir las cervecerías en fábricas de gasolina sintética, pero eso no bastaría para oponerse a la fuerza aérea aliada. La situación llegó a ser tal que no se podía apenas instruir a los nuevos pilotos, que salían al combate con menos de 40 horas de vuelo y eran presa fácil de los cazas aliados.

En Normandía, la Wehrmacht se enfrentó a serios problemas logísticos como los que siguen:

— Incapacidad ya citada de la corriente de abastecimientos, que se traducía en escasez de combustible, municiones y subsistencias.

— Insuficiencia casi total de la red de transportes, debido a las grandes distancias; a la escasez de medios y material ferro-

---

llevar a cabo la función de transporte y carga. Era el enfrentamiento entre un ejército con una logística de la Primera Guerra Mundial y un ejército moderno y mecanizado.

125 A menudo se olvidaba que los nuevos carros de combate Panther y Tiger consumían casi el doble de lo que requería el Panzer IV.

viario; y a la actividad enemiga, que prácticamente neutralizó por completo la red de ferrocarriles, así como los puentes, haciendo casi imposible su uso.

— Actitud de la población del territorio ocupado, abiertamente hostil ya desde 1943, que obligaba a distraer fuerzas para garantizar el suministro logístico y proteger la infraestructura.

— Bombardeos aéreos aliados, que se focalizaban sobre todo en la infraestructura viaria, centros industriales, fábricas, depósitos y centros de abastecimiento.

El historiador y escritor británico Richard Overy advierte que la razón última de esta situación estaba en el razonamiento de Hitler de no contemplar una guerra larga y no preocuparse, por consiguiente, de disponer de la suficiente base logística al comenzar la guerra. La producción de carros tan complejos como el Panther y Tiger no solo era irracional desde el punto de vista militar, ya que se fabricaban en pequeña cantidad, sino también desde el punto de vista económico, puesto que costaban tres veces más que el Panzer IV. En Normandía, aunque estos carros eran superiores a los de los Aliados, la fuerza aérea angloamericana anuló su capacidad de manera fulminante. La influencia de Hitler en los programas de armamento a partir de 1943-1944 fue totalmente carente de realismo.

Esencialmente, en Normandía la gestión logística alemana fue deficiente y afectó al abastecimiento de combustible y de municiones —al existir tantos tipos diferentes[126], lo que motivó que prácticamente, al caer del Día D, la artillería alemana estuviese ya sin municiones—, pero, principalmente, a los recursos humanos[127]. No hubo nunca suficiente personal ni equipo y se recurrió a «voluntarios dudosos» polacos y rusos que aceptaron servir en la Wehrmacht a cambio de no sufrir cautiverio y escapar a los campos de

---

126 En Normandía hubo cuatro tipos diferentes de carros de combate alemanes: Pzkpfw IV, Panther, Tiger y König Tiger.

127 El frente ruso era el gran consumidor de los recursos humanos del Tercer Reich. Aproximadamente, cada mes morían en Rusia 60 000 soldados alemanes, el equivalente de cinco divisiones aproximadamente.

concentración; la lealtad de estos «voluntarios», siempre más que dudosa, fue una grave vulnerabilidad de las fuerzas alemanas desplegadas en las costas francesas, aunque estuvieran solamente destinados en las llamadas «divisiones estáticas». Otra carencia grave fue la escasez de material de transmisiones y comunicaciones, como radio y teléfonos: en ocasiones, el equipo de radio necesario para algunas unidades no llegó hasta pocos días antes del Día D.

Del análisis de la propia documentación alemana se desprende el fracaso no solo de la estrategia, la táctica y la inteligencia alemanas, sino también de todo el sistema logístico. La complicada red de mando alemana contribuyó mucho a que no se tomaran decisiones rápidas e inmediatas ni antes ni después del Día D. En realidad, todo acabó reduciéndose a una simple táctica: derrotar al adversario en su desembarco e improvisar a partir de ahí. Es por ello que el general Blumentritt dijo que no existía ningún plan, ya que tampoco existía una estrategia adecuada. Obviamente, así no se ganan las batallas. La Alemania de 1944 era absolutamente distinta de la de 1940, aunque quizás no tanto como se pueda pensar. Polonia, los Países Bajos y Francia habían sido golpes de fortuna más que de eficacia.

En el plano logístico, podemos comparar la batalla del Día D, en Normandía, en 1944, con la batalla de Gettysburg en julio de 1863 —durante la guerra de secesión americana—, básicamente ambas unas batallas de encuentro. Los Aliados pudieron mantener la cabeza de playa en los puntos de desembarco escogidos porque fueron capaces de trasladar refuerzos y material, a través del canal de la Mancha, con mucha más rapidez y en mayor cantidad de lo que los alemanes eran capaces de movilizar sus reservas, que, finalmente, se mostraron insuficientes y nunca llegaron a tiempo, un poco a la manera de lo que les ocurrió a los generales Meade y Lee en Gettysburg. Es por ello, sin duda, que Rommel quería las reservas mucho más cerca de las playas, consciente de que la acción aérea adversaria no permitiría sus movimientos.

En cualquier caso, en 1944, no era mucho lo que Alemania podía hacer en el plano logístico, dada la situación y la ya endémica falta de recursos. El Día D probó y demostró la importancia estratégica de la logística. La definición «en el momento oportuno y en el sitio justo» fue auténtica llave de la «operación Overlord». Las cifras de las primeras 24 horas del desembarco son a la vez enormes y demostrativas de lo que fue su magnitud. Las inmensas preparaciones logísticas aliadas fueron obligatorias para el establecimiento de un desembarco exitoso con las consiguientes operaciones posteriores.

Las fuerzas alemanas se enfrentaron a severos desafíos logísticos. A medida que los Aliados avanzaban, lograban capturar rutas de suministro clave e infraestructura que perturbaban la capacidad de la Wehrmacht para sostener a sus tropas. La superioridad aérea aliada exacerbó aún más estos problemas al hostigar continuamente las líneas de suministro alemanas. Las limitaciones en combustible, municiones y refuerzos minaron significativamente la efectividad de los contraataques alemanes, obligándolos a tomar cada vez más una postura puramente defensiva.

Restos de un convoy alemán en Chambois tras el cerco final conocido como «bolsa de Falaise», el último gran combate de Normandía (12-21/08/1944). Se observan tres caballos muertos y remolques Infanteriekarren IF8 [PhotosNormandie, CC BY-SA 2.0].

Epílogo y conclusiones

«Vamos a atacar solos y no creo que sobrevivamos».
Teniente coronel de la Luftwaffe Josef «Pips» Priller,
jefe del Ala de Caza JG-26, a su compañero de vuelo,
antes de iniciar el ataque al suelo ametrallando
las playas de desembarco Sword y Juno[128]

«Si algo sale mal en la operación, ello
es culpa mía exclusivamente».
General Dwight D. Eisenhower, comandante
supremo aliado, en una carta que preparó la
noche anterior al desembarco, junio de 1944

A pesar del paso del tiempo, la «operación Overlord», para la invasión de Francia, continúa ofreciendo lecciones muy válidas, en un amplio número de campos. La principal lección es la de que, cuando se decide ir a la guerra como último recurso, ello debe ocurrir tras la definición de un planeamiento coherente con una política de seguridad previamente bien definida.

Citando a Clausewitz, los altos mandos militares deben evitar considerar la guerra como algo diferente de lo que verdaderamente es, un error claramente cometido por el mando norteamericano en Irak en 2002. Otras lecciones que aprender tras Normandía incluyen la necesidad de alinear correctamente la finalidad estratégica con los objetivos políticos; la necesidad de determinar los aspectos verdaderamente críticos y la secuencia de aquellas tareas que se

128 Priller y su compañero tripularon los dos únicos aviones alemanes que sobrevolaron y atacaron la zona del desembarco el 6 de junio. Ambos sobrevivieron a la batalla. Priller sobrevivió a la guerra con 101 victorias aéreas y, tras el conflicto, se dedicó a la producción de cerveza con su familia.

consideren esenciales; y la importancia de desarrollar una aproximación operativa que permita alcanzar los objetivos estratégicos y operacionales necesarios y, al mismo tiempo, hacer un planeamiento a la inversa desde el punto en que se alcance supuestamente el éxito para asegurarse de que se han coordinado bien las fuerzas y las acciones, bien establecida su secuencia, y de que se ha garantizado apropiadamente su apoyo tanto en tiempo como en espacio.

Durante los estudios que dirigió Liddell Hart sobre Normandía, en 1952[129], se puso de manifiesto que, de no haber sido por la superioridad aérea aliada, los resultados del día D, el 6 de junio, podrían haber sido catastróficos, ya que fuerzas alemanas inferiores en número empujaban muchas veces a las unidades aliadas, especialmente a las británicas, a detenerse o incluso retroceder. Las fuerzas aliadas parecían no desarrollar mucha iniciativa a la hora de avanzar, y también poca decisión, con algunas excepciones. En repetidas ocasiones, las oportunidades que se presentaban para avanzar no eran aprovechadas ya que se detenía el avance en cuanto se sufrían las primeras bajas, algo que sucedía muy especialmente entre las unidades acorazadas, como si no se tuviese confianza en el material.

El liderazgo alemán a nivel de unidad tipo regimiento e inferior (batallón, compañía, etc.) en Normandía fue soberbio —aun sabiendo que la batalla estaba perdida— y hubo casos de coroneles tomando decisiones inmediatas en el empleo de grupos tácticos interarmas, y de suboficiales haciéndose cargo de la defensa de sectores enteros del frente. Según los propios alemanes, «los soldados aliados no estaban tan bien instruidos como ellos, que siempre trataban de hacer más de lo que se les pedía»[130]. Los alemanes eran maestros en los procedimientos de avance e infiltración, en pequeños grupos de entidad pelotón, detrás de las líneas aliadas, forzando a los Aliados a retirarse al hacerles creer que estaban rodeados[131]. Prácticamente todas las unidades alemanas demostraron ser capaces de continuar la lucha, incluso con un 25 % solo de su capacidad.

---

129 «Lecciones sobre Normandía», conferencias de sir Basil Liddell Hart, en 1952, en el King's College en Londres, según cita sir Max Hastings en *Overlord and the Battle for Normandy*, 1984.

130 Cabo Hoenstain, División de Infantería 276, Wehrmacht; citado por sir Max Hastings en 1984. Esta división resultó totalmente destruida en Normandía.

131 Coronel Brian Wyldbore-Smith, 11.ª División Acorazada británica.

Tras estas afirmaciones y juicios de valor, la realidad es que los Aliados respetaban mucho la vida de sus hombres y no les daban órdenes suicidas: no utilizaban nunca su infantería de forma inconsciente y brutal, y no los ponían en situaciones desesperadas. Por ello, mientras los alemanes luchaban hasta el último hombre —como había ya contemplado el general Jodl—, los soldados aliados no tenían nunca que escoger esa alternativa y ello no los hacía peores soldados, como demostrarían en numerosas ocasiones. Por otra parte, basándose en experiencias obtenidas en el frente italiano, los alemanes trataban siempre, en primera instancia, de eliminar a los oficiales aliados y así privarlos de la iniciativa.

Hoy en día, en contraste con la guerra de Vietnam y los conflictos en Afganistán e Irak, la «operación Overlord» destaca como un ejemplo de lo que una política coherente, combinada con una estrategia operativa, enmarcada en un diseño operativo completo con una organización eficiente, puede dar como resultado.

A finales del verano de 1940, con casi toda Europa occidental conquistada por Alemania, y procediendo esta a asediar Gran Bretaña, el Ejército y la Marina de Estados Unidos, arrinconaron décadas de planeamiento para una eventual guerra con Japón y llegaron a la conclusión de que la supervivencia de Inglaterra y su imperio era lo más conveniente para los intereses de Estados Unidos.

Un memorándum, hoy histórico, enviado al presidente Roosevelt por el jefe de Operaciones de la U. S. Navy, almirante Harold Stark, en noviembre de 1940, reza lo siguiente: «Si Gran Bretaña gana de forma decisiva la campaña contra Alemania, podremos ganar en cualquier frente, pero... si pierde, el problema al que nos enfrentaremos será muy grave, y aunque puede que no perdamos en todos los frentes, es muy posible que tampoco ganemos». De este modo, a pesar de haber planificado una posible guerra contra Japón, el sistema de seguridad nacional norteamericano reconocía cuál era la amenaza mayor y ajustó sus planes a tal efecto. Se puede decir que Normandía empezó a planearse ya desde ese momento[132].

132 Este memorándum, parte del llamado «Plan Dog», con fecha 12 de noviembre de 1940, contemplaba desarrollar una guerra ofensiva contra Alemania e Italia en Europa, mientras se mantenía una postura defensiva contra Japón.

El hecho de que Estados Unidos permaneciese fiel a este postulado, incluso después del ataque japonés a Pearl Harbor, habla por sí solo de la calidad del análisis efectuado y de la solidez de sus planteamientos. Este cambio radical en la política de seguridad nacional llevó a Estados Unidos y a Gran Bretaña a profundizar en las conversaciones bilaterales de sus Estados Mayores sobre estrategia global y tuvo como resultado las decisiones que marcaron el rumbo estratégico que seguir a lo largo de los años siguientes mientras duró la guerra. Tal como se aplicaron en Normandía, estas decisiones fueron rechazar cualquier negociación y conseguir la derrota total de las naciones del Eje: derrotar a Alemania primero (*Germany first*), invadiendo inicialmente el norte de África en 1942, en lugar de intentar un asalto a través del canal de la Mancha; llevando a cabo una ofensiva combinada de bombardeo aéreo sin parangón, atacando a las tropas alemanas, sus recursos y ciudades, para invadir finalmente el noroeste de Europa en 1944.

Estas decisiones demostraron, tal como Clausewitz advirtió, la importancia de comprender el objetivo político de la guerra y la necesidad de lograr la coincidencia total de la estrategia que aplicar con este objetivo. Los alemanes, una vez más, ignoraron a Clausewitz y experimentaron que ni siquiera un virtuoso como el mariscal Rommel podía rescatar una fuerza militar de la bancarrota provocada en Normandía al seguir una dirección estratégica errónea.

En 1942, el jefe del Estado Mayor del U. S. Army, general George C. Marshall, y su jefe de Operaciones, general Dwight D. Eisenhower, abogaban por un ataque directo a Alemania tan pronto como fuera posible y, desde luego, no más tarde de 1943. Sin embargo, antes de llegar a ese punto, fue providencial la decisión, en julio de 1942, del presidente Roosevelt de invadir el norte de África, en contra de todos sus asesores militares. Aquella decisión tuvo total sentido, en retrospectiva, como un ejemplo de la necesidad del control civil del instrumento militar. Roosevelt quería que las tropas norteamericanas entraran en combate contra los alemanes en 1942[133], pero ni ellos ni los británicos estaban listos para enfrentarse a la Wehrmacht en Francia en aquellos días.

---

133 Ya en aquellos días, Stalin presionaba constantemente a Roosevelt para la apertura de un segundo frente, tras la invasión alemana de 1941.

Los británicos, que habían perdido ya varias batallas contra los alemanes y que, en 1942, deberían proporcionar la mayor parte de las tropas, eran muy reacios a hacerlo. Las fuerzas americanas y sus mandos, como se demostró en los combates en Túnez, contra Rommel, en la primavera de 1943, demostraron no estar listos aún. El general Marshall confesaría más tarde que la idea de desembarcar 25 divisiones en Francia en 1942 habría sido un suicidio[134]. Por otra parte, por mucho que se lamentase el general Eisenhower acerca de «malgastar los recursos en otras partes del mundo», el hecho era que entonces se carecía de medios anfibios para organizar un desembarco en Europa, e, incluso, en 1944, siendo ya comandante supremo aliado en Europa, solicitó un mes de retraso en la iniciación de la «operación Overlord» hasta completar las necesidades de medios anfibios.

Por otra parte, los Estados Mayores aliados identificaron con toda claridad al componente acorazado —las divisiones Panzer— como el elemento clave de la defensa alemana en el Oeste y como el centro de gravedad sobre el que residiría su posibilidad de reacción efectiva. Los carros y medios acorazados alemanes eran la única fuerza con suficiente movilidad y potencia que podría hacer peligrar el desembarco aliado, y eran el medio que podría aglutinar y galvanizar la organización defensiva alemana. Las divisiones estáticas que guarnecían el Muro serían incapaces de detener a los Aliados y la Luftwaffe no podría dar ningún apoyo, estando como estaba implicada al máximo en la defensa aérea del Reich. Por ello, para proteger las playas de desembarco contra la acción de esos medios acorazados se ideó una combinación de desinformación, inteligencia, maniobra, ataques aéreos y acciones conjuntas que fijó a las unidades Panzer en el área de Calais e impidió su movimiento hacia la zona escogida para el desembarco[135]. La diversidad de criterio al respecto reinante en el mando alemán y la con-

---

134 Maurice Matloff, *Strategic Planning for Coalition Warfare, 1943-1944*, U.S. Army Center of Military History Publication 1-4 (Washington, D.C.: Government Printing Office), 1959.

135 Ello es una muestra de la interdependencia de estas acciones en la conducción de la batalla. Las otras acciones por considerar igualmente, y que los Aliados no olvidaron tampoco, eran la logística y la función de mando y control, que el mando alemán ignoró por completo.

tinua injerencia del propio Führer obraron en favor de los Aliados y se puede decir que sellaron el resultado de la batalla. Sin embargo, en algún momento la «operación Overlord» estuvo cerca de fracasar y fue muy reñida; se ganó por un pequeño margen a pesar de la aplastante superioridad aliada[136] y, sobre todo, por lo equivocado de los planteamientos y reacciones del mando alemán.

El legado de la «operación Overlord» nos invita a considerar las necesidades que semejante empresa para una operación altamente sofisticada, combinada tierra-mar-aire, requiere en lo referente a personal, equipo y preparación, si alguien llegara a pensar en acometer algo similar en relación con Rusia, China o Irán, tal como en determinados foros especializados se ha venido debatiendo a propósito de la factibilidad de hipotéticas operaciones globales integradas. ¿Existe disponibilidad internacional de una fuerza naval como la que se logró reunir en Normandía? Dudoso afirmarlo, ya que, a excepción de la U. S. Navy, no existen países que dispongan hoy de tales medios. ¿Hay capacidad aérea internacional para movilizar y poner en vuelo una flota semejante a la que actuó el Día D?, ni siquiera la U. S. Air Force combinada con la U. S. Navy puede acometer tal esfuerzo, y las fuerzas aéreas de los países de la OTAN, aun reuniéndolas, resultan casi irrelevantes. No hablemos de fuerzas terrestres, donde la situación hoy resulta casi dramática: ni en España ni en Francia ni en Italia existen ya unidades tipo división con la entidad de las que invadieron Francia; una vez más, sería solo Estados Unidos quien tendría que aportar el esfuerzo global. En mi opinión, Normandía supuso la primera y última operación combinada internacional a gran escala (Estados Unidos-Gran Bretaña-Canadá y un mínimo contingente francés) en la historia militar.

En 1946, el general Eisenhower, entonces jefe del Estado Mayor norteamericano, y el jefe de Operaciones Navales de la U. S. Navy, almirante Chester Nimitz, crearon la Escuela de Estado Mayor Conjunto de las Fuerzas Armadas (Armed Forces Staff College), en Norfolk (Virginia), al objeto de asimilar las lecciones del em-

136 La referencia original en lengua inglesa, *a close-run thing*, tiene su origen en la frase pronunciada por sir Arthur Wellesley, duque de Wellington, acerca de la victoria aliada sobre Napoleón en Waterloo. Es una frase que se viene utilizando frecuentemente en lengua inglesa para describir lo cerca que muchas veces se está de la derrota, en lugar de de la victoria.

pleo conjunto de fuerzas derivadas de la Segunda Guerra Mundial; lecciones, por otra parte, aprendidas por el Ejército, la Marina y la Fuerza Aérea, sin olvidar a la infantería de marina (Marines), con gran esfuerzo en el Pacífico, en el norte de África y en Normandía, y vueltas a aprender en las numerosas campañas sucedidas posteriormente. Eisenhower comentaría:

> *Normandía también había significado el final de las operaciones independientes de tierra, mar y aire, y que, si se volviese a combatir en el futuro en un conflicto de alta intensidad similar, la operación sería totalmente conjunta ya integrando a las fuerzas de los tres ejércitos en un único componente y en único esfuerzo dirigido por un mando unificado*[137].

La «operación Overlord» proporciona material para un estudio de la integración de la planificación conceptual y detallada para un problema asombrosamente complejo. El esfuerzo de planificación —realizado por oficiales norteamericanos y británicos entre 1943 y 1944— combinó la planificación conceptual y detallada para poner a punto una acción significativa.

Si bien lo que se conoció colectivamente como COSSAC (Combined Operations Staff Supreme Allied Commander) no sabía nada acerca de la actual metodología de planes, su pensamiento conceptual y detallado es instructivo y proporciona un excelente ejemplo de la necesaria coordinación que tiene que existir entre la planificación conceptual y la detallada en forma inherente a cualquier proceso de definición de operaciones militares, algo que no hizo el mando alemán.

A principio de la primavera de 1943, los jefes del Estado Mayor Combinado estadounidense y británico (CCS) definieron el tamaño y la configuración que serían necesarios para comenzar la planificación formal del probable ataque a gran escala contra el continente en 1944. Además, el CCS ordenó que se elaborara un plan de decepción creíble y que determinara lo que sería necesario hacer si el

---

137 General Dwight D. Eisenhower, «Special Message to the Congress on Reorganization of the Defense Establishment», 3 de abril de 1958, según fue publicado por el diario *New York Times*.

Gobierno alemán se desplomaba sin haberlo sometido a una invasión, designando al general Frederick Morgan como jefe de Estado Mayor. Durante los siguientes meses, Morgan y su equipo llevaron a cabo diferentes interacciones en el contexto de un proceso cíclico de refinamiento de la planificación, pasando de un concepto general a una directiva específica de planificación, al mismo tiempo que generaban tablas de movimiento, levantamientos topográficos y oceanográficos detallados, y perfeccionados planteamientos de los requerimientos operativos. Lo que se generaba en el bando alemán, por el contrario, era un caos absoluto.

En su forma final, la «operación Overlord» fue una empresa militar de una insospechada magnitud jamás antes considerada, que con el tiempo involucró a más de 130 000 soldados, marinos y aviadores de siete diferentes países (Estados Unidos, Gran Bretaña y Commonwealth, Bélgica, Holanda, Noruega y Francia). Si bien el COSSAC recibió instrucciones de elaborar tres planes de campaña (engaño, ataque y consolidación posterior) y su análisis inicial sugirió dónde y cuándo cruzar el Canal y con cuántas fuerzas, rápidamente se dio cuenta de que el corazón de su problema era la disponibilidad de lanchas de desembarco. El propósito del esfuerzo del COSSAC era confirmar o negar la intuición del general George Marshall, quien instintivamente percibió la presión que ejercería la invasión de Europa sobre el Tercer Reich. Hoy día, en la Escuela de Estudios Militares Avanzados en Fort Leavenworth, en Kansas, se continúa la formación de oficiales de Estado Mayor y planificadores operativos que destaquen en las capacidades de diseño de operaciones combinadas y conjuntas.

Si bien los alemanes hicieron culto de la iniciativa de los mandos inferiores en la intención del superior (*Auftragstaktik*), a estas alturas de la guerra, en 1944, ocurría totalmente lo contrario. Algunas de las causas que podrían justificar este cambio son la escasez de medios, la superioridad aérea aliada, la simultaneidad del combate en dos frentes que se encontraban en plena retirada y la pérdida de confianza de Hitler en sus generales (desde su perspectiva, culpables de las derrotas que estaban sufriendo); en definitiva, es lógico que, ante la escasez, el que tiene el poder tienda a centralizar el control, porque que considera que posee una visión más clara de la situación para aplicar un empleo más efectivo de los medios.

Esto motivó que las divisiones Panzer estuvieran bajo control directo del Führer. La controversia entre los mariscales von Rundstedt y Rommel consistía en definir el momento de lograr la destrucción de los Aliados. Rommel consideraba que el momento más crítico para los Aliados era el desembarco; por eso se debía buscar su destrucción en las playas y, a tal efecto, las reservas acorazadas debían encontrarse próximas para actuar en el menor tiempo posible. En contrapartida, Rundstedt, más cauteloso dada la cantidad de lugares posibles de desembarco, prefería tener las reservas en el interior y, de esta forma, mantenerlas protegidas de los ataques aéreos Aliados y posteriormente emplearlas en masa en el lugar preciso de la invasión. Sin embargo, en lo que ambos generales estaban de acuerdo inicialmente era en que el lugar más favorable para la invasión era el paso de Calais y los planes defensivos debían volcar su esfuerzo principal en este sector.

Rommel intentó utilizar su influencia sobre Hitler para que le otorgase el control táctico de las divisiones Panzer por encima de la autoridad de von Rundstedt, pero la decisión del Führer fue mediadora y dividió parte de las divisiones entre ambos. Se puede observar que la selección de Normandía fue un acierto de los Aliados porque había solo una división Panzer alemana disponible, la 21.ª División, con la posibilidad de entrar en acción inmediatamente durante el Día D. Además, el Estado Mayor de von Rundstedt no pudo determinar el lugar exacto de la invasión por causa de las operaciones de engaño, los sabotajes a las líneas de comunicaciones y la dispersión en el lanzamiento de los paracaidistas; estas acciones coordinadas y eficientemente planificadas llevaron a los alemanes a conformar un escenario completamente diferente de lo que realmente se estaba produciendo.

Los alemanes no pudieron identificar el centro de gravedad de la operación, con el agravante de que Rommel, en el momento de la invasión, se encontraba en Alemania por el cumpleaños de su esposa, y se había decidido a viajar porque, de acuerdo con el pronóstico meteorológico, era poco probable una invasión esos días y von Rundstedt, sin un escenario claro, no se animaba a instar a Hitler para movilizar las divisiones Panzer.

La «operación Overlord» puede considerarse como la más enriquecedora operación de combate ejecutada en la historia militar hasta la actualidad, en cuanto a sus enseñanzas, y permite abordarla para su análisis desde diferentes ángulos de estudio. Por su complejidad ha demostrado, como se ha expuesto, la necesidad de un mando unificado que coordine, regule y sincronice la necesidad de actuar conjuntamente por parte de los diferentes componentes militares en busca de un objetivo común. El concepto de crear las condiciones para ganar la batalla es viejo como la historia misma; Sun Tzu, en su libro sobre *El arte de la guerra*, establecía:

> *... en la victoria, los buenos guerreros no se destacan por su inteligencia o su bravura. Así pues, las victorias no son casualidades, sino que son debidas a haberse situado previamente en posición de poder ganar con seguridad, imponiéndose sobre los que han perdido de antemano* [...]. *Sírvete de una unidad especial para engañar al enemigo atrayéndola a una falsa persecución, haciéndole creer que el grueso de tus fuerzas está muy lejos; entonces, lanza una fuerza de ataque por sorpresa que llegue antes, aunque emprendas el camino después...*

Desde el punto de vista alemán, cuando se examinan las razones generales del monumental fracaso en Normandía, se ve que el resultado del fallo de la defensa no estuvo tanto en la sorpresa táctica y el desconocimiento de cuándo y dónde —dado que un desembarco en Normandía era esperado de alguna forma—, sino en la absoluta superioridad aliada. Antes del desembarco, y también durante el mismo, una parte considerable de la artillería alemana había sido neutralizada por la fuerza aérea aliada hasta el punto de que fue incapaz de actuar contra la flota de invasión. La infantería que guarnecía las posiciones defensivas tampoco pudo actuar de forma coherente debido a los ataques aéreos.

El procedimiento elegido por los Aliados para llevar a cabo el desembarco, aprovechando la marea baja, hizo que la ingente cantidad de obstáculos colocados bajo la dirección de Rommel no sirviera para nada. Si la infantería alemana no hubiera resultado tan desorganizada y afectada como consecuencia de los ataques aéreos, quizás las primeras oleadas que desembarcaron hubieran sido rechazadas y el desembarco hubiera tenido un coste mucho mayor para los Aliados, que podría, incluso, haberles llevado a un fracaso.

La notoria incapacidad de la Luftwaffe no pudo ni siquiera rechazar o neutralizar los desembarcos aéreos aliados e, igualmente, la artillería antiaérea resultó ineficaz al estar dispersada para proteger todo el teatro de operaciones.

El terreno donde tuvo lugar el desembarco jugó un papel importante también, ya que la artillería de campana alemana no pudo actuar con eficacia al carecer de buenos observatorios en las zonas de setos y vegetación de Normandía. La artillería aliada, por el contrario, contó con la ayuda de aviones ligeros de enlace y observación, mientras que la alemana no pudo utilizar el mismo sistema dada la superioridad aérea aliada, que impedía el vuelo de cualquier avión alemán. De no ser por el poder aéreo aliado, quizás se habría podido evitar el triunfo aliado durante los primeros días del desembarco inicial. Esos primeros días fueron críticos. Posteriormente, el constante refuerzo aliado no pudo ser compensado por la llegada de los refuerzos alemanes, siempre escasos y tardíos, dada la destrucción de las vías de aproximación.

Los Aliados sorprendieron igualmente al mando alemán por la sorprendente capacidad que demostraron ampliando las cabezas de playa, utilizando nuevas técnicas y procedimientos como los muelles artificiales Mulberry y todo tipo de excavadoras, medios de construcción y demolición, así como pistas artificiales para el aterrizaje, ya en suelo francés, de la aviación táctica aliada.

La herencia de la operación Overlord es un testimonio tanto de su monumental éxito estratégico como del profundo costo humano que conllevó. La operación cambió decisivamente el curso de la Segunda Guerra Mundial a favor de los Aliados y marcó el comienzo del fin para la Alemania nazi. Su éxito demostró el enorme valor de la planificación meticulosa, la cooperación internacional entre los Aliados y la valentía de innumerables soldados que combatieron en las playas de Normandía y más allá.

La población civil en Normandía también sufrió una gran carga. Pueblos enteros fueron destruidos en los enfrentamientos y la población francesa local padeció tanto los efectos directos del combate como la privación que acompañaba a la invasión. La liberación trajo alivio y esperanza, pero también acarreó un sufrimiento inmediato significativo debido a una destrucción de familias, hogares e infraestructuras como Francia no había experimentado antes.

Fue una historia de brillantez estratégica y logística, de cooperación internacional, y puso de manifiesto el inmenso coste humano de la guerra. Subrayó las complejidades de la toma de decisiones en tiempos de guerra, la brutalidad del combate y el poder redentor de la liberación y de la justicia. La operación sigue siendo un capítulo crucial en la historia de la Segunda Guerra Mundial, con lecciones que resuenan mucho más allá de las playas de Normandía.

Recordando a Spengler y a Clemenceau cuando decían que la guerra era algo muy serio como para dejarlo en manos de los militares, la actitud reinante en el estamento político-militar aliado era la de dar libertad de acción a los ejecutantes sin interferirse mutuamente. La única instrucción que Roosevelt le dio a Eisenhower fue «General, vaya ud. a Europa, destruya al nazismo y gane ud. la guerra»; en cambio, la actitud de Hitler fue la de interferir continuamente y provocar la discordia entre sus generales no creando un mando único. Ello prueba la superioridad de las democracias frente a las dictaduras y algo similar viene ocurriendo en Ucrania desde hace ya casi tres años.

En Normandía hubo momentos ocasionales de heroísmo épico, pero siempre eclipsados por escenas de sufrimiento, caos y miseria. Los hombres que desembarcaron el Día D lograron algo extraordinario y desinteresado, pero no lo hicieron sin un gran costo. A pesar de ello, los estadounidenses veían, y siguen viendo, a Normandía como una lucha entre la democracia y la tiranía, pero, al final, es el soldado común quien paga el precio más alto en la guerra.

Anexo 1

«Achtung!», los pánzers en Normandía: «Ultima ratio regis»

¿Habrían servido para cambiar el curso de la batalla si hubieran intervenido?

«Los carros alemanes Panther y Tiger son muy superiores y se necesitan tres carros Sherman para destruir a un carro Tiger».
New York Herald Tribune, 5 de abril de 1945

Es imposible disociar el nombre de Rommel de los carros de combate —pánzers— cuando se habla de Normandía, y, sin embargo —pese a su fama ligada precisamente a los carros de combate en África—, el mariscal Rommel no tuvo ningún control efectivo sobre su empleo en los días de la invasión aliada de Francia en junio de 1944, ni tampoco en los momentos inmediatamente posteriores. En las páginas precedentes se ha expuesto detalladamente cómo ni siquiera su opinión fue tenida en cuenta y cómo se enfrentó con otros generales en relación con el uso de los carros para contener y rechazar la invasión, sobre todo con von Schweppenburg, con el mariscal von Rundstedt, con Jodl e incluso con el propio Guderian.

No obstante, en donde coincidían todas las opiniones era en que los carros de combate eran necesarios para derrotar la invasión y debían constituir la espina dorsal de cualquier fuerza que se pudiera aprestar a tal efecto para llevar a cabo un contraataque de efectos decisivos. El problema era dónde concentrar esa fuerza y cómo ejecutar la contrarreacción contra la invasión aliada.

La acumulación de fuerzas necesarias para repeler a los Aliados occidentales empezó durante la segunda mitad de 1943, pero solo ya en junio de 1944 los alemanes consiguieron tener medianamente listas para la batalla, aunque desplegadas en diversos lugares repartidos por toda Francia, Bélgica e incluso Holanda, un total de once divisiones Panzer, acorazadas o de carros, y una de infantería mecanizada o Panzergrenadiere. No todas estaban bien equipadas ni bien instruidas, y algunas, de hecho, eran más inferiores de lo que se pueda pensar. De todas ellas, a Rommel solo se le dio el control operativo de tres divisiones y solo una —la 21.ª División Panzer[138], no precisamente una de las mejores— estaba situada cerca de la costa en Normandía. Las otras dos divisiones eran la 2.ª Panzer, una división bien dotada de material y personal, y la 116.ª, una división recientemente constituida; que se encontraban al norte del Sena. Otras tres divisiones, todas de las Waffen SS —la 2.ª Panzer SS Das Reich, la 9.ª Panzer SS Hohenstaufen y la 11.ª Panzer SS Frundsberg—, estaban asignadas al Grupo de Ejércitos G, general Blaskowitz, en el sur de Francia. Cuatro divisiones más, tres de las Waffen SS y una de la Wehrmacht —la 1.ª Panzer SS Leibstandarte Adolf Hitler, la 12.ª Panzer SS Hitlerjugend, la 17.ª SS Panzergrenadier Goetz von Berlinchingen (ésta, realmente, una división mecanizada sin carros) y la División Panzerlehr, una división excelente de la Wehrmacht al mando del general Fritz Bayerlein, veterano de África—, formaban una reserva móvil centralizada en el llamado Panzergruppe West, al mando del general von Schweppenburg, en las cercanías de París, pero todas estaban bajo control operativo del Alto Estado Mayor (OKW) y no se podían emplear sin autorización expresa de Hitler. Además, había otras dos divisiones Panzer de la Wehrmacht, la 9.ª Panzer y la 11.ª Panzer.

Una fuerza considerable, que tener en cuenta sin duda, aunque plagada de dificultades empezando por el complicado sistema de mando y control establecido desde Berlín, que hacía muy difícil su empleo, al margen de su despliegue muchas veces alejado de donde tendría lugar su empleo, sin contar, además, con los enormes problemas logísticos que suponía debido a la escasez de combusti-

138 Esta división, a pesar de su numeración, no guarda ninguna relación con la 21.ª División Panzer del Afrika Korps, que fue aniquilada en Túnez en 1943.

ble, al estado deplorable de la red de ferrocarriles —prácticamente destruida por la acción aérea aliada— y al mantenimiento del material, en el que figuraban cuatro tipos de carros de combate principales (Panzer IV, Panther, Tiger y König Tiger), al margen de los vehículos de ruedas y otros de cadenas; sin olvidar la actuación previsible de la aviación aliada, que haría prácticamente imposibles sus movimientos a plena luz del día, como Rommel vaticinaba. Aun así, era una fuerza muy superior a aquella con la que la Wehrmacht había invadido Francia en 1940[139].

Las divisiones de las Waffen SS eran, en líneas generales, las mejores equipadas; eso no significa que fueran las mejor instruidas, pero solían contar con oficiales muy preparados y altamente motivados. También contaban con los mejores y más modernos carros de combate, que probarían ser superiores a los que utilizaban los Aliados y absolutamente letales en el combate entre carros. Una vez que entraban en combate, las SS se mostraban dignas de la reputación que gozaban como soldados fanáticos, fieros y totalmente entregados a la ideología nazi y al servicio del Führer. Entre junio y agosto de 1944, no menos de seis divisiones de las SS combatieron en Normandía.

Como se ha venido exponiendo, el mando alemán no tenía certeza de dónde iba a ocurrir el desembarco y Rommel y von Rundstedt no se ponían de acuerdo en cómo desplegar los carros. Rommel proponía situarlos cerca de la costa para poder enviarlos rápidamente a la zona de desembarco; von Rundstedt —apoyado por Guderian y von Schweppenburg— prefería concentrarlos más adentro y esperar a que los Aliados desembarcasen para lanzarlos en masa contra el punto de desembarco. Al final Hitler adoptó una decisión salomónica: la 21.ª División Panzer se envió a la costa en

139 No hay cifras exactas sobre los carros de combate alemanes empleados finalmente en Normandía. Intervinieron en combate unos dos mil trescientos carros y cañones de asalto autopropulsados entre el 6 de junio y el 15 de agosto de 1944, de los que solo cien o ciento veinte atravesaron el río Sena al final de la campaña. Aunque Alemania reconoció únicamente la pérdida de 481 carros entre el Día D y el 31 de julio, el recuento llevado a cabo por la Sección Operacional de Investigación n.º 2 del 21.º Grupo de Ejército aliado indica que los Aliados destruyeron 550 carros de combate en los meses de junio y julio y otros 500 en agosto, lo que supone un total de 1256 carros al menos perdidos por la Wehrmacht durante toda la campaña.

Normandía, y el resto, desplegadas en diferentes lugares, tardarían bastante en llegar al frente, dada la aplastante superioridad aérea de los Aliados; fue una solución completamente inapropiada, propia de un no profesional de la milicia.

Las divisiones Panzer de las SS fueron afectadas también por el debate estratégico-operativo que tenía lugar en el mando alemán, retrasándose la toma de decisiones en cuanto a sus movimientos en Normandía como parte de la respuesta a la invasión del Día D. Este retraso llevaría, en último extremo, a su destrucción. Aunque combatieron duramente, dificultando e impidiendo en ocasiones el avance angloamericano, pagaron un alto precio, sufriendo un fuego devastador tanto de la artillería aliada, naval y de campaña como del poder aéreo aliado, hasta ser casi totalmente aniquiladas.

El despliegue alemán, finalmente, llevó a que solamente la 21.ª División Panzer estuviera disponible para realizar un contraataque. Ironías de la historia hicieron que, por diversos motivos, al amanecer del 6 de junio ni el jefe de la 21.ª División, general Feuchtinger, ni el general Dollmann, jefe del 7.º Ejército, ni el mariscal Rommel estuvieran presentes; ni, en su ausencia, el general Speidel quiso tampoco emitir ninguna orden, ni siquiera alertar al Grupo de Ejércitos; por lo que quien tomó la iniciativa fue el general Marcks, del 84.º Cuerpo, que dio las órdenes preliminares a la 21.ª División[140]. No fue, a pesar de todo, sino hasta el mediodía del Día D cuando la división se enfrentó finalmente, a las fuerzas británicas en torno a la ciudad de Caen. Pero el contraataque acabó fracasando debido a su lentitud y, aunque algunos carros llegaron incluso hasta la misma playa —abriendo una cuña entre dos divisiones británicas—, se retiraron finalmente tras perder 70 carros del total de sus 124 pánzers —más de la mitad de sus efectivos—, debido a la acción de la artillería y los carros británicos que ya habían desembarcado.

Cuando las primeras noticias llegaron a París y cundió la alarma en el OB West, el mariscal von Rundstedt obtuvo permiso del Führer para que dos divisiones, la 12.ª Panzer SS Hitlerjugend y la Panzerlehr, iniciasen el movimiento hacia Normandía. Los elemen-

140 En Calais, sin embargo, que no estuvo amenazada, el general von Salmuth sí decidió alertar al 15.º Ejército.

tos avanzados de ambas divisiones no llegarían al frente hasta el mediodía del 7 de junio, más de 24 horas desde que se iniciase el desembarco aliado; y el grueso de la Panzerlehr, hasta el 9 de junio. La 2.ª División Panzer SS Das Reich también se puso en marcha desde Toulouse, en el sur de Francia, pero su movimiento se vio muy afectado tanto por los ataques aéreos como por las acciones de sabotaje de la resistencia francesa.

Del mismo modo, otras unidades también iniciaron el desplazamiento hacia Normandía. La 17.ª Panzergrenadiere SS no llegaría a Carentan, en la península de Cotentin, hasta el 11 de junio —cuando ya los paracaidistas americanos se habían organizado y estaban a la defensiva—, y la 2.ª División Panzer no pudo entrar en acción hasta el 12 de junio. La 1.ª Panzer SS Leibstandarte Adolf Hitler llegó, incluso, muchos días más tarde, ya a finales de junio. Dos divisiones estáticas de infantería del 15.º Ejército, en Calais, fueron finalmente enviadas también, a pie, a Normandía, al igual que otras unidades que llegarían ya muy tarde. Fue un completo desastre como Rommel había pronosticado.

Sin embargo, la actuación de tres divisiones —21.ª Panzer, 12.ª Panzer SS y Panzerlehr[141]— logró contener y retrasar el avance británico hacia Caen y les impidió conquistar la ciudad. La 12.ª SS Panzer SS Hitlerjugend[142] resultó, en particular, ser un oponente formidable que mantuvo a raya a la 3.ª División de Infantería canadiense, y cuando entró en acción la Panzerlehr, el 9 de junio,

141 La División Panzerlehr o 130.ª Panzer-Lehr-Division («División Acorazada de Instrucción»), más conocida como Panzerlehr, fue una división Panzer de elite de la Wehrmacht. La unidad, junto con los carros Tiger del 101.º Batallón Pesado de las SS, logra evitar la tentativa de avance británico del 13 de junio y es rápidamente destinada a defender la zona de Tilly, hasta fines de junio, momento en el que es retirada del frente para su reorganización. A principios de julio, la Panzerlehr fue enviada nuevamente al frente, contra las tropas estadounidenses, y recibió un fortísimo bombardeo que le provocó ingentes pérdidas. La Panzerlehr se replegó combatiendo hacia el este y acabó rindiéndose a los americanos en los primeros días de mayo de 1945.

142 La 12.ª División Panzer SS llegó al frente hacia las cinco de la tarde del día 6 de junio, después de recorrer unos 80 km bajo continuos ataques de la aviación aliada; y de sus 20 000 efectivos, 230 carros de combate, 650 vehículos acorazados y cerca de 2000 camiones, solo un 30 % llegó a los alrededores de Caen. A pesar de todo, los fanáticos jóvenes de la Hitlerjugend Division frenaron el avance de las fuerzas canadienses, destruyendo no menos de 28 carros Cromwell en el primer combate.

enfrentándose a la 50.ª División británica al sur de Bayeux, quedó conjurada una prematura conquista de la ciudad. No obstante, todos los planes de posibles contrataques quedaron abandonados ante la poderosa actuación de la fuerza aérea aliada.

Las fuerzas alemanas en Normandía llevaron a cabo una obstinada defensa, para lo cual se vieron beneficiadas por una doble ventaja adicional a la ya inherente a la acción defensiva: en primer lugar, el tipo de terreno, dominado por el *bocage* francés, todo cubierto de setos que dividían los campos y pastos en tiempo de paz y que, ahora, a efectos bélicos suponían una excelente protección y enmascaramiento, permitiendo ocultarse a las vistas del adversario. Por otra parte, el soldado alemán se mostró imbuido de un alto espíritu patriótico y defensivo, que le hizo luchar con gran coraje.

La forma bajo la que el mariscal Rommel ejercía su autoridad en el marco del Grupo de Ejércitos B era sintomática de los muchos defectos que aquejaban al Estado Mayor alemán. Teóricamente subordinado al mariscal von Rundstedt, en realidad llevaba a cabo sus funciones con mucha más exigencia e influencia de lo que su posición le autorizaba. Además, se comunicaba con Hitler directamente saltándose la cadena de mando establecida. Rommel, como se ha expuesto, no estaba de acuerdo con von Rundstedt en la forma en que este contemplaba contrarrestar la invasión, y así, mientras aquel depositaba gran confianza en las reservas móviles —constituidas básicamente por el Panzer Gruppe West, localizado cerca de París—, que podrían reaccionar de forma rápida y flexible ante el avance enemigo, Rommel, comprendiendo bien el uso del poder aéreo, sabía que los Aliados serían capaces de aislar por completo el campo de batalla y, si lograban situarse en suelo francés, la guerra para Alemania estaría perdida.

Al final, el debate entre ambos mariscales no llegó a ninguna conclusión, como hemos visto, y resultó desastroso, llevando a que fuera Hitler quien tomase la decisión, imponiendo dictatorialmente su criterio.

A medida que fueron pasando las horas, la oportunidad para impedir el desembarco aliado se fue desvaneciendo y, en lugar de ir preparando un fuerte contraataque, las fuerzas acorazadas alemanas se vieron obligadas a ir reaccionando limitadamente y a base de pequeñas unidades, frente a un poderío aliado cada vez mayor. Aun así, impidieron la conquista de Caen —tan solo a 10 km de la costa— y, en el sector de Carentan, contuvieron el avance del general Bradley, retrasando la conquista de Cherburgo.

Convencido de que las posibilidades para rechazar la invasión aliada se iban difuminando, Rommel decidió pasar a la defensiva, desplegando casi 600 carros de combate —incluyendo a los de la 12.ª División Panzer— desde Caen hacia el este. A esas fuerzas se unieron tres batallones de carros Tiger, que eran los más modernos y potentes en el arsenal alemán. Los carros alemanes generalmente tenían un mayor alcance con sus cañones que los carros Aliados y su mayor blindaje les hacía estar también mejor protegidos. Sin embargo, el carro más numeroso en Normandía era el Panzer IV H —una variante que había adquirido el Ejército español en 1943, aunque solo 20 ejemplares—, que llevaba un cañón de 75 mm, mientras que el carro Pantera (*Panther*) iba armado con un cañón igualmente de 75 mm pero de alta velocidad y los carros Tiger llevaban un cañón de 88 mm.

Los combates preliminares en torno a Caen[143] duraron hasta el 14 de junio y la 12.ª División destruyó unos 37 carros británicos. Cuando al combate se sumaron también carros de las divisiones Panzerlehr y SS Das Reich, se logró estabilizar el frente temporalmente, eliminando momentáneamente las esperanzas aliadas de conquistar Caen, que era el objetivo principal marcado para las fuerzas británicas en el Día D, pero ya no había ni maniobra ni *Blitzkrieg*, los pánzers actuaban solo a la defensiva y más como arma de apoyo de la infantería.

---

143 No obstante, el mariscal Montgomery lanzó un ataque con su veterana división de los tiempos de África, la 7.ª División Acorazada «Ratas del Desierto», entre los días 12 y 13 de junio, con objeto de conquistar Caen. La división avanzó sobre el flanco de la 21.ª Panzer, amenazando la retaguardia de la división Panzerlehr, en un lugar llamado Villers-Bocage. Sin embargo, en la mañana del día 13, el 101.º Batallón Pesado SS, perteneciente a la 1.ª División Panzer SS, con un destacamento avanzado de reconocimiento con carros Tiger al mando del teniente Michael Wittmann, llegó a la zona de Villers-Bocage. Wittmann era ya una leyenda en las fuerzas alemanas y contaba en su haber con más de 100 carros soviéticos destruidos en combate. En tan solo minutos, Wittmann, con otros tres carros Tiger y un Panzer IV, destruyó un total de 25 carros británicos y otros 28 vehículos acorazados diversos, y detuvo el avance británico.

Más al oeste, en Carentan, los paracaidistas alemanes, reforzados por la 17.ª SS Panzergrenadier Division Götz von Berlichingen, se enfrentaron con las divisiones aerotransportadas americanas 82 y 101, pero fueron finalmente rechazados por la 2.ª División Acorazada norteamericana, perdiendo casi la mitad de sus efectivos.

La presión británica sobre Caen no se reanudaría ya hasta el mes de julio. Mediante el poder aéreo, llevando a cabo un poderoso «bombardeo en alfombra» que destruyó totalmente la ciudad, lanzando unas 2600 toneladas de bombas, Montgomery logró avanzar, aniquilando prácticamente a la 12.ª División Panzer, aunque perdió 103 carros en un solo día. Se había tardado casi un mes y medio en salir de Normandía.

Las divisiones Panzer en Normandía fueron finalmente aniquiladas y sus bajas fueron tremendas. La división Panzer SS Leibstandarte acabó sufriendo 5000 bajas y abandonando todos sus carros y artillería en Falaise, ya en julio de 1944. La 9.ª Panzer SS perdió la mitad de sus efectivos y la 10.ª Panzer SS fue reducida a solo cuatro batallones, sin ningún carro de combate. La 17.ª SS Panzergrenadiere fue dividida en pequeños grupos tácticos sin ninguna capacidad ofensiva ya y la 12.ª Panzer SS dejó de existir como fuerza organizada, contando solo 300 soldados y 10 carros de combate tras Normandía. Las pérdidas sufridas eran ya irremplazables.

Llegados a este punto cabe preguntarse: ¿habría sido diferente el resultado en Normandía si Rommel hubiera dispuesto de las divisiones Panzer y las hubiera colocado en las playas?

No hay duda de que, si el mando alemán hubiera tenido medios suficientes, podría haber rechazado temporalmente la invasión y, quizás, solo cuatro divisiones Panzer en la zona de desembarco podrían haber ganado una batalla inicial y mantenido a raya a la fuerza inicial de desembarco, a pesar de sufrir elevadísimas bajas. Pero, dada la absoluta superioridad aliada, Alemania habría acabado perdiendo la guerra igualmente y los soviéticos habrían continuado avanzando hacia Berlín.

No se puede decir que los mandos de las divisiones Panzer en Normandía no supieran su oficio: muy al contrario, lo sabían muy bien, pero fueron incapaces de sacar partido de ello. La razón es doble, al margen de la tan sabida superioridad aérea aliada, y se debe a dos motivos esenciales: en primer lugar, a la falta de movilidad de las divisiones de infantería, que no podían seguir el movimiento de los carros; y en segundo lugar, a los procedimientos operativos que aplicaba Montgomery desequilibrando continuamente a la defensa alemana, al atacar repetidamente en lugares diferentes. Mantener continuamente la presión sobre las fuerzas alemanas permitió a los Aliados conservar la iniciativa en todo momento y obligó a los alemanes a emplear continuamente todas las posibles reservas disponibles en cada sector. De este modo, las divisiones Panzer tenían que actuar forzosamente en todo momento y en todos los lugares, y fueron finalmente incapaces de retirarse de la acción y de montar sus propios contraataques. Prácticamente, durante toda la campaña en Normandía, los alemanes no llegaron a lanzar ningún contraataque de envergadura contra las cabezas de playa y, ya a partir de julio, estuvieron totalmente en actitud defensiva en toda la extensión del frente. Ello no era obstáculo para que la sola amenaza de un posible contraataque de las divisiones Panzer, dada su reputación, llevase a que Montgomery ordenase detener el avance aliado.

Naturalmente, la complicada estructura de mando y control alemana no facilitaba la defensa y hacía que cualquier reacción ofensiva fuese lenta y no bien coordinada, pero, cuando el mando y cuartel general del llamado Panzer Gruppe West fue destruido por un ataque de cazabombarderos británicos el 11 de junio, cinco días después tan solo del desembarco, el caos fue absoluto y no se organizó ya ningún contraataque coordinado y en masa con los medios acorazados disponibles. El *modus operandi* de Montgomery permitió a los Aliados conservar la iniciativa e impidió al mando alemán reagrupar sus divisiones Panzer y sacarlas del contacto con el adversario, para formar una reserva móvil organizada capaz de contraatacar de forma decisiva y combatir de forma coherente.

Ante la inmensa superioridad aliada y el procedimiento operativo de Montgomery, está claro que el planeamiento operativo de von Rundstedt —y de von Schweppenburg— estaba equivocado, pero la cuestión es si el pensamiento de Rommel hubiera sido válido. Mantener a las divisiones Panzer muy cerca, o sobre la misma línea de defensa en la costa, no habría pasado inadvertido para los Aliados y, sin duda, habrían sometido toda la línea costera a exhaustivos y tremendos bombardeos aéreos y navales. La artillería naval, en particular, habría resultado devastadora para los carros, que se habrían visto obligados a replegarse fuera de su alcance para volver a desplegarse durante la noche. No puedo sino expresar una muy seria duda razonable respecto del planteamiento del mariscal Rommel, aunque, en principio, la valoración que hacía respecto de las capacidades aliadas es más correcta que lo que pensaba von Rundstedt. En cualquier caso, von Rundstedt y von Schweppenburg fueron cesados en sus puestos tras el éxito aliado, Rommel resultaría gravemente herido y sustituido por el mariscal von Kluge, que tampoco tendría un final feliz, y finalmente, tras diez semanas de intenso combate en toda Normandía, y en plena retirada, las SS tomarían el mando de todas las fuerzas alemanas supervivientes y el 7.º Ejército fue puesto bajo el mando del general de las SS Sepp Dietrich.

En Normandía, las fuerzas alemanas —la Wehrmacht y las Waffen SS— sufrieron una derrota colosal, además de ser incapaces de rechazar la invasión. Las pérdidas en vehículos, carros, artillería y equipamiento fueron incalculables y la industria alemana sería ya incapaz de reponer lo perdido. Una estimación somera de lo perdido solamente por las divisiones Panzer, con fecha 22 de agosto de 1944, apuntaba a un total de 1256 carros y carros de asalto, destruidos, irrecuperables o abandonados en toda la extensión de la región, junto con un total de 400 000 bajas de personal. Hubo divisiones que perdieron todos sus carros. La 12.ª División Panzer SS quedó reducida a 10 carros de combate y 300 hombres.

Sin embargo, los Aliados perdieron un total de 2700 carros, de los que 1700 eran británicos y 1000 americanos. El problema era que la industria aliada —esencialmente la norteamericana— reponía esas pérdidas sin dificultad, mientras que la alemana era incapaz. Del total de carros perdidos por los Aliados, 931 eran M-4 Sherman norteamericanos. Un dato emergente tras la campaña revelaría que para destruir un carro alemán Tiger eran necesarios no menos de tres carros americanos Sherman. De cada veinte carros alemanes destruidos, se concluyó que nueve eran Panzer IV, ocho eran Panther y tres eran Tiger. El Panther resultó ser un oponente formidable, superior a la mayoría de los carros aliados, aunque vulnerable al cañón británico de 17 libras que montaban los carros británicos Sherman Firefly[144] y al de 76 mm de algunos Sherman americanos. En interpelación ante el Parlamento, el diputado británico Richard Stokes expuso el 25 de junio de 1944, en la Cámara de los Comunes, que «no existía en producción en la industria angloamericana ningún carro de combate ni comparable ni superior a los carros alemanes Panther y Tiger». Ni los Sherman ni los carros británicos Cromwell o Churchill estuvieron a la altura de los carros alemanes, pero hicieron su trabajo y los Aliados resultaron victoriosos en Normandía.

---

144 Solamente uno de cada cuatro Sherman británicos llevaba ese cañón.

Anexo 2

Los trabajadores españoles en el Muro del Atlántico

«La peligrosidad de esta chusma comunista y hostil a los alemanes no necesita de mayores explicaciones. Solo la situación del mercado laboral me ha llevado a no detener a los republicanos españoles en Francia sino, de momento, ponerlos a trabajar para nosotros, observarlos de cerca y solo deportarlos a campos de concentración en caso de comportamiento indisciplinado o políticamente peligroso».
Reinhard Heydrich, SS-Obergruppenführer, jefe de la Oficina Central de Seguridad del Reich (RSHA), junio de 1941

«Las fortificaciones y fortalezas son monumentos a la estupidez humana».
General George S. Patton, U. S. Army

Efectivamente, las fortificaciones han servido para muy poco en última instancia a lo largo de la historia, como demuestra lo ocurrido en la Antigüedad en Troya, en la toma de Valencia por el Cid y en tantos otros lugares, sin olvidar la conquista del fuerte de Eben-Emael, en Bélgica en 1940, y la inutilidad de la línea Maginot, en la invasión de Francia; aspectos, estos, que sorprende que no fueran considerados por el mando alemán cuando se decidió construir el Muro del Atlántico, en 1941-1944. El Muro no detendría la invasión aliada, pero en él dieron su vida forzosamente muchos trabajadores españoles, que, independientemente de la ideología que profesasen o de sus motivaciones, hoy apenas se recuerdan.

Pasado el 80.º aniversario del desembarco de Normandía, resulta de interés revelar algo apenas conocido sobre ese gran acontecimiento histórico: los búnkeres y las bases alemanas contra los que cargaron los soldados aliados el 6 de junio de 1944 habían sido construidos en gran medida por trabajadores forzados españoles.

Así, entre 1941 y 1944, alrededor de 40 000 «rojos», republicanos internados en los campos de la zona francesa no ocupada por el Tercer Reich, fueron deportados por el régimen de Vichy en trenes de ganado con destino a las obras de construcción del Muro del Atlántico. La mayoría de ellos trabajaron en la construcción de bases para submarinos en Brest, Lorient, St.-Nazaire, La Rochelle y Burdeos; otros construyeron plataformas para los cohetes V-1 y V-2 y búnkeres en las islas del canal de la Mancha.

Los republicanos españoles sufrieron las condiciones más duras en los campos de trabajo de la Organización Todt, al igual que un cierto número de judíos, prisioneros en el norte de Francia y que luego fueron deportados a los campos de exterminio. Un número desconocido de refugiados españoles murió en las obras de construcción del Muro del Atlántico. De los cinco millones de trabajadores extranjeros en Alemania, ni siquiera 200 000 vinieron voluntariamente, según Fritz Sauckel[145], plenipotenciario general para el empleo de la mano de obra (*Generalbevollmächtigter für den Arbeitseinsatz*), es decir, el encargado de la mano de obra esclava para la economía de guerra alemana, desde 1942 hasta 1945.

En Francia, el trauma de la Segunda Guerra Mundial pervivió durante muchas décadas. La colaboración con los ocupantes alemanes y la activa participación del Gobierno de Vichy en la deportación de los judíos son realidades demasiado dolorosas y se silencian hoy casi por completo. Sin embargo, las nuevas generaciones rompen poco a poco con estos tabúes y el interés por aquel difícil pero relevante periodo histórico no deja de crecer en los últimos años. Ignorados durante mucho tiempo, los búnkeres del Muro del Atlántico son ahora importantes lugares de memoria sobre la ocupación alemana de Francia. El papel de los trabajadores forzados

145 Fritz Sauckel fue encontrado culpable de crímenes de guerra y crímenes contra la humanidad y terminó ahorcado en la prisión de Núremberg el 16 de octubre de 1946.

extranjeros, rusos, polacos, judíos o españoles, permanece sin embargo aún hoy día en la sombra. Ni siquiera una placa marca los centenares de campos de trabajo de la Organización Todt distribuidos por toda la costa atlántica.

Desde Dunkerque hasta Hendaya, el Muro del Atlántico ha dejado innumerables restos de hormigón a lo largo de toda la costa que parecen monumentos funerarios en memoria del nazismo, el mausoleo del inmenso proyecto de «guerra total». Pero, sobre todo, son testigos de la invasión de un ejército extranjero, son testigos de la humillación de Francia. Los restos del Muro han acabado siendo preservados y mantenidos como se conserva la escena de un crimen. Ocultan recuerdos que aún no se han curado. Son sombras que siguen acechando, preguntándonos qué hemos hecho con nuestro pasado. ¿Por qué? Porque durante mucho tiempo, demasiado tiempo, nunca se ha querido saber realmente.

Tras el final de la Segunda Guerra Mundial, los exiliados españoles en Francia se asientan definitivamente en el país. También los trabajadores del Muro del Atlántico, que en los años 60 reclamaron a Alemania una indemnización como la que recibían sus compañeros deportados a los campos de concentración. El asunto llegaría a los tribunales de justicia, que acabaron por considerar probado que los españoles del Muro del Atlántico fueron perseguidos políticos de la Alemania nazi. Ellos se convirtieron en los primeros trabajadores forzados del Tercer Reich reconocidos como víctimas del nazismo. Pese a ello, el olvido ha ido cubriendo poco a poco la historia de los trabajadores forzados del Muro del Atlántico. Solo algunos descendientes de los españoles del Muro del Atlántico mantienen hoy día viva su memoria con monumentos y actos de homenaje en las islas del Canal y en ciudades como Brest y Burdeos.

El trabajo forzado representó una realidad omnipresente en la Europa dominada por Hitler. Contra su voluntad, más de veinte millones de personas tuvieron que contribuir al esfuerzo de guerra alemán, tanto en el Reich como en los países ocupados. Este régimen de semiesclavitud organizado por los nazis fue considerado en el juicio de Núremberg como un crimen contra la humanidad y sus máximos responsables recibieron sentencia de muerte. Frente a la barbarie de los campos de concentración y la brutalidad de la «guerra total», el trabajo forzado fue visto sin embargo durante décadas como un aspecto menor de la Segunda Guerra Mundial. No fue hasta los años 1990 cuando se comenzó a valorar, investigar y dar a conocer al gran público mediante exposiciones y lugares de memoria. Hoy en día, la historiografía del trabajo forzado está muy asentada en Alemania, Francia, Bélgica, Italia, Polonia o Noruega y el recuerdo de los hombres y mujeres obligados a contribuir a la economía de guerra alemana forma parte de la memoria democrática de esos países. Fue solo a partir del año 2000, como consecuencia de una cascada de demandas judiciales contra empresas alemanas, cuando finalmente la República Federal Alemana reconoció a los millones de trabajadores forzados de toda Europa como víctimas del nazismo y creó fondos para resarcirlos económicamente. Con esta novedosa aportación sobre los *Rotspanier* («rojos españoles») se irrumpe en la ya muy consolidada historiografía europea del trabajo forzado, se abre brecha en una temática con enorme potencial y se descubre que los españoles del Muro del Atlántico fueron reconocidos hace ya medio siglo como víctimas del nazismo, desvelando el hasta ahora totalmente desconocido proceso judicial que llevó a que los *Rotspanier* fueran considerados por las autoridades alemanas como perseguidos políticos del nazismo.

El historiador asturiano Antonio Muñoz Sánchez, investigador del Instituto de Ciencias Sociales de la Universidad de Lisboa, ha publicado un elocuente ensayo a este respecto bajo el título, precisamente, de «La lucha de los antiguos trabajadores forzados españoles del III Reich por ser reconocidos como víctimas del nazismo (1956-1972)». Como él relata, el Tercer Reich trató de sostener su economía durante la contienda mundial mediante el uso masivo de mano de obra extranjera y hasta trece millones de europeos trabajaron en la industria del armamento y otros sectores productivos solo en su territorio: en su mayoría de manera forzada (más del 80 %, provenientes de países del este ocupados) y en menor proporción de modo voluntario (en virtud de convenios de emigración con países amigos como España); en cuanto al resto de sus dominios, más de diez millones de personas resultaron empleadas en los países ocupados. Uno de cada cuatro empleos en Alemania correspondía a trabajadores foráneos en 1945, entre trabajadores civiles (6 millones), prisioneros de guerra (2,2 millones) e internos en campos de concentración (700 000). En muchos casos, remarca Muñoz Sánchez, el trabajo al servicio de los alemanes fue entendido como una forma de colaboración y conllevó un estigma que solo en los últimos tiempos está siendo eliminado en la memoria colectiva.

> *El empleo de extranjeros en el Reich no se realizó siguiendo un plan sino como respuesta improvisada a una necesidad de mano de obra cada vez más perentoria, a medida que se alargaba la guerra y las levas de jóvenes alemanes dejaban desocupados millones de puestos de trabajo. El reclutamiento fue muy dispar según los países, aunque la tendencia global fue a una evolución desde la voluntariedad hasta la recluta forzada e incluso la deportación en los últimos dos años de la guerra. El trato a los obreros extranjeros en el Reich y en los países ocupados variaba según criterios raciales y políticos. Destinados al exterminio, los judíos trabajaban hasta la extenuación. Los polacos y soviéticos eran explotados sin miramientos además de sufrir discriminación racial, al punto de ser condenados a muerte si mantenían relaciones íntimas con alemanas. Por su parte, los trabajadores de países de Europa occidental, que Berlín esperaba fuesen sus aliados tras la guerra, recibían un trato comparativamente decente; holandeses, belgas o franceses tenían las mismas condiciones de trabajo y sueldo que los alemanes. Una de las principales excepciones a esta norma fueron los enemigos políticos del III Reich, antifascistas de toda condición entre los que destacaban por número y reputación los exiliados republicanos españoles. Aquellos mismos que habían combatido a la Legión Cóndor y a los que la propaganda nazi presentaba como peligrosos comunistas, «Sowjetspanier» o «Rotspanier».*[146]

Ciento cuarenta mil ciudadanos españoles se hallaban en territorio francés, refugiados desde la Guerra Civil, en el momento en que la Alemania nazi emprendió su ofensiva, en el mes de mayo de 1940. Cien mil eran excombatientes, integrantes en torno a la

146 Muñoz Sánchez, A. (2021). La lucha de los antiguos trabajadores forzados españoles del III Reich por ser reconocidos como víctimas del nazismo (1956-1972). *Hispania Nova,* (19), pp. 329-330.

mitad de ellos de las llamadas «Compagnies de Travailleurs Étrangers» (Compañías de Trabajadores Extranjeros, CTE)[147] y destacados mayoritariamente como refuerzo de la línea Maginot, y el resto eran mujeres, ancianos y niños. Muchos murieron en combate, otros tantos huyeron al sur y más de siete mil fueron a parar a campos de prisioneros junto con 1,8 millones de soldados franceses. Prosigue Muñoz Sánchez:

> *En los meses siguientes, ante la negativa del gobierno franquista a hacerse cargo de ellos, Berlín ordenó el envío de los españoles a Mauthausen. Tras el armisticio del 22 de junio de 1940, Francia fue dividida en una zona ocupada y una zona libre, donde se instaló la dictadura del mariscal Phillipe Pétain. El conocido como régimen de Vichy impulsó una política anticomunista, antisemita y xenófoba, que afectó directamente a los refugiados republicanos españoles. Miles de ellos fueron recluidos en los campos de internamiento de Argelès, Rivesaltes, Le Vernet, Septfonds, Noé y otros. Y unos 70 000 tuvieron que servir en los Grupos de Trabajadores Extranjeros (GTE) tanto en Francia como en Argelia, construyendo infraestructuras o dedicándose a labores del campo...*

El proyecto el quimérico Muro del Atlántico, para cuyo levantamiento la Organización Todt prometía grandes salarios como reclamo, requeriría de hasta 300 000 hombres. Varios miles de exiliados españoles vieron en él la oportunidad de escapar del internamiento en Vichy o recibir una renumeración mayor que las exiguas ofrecidas por los GTE y se unieron al conjunto de los voluntarios franceses, germanos, etc.; pero la mayoría se negó a colaborar. Con todo, el curso de los acontecimientos impulsó al Reich a exigir al Gobierno de Pétain el envío de obreros ya en 1942 y alrededor de 30 000 *Rotspanier* de los «Groupements de Travailleurs Étrangers», junto con otros miles de prisioneros y habitantes del

147 Ya en 1939, Francia decidió que los refugiados tenían que contribuir a defender el país o aceptar un servicio de trabajo obligatorio. 90.000 republicanos fueron destinados a diferentes destinos para la economía de guerra, de los cuales 50.000 trabajaron en las Compañías de Trabajo Extranjero (CTE), que eran unidades de trabajo militarizadas.

sur, hubieron de poner rumbo forzosamente a La Rochelle, Lorient, Brest, St. Nazaire y otros lugares. Empleados especialmente en la construcción de las bases submarinas de la OT, llegaron a constituir, por encima de judíos y de ciudadanos soviéticos, el mayor contingente de trabajadores forzosos al servicio de aquella en Francia y las islas del Canal.

> *Tras el proceso de Núremberg contra los máximos jerarcas del régimen nacionalsocialista, el interés por hacer pagar sus culpas a los responsables de la explotación de millones de trabajadores extranjeros durante la guerra se diluyó rápidamente. En los juicios celebrados por la Administración militar americana a partir de 1946 en aquel mismo tribunal contra los consorcios industriales IG Farben, Krupp y Flick, las defensas sostuvieron que el uso de trabajadores forzados había sido impuesto por las autoridades y no ordenado ni deseado por las empresas. El más que dudoso argumento no solo convenció a los jueces, que impusieron penas muy leves, sino también al conjunto de la sociedad alemana, que en su deseo de sacudirse la culpa colectiva había decidido que Hitler y sus secuaces eran los únicos responsables de los excesos cometidos durante el III Reich...*

Franco no tuvo ningún interés en la memoria de estas personas y ello fue uno de los motivos por los que cayeron en el olvido. Así como la División Azul no fue un éxito, los soldados que volvieron, lo hicieron con el convencimiento de haber luchado contra el comunismo. Sin embargo, los trabajadores forzosos vivieron un permanente fracaso y, a pesar de las condiciones tan duras por las que pasaron, tuvieron que volver a empezar sin recibir ni condecoraciones ni ningún reconocimiento.

Y así, se pasó página.

Bibliografía recomendada

Ambrose, S. (1994). *El Día D La batalla culminante de la Segunda Guerra Mundial.* Traducido y editado por Salvat Editores (2002).

Ambrose, S. (2004), *El Puente Pegasus. El primer combate del Día D.* Barcelona. España. Inédita Editores.

Beevor, A. (2009). *El Día D. La batalla de Normandía.* Buenos Aires. Argentina. Crítica Barcelona.

Bradley, O. (1954). *Relato de un soldado.* Buenos Aires. Argentina. Círculo Militar.

Churchill, W. S. (1943). *The End of the Beginning.* Toronto: McClelland & Stewart.

Churchill, W. S. (1950). *The Grand Alliance.* Boston: Houghton Mifflin.

Gilbert, M. (2013) *Winston S. Churchill,* vol. 7, *Road to Victory: 1941-1945.* Hillsdale College Press.

Hastings, M. (2014). *La guerra de Churchill.* Edición Digital. Epublibre.

Keegan, J. (1990). *Seis ejércitos en Normandía.* Madrid. Ediciones Ejército.

Kirkpatrick, C. E. (1992). *Writting the Victory Plan of 1941*). Washington, Estados Unidos de Norteamérica: Centro de Historia Militar de los EE. UU.

Montgomery, M. d. (1948). *Desde Normandía hasta el Báltico.* Buenos Aires. Círculo Militar.

Morgan, F. (1950). *Overture to Overlord.* Garden City, N. Y.: Doubleday and Company.

Muñoz Sánchez, A. (2021). La lucha de los antiguos trabajadores forzados españoles del III Reich por ser reconocidos como víctimas del nazismo (1956-1972). *Hispania Nova,* (19).

Norman, A. (1953). *Operación Overlord.* Buenos Aires. Argentina. Circulo Militar.

Reynolds, D. (2004). *In Command of History: Churchill Fighting and Writing the Second World War.* Londres: Allen Lane.

Robertson, T. (1962). *The Shame and the Glory.* Toronto: McClelland & Stewart.

Ryan, C. (1963). *Historias secretas de la última guerra, El día más largo de la historia.* Mexico D. F.

Stacey, C. P. (1966). *Six Years of War, Official History of the Canadian Army in the Second World War,* 3 vols. Ottawa: Queen's Printer.